# 改憲論を診る

水島朝穂 *編著
Asaho Mizushima

法律文化社

# 目　次

序　いま，何が変えられようとしているのか
　　　　　　　　　　　　　　　　　　　　　水島　朝穂　1
　　1　普通の人々が憲法を語るとき　1
　　2　改憲をいう前に考えておくべきこと　4
　　3　いま「改憲論」を"診る"意味　9

## I　軌跡を診る

1　憲法制定過程を診る　　　　　　　　　　　馬奈木厳太郎　15
　　1　はじめに　15
　　2　憲法制定手続と「押しつけ」論　16
　　3　憲法に規定されなかったこと　24
　　4　おわりに──逆説としての「押しつけ」憲法論──　28

2　9条解釈論から診る　　　　　　　　　　　　高作　正博　33
　　──軌跡と到達点からの選択肢は──
　　1　はじめに──憲法改定の環境──　33
　　2　廃墟の中から生まれた思想──9条の制定と平和主義の原点──　34
　　3　環境に翻弄された平和主義──9条の運用──　36
　　4　「規範」と「現実」の乖離1──「現実」の9条解釈──　42
　　5　「規範」と「現実」の乖離2──「規範」の9条解釈──　49
　　6　混迷の果てに還るべき思想──9条の改正？──　53

3 今日の改憲論とそこで問われていないこと
　　　　　　　　　　　　　　　　　　　　　　　　馬奈木厳太郎　56
　　　1　はじめに　56
　　　2　今日の改憲論の特徴　57
　　　3　改憲論議で問われていないこと　67
　　　4　国際社会の動向を大きな視野から診る　73

## II　改憲論を診る

4　改憲動向を診る　　　　　　　　　　　　　　　　植松　健一　79
　　　――改憲手続と憲法裁判所設置論を中心に――
　　　1　はじめに　79
　　　2　1990年代以降の改憲論の特徴　79
　　　3　改憲手続の意義　80
　　　4　憲法改定国民投票　84
　　　5　憲法裁判所設置論　89
　　　6　むすびにかえて　90

5　憲法調査会における改憲論議　　　　　　　　　　馬奈木厳太郎　92
　　　1　はじめに　92
　　　2　改憲の目標をどこに見出すか　93
　　　3　どうして改憲なのか　94
　　　4　改憲でどのような国を目指そうとしているのか　97
　　　5　憲法調査会というところ　98
　　　6　おわりに――何が問われているのか――　100

6　改憲動向としての教育（基本法）改革と
　　ナショナリズム　　　　　　　　　　　　　　　　西原　博史　102
　　　1　国家―国民関係の転換――改憲論の深い狙い――　102
　　　2　道具でなく人格として　104
　　　　　――教育基本法における国家―国民関係の理解――

        3　教育において挫折する自己責任　105
            ──市場至上主義的教育観の落とし穴──
        4　強制される国民共通の意識──「心の教育」の行き着く先──　107
        5　〈個人のための国家〉か〈国家のための人間〉か　110
7　**政党の改憲論を診る**　────────彼谷　環　113
        1　はじめに──本格化する憲法改正への動き──　113
        2　自由民主党の「改憲」論──目指すは「国民しあわせ憲法」？──　114
        3　民主党の「創憲」論──国民の行動指針となる「宣言」？──　119
        4　公明党の「加憲」論　122
            ──「プラス改憲」から，揺らぐ「9条堅持」──
        5　政治家たちの改憲構想　123
        6　おわりに──改憲論議の先にあるもの──　127
8　**メディアの改憲論を診る**　────────彼谷　環　129
        1　はじめに──憲法をめぐる世論調査から──　129
        2　読売新聞社憲法改正試案　131
            ──3つの「試案」から見えてくるもの──
        3　「メディアの役割」をあらためて考える　136
9　**文化人の改憲論を診る**　────────砂田　礼子　139
        1　はじめに　139
        2　道具にすぎない憲法？　140
        3　憲法に書き込まれるべきもの──国民の義務，伝統の明記？──　141
        4　現状が悪いのは憲法のせい？　143
        5　憲法か，経典か？　146
        6　憲法の役割は変遷したか　147
        7　おわりに　149
10　**経済界の改憲論を診る**　────────愛敬　浩二　151
        1　現代改憲と経済界　151
        2　経済界の改憲論を読む　153
        3　経済界の改憲論の読み方　156
        4　「不平等社会」のための改憲？　158

## 11 研究者の9条論を診る ——————愛敬 浩二 162
  1 本章の課題 162
  2 大沼保昭の「護憲的改憲論」 163
  3 長谷部恭男の「穏和な平和主義」 165
  4 小林正弥の「非戦論」 168

## III　展望を診る

## 12 いま「護憲」であることは「現実的」か？
————————————愛敬 浩二 175
  1 はじめに 175
  2 「護憲」とは何か 176
  3 どちらが「現実的」なのか？ 178
  4 改憲論を「現実的」に解読する 182
  5 「護憲」であることの「現実性」 186
  6 おわりに 192

## 13 国際社会の現実と日本国憲法 ——————馬奈木厳太郎 194
————国際社会への日本国憲法の問いかけ————
  1 はじめに 194
  2 国連発足60周年と国連改革 195
    ————あまりにも国内で意識されていないこと————
  3 国際社会にどう向き合うのか 199
  4 おわりに 209

## 結　むすびにかえて ——————水島 朝穂 210
————憲法改正国民投票権者に問う————
  1 なぜ，いま，憲法を変えるのか 210
  2 「憲法とは何か」への一視点 211
  3 憲法に主体的に向き合うこと 215

4　「憲法くん」から投票権者の皆さんへ　218

文献・URL案内
あとがき
【資料】日本国憲法

# 序

## いま，何が変えられようとしているのか

水島　朝穂

### 1　普通の人々が憲法を語るとき

「国民的憲法合宿」の風景

　正月明けの軽井沢は雪だった。フジテレビ系列の深夜番組「ノンフィックス」の「シリーズ日本国憲法――第96条・国民的憲法合宿」の収録で，フジテレビ保養所に滞在した。ロビーに置いてあるのは『産経新聞』だけ。街頭で声をかけるなどして集めた「普通の市民」6人が，「憲法改正」について議論して，陪審員のように1つの結論を出すという趣向である。与えられた時間は2日間。当初は，改憲論議を刑事裁判に見立てた設定に違和感があったが，やってみるとこれがなかなか面白かった。

　集まった「12人の怒れる男」ならぬ，「6人の浮世の男女」に対して，改憲派の論客・小林節氏（慶応大学法学部教授）が検察官役で「冒頭陳述」を行い，弁護人役の私が「弁論」を展開する。6人は，元教師という72歳の男性，56歳の主婦，39歳の会社員，32歳のフリーライター，街頭で歌っているときに声をかけられた26歳の女性シンガー。そして元自衛官で現在「アイドルおたく」の34歳の男性。彼は秋葉原で声をかけられてここへ来たという。お互いにまったくの初対面。「国民的憲法合宿」ということで，本当にごく普通の市

---

1）　フジテレビ《NONFIX》「シリーズ日本国憲法・第96条・国民的憲法合宿」2005年3月30日午前2時～3時放送（http://www.fujitv.co.jp/nonfix/index2.html）。

民が集まったわけである。

　セミナー室での8人の様子を大小6台のカメラが追う。3つのセッションごとに小林氏と私の意見が戦わされる。その後，私たち2人は別室に去り，それまでのやりとりを参考にして市民だけで討論が行われる。それは全員一致の結論が出るまで続けられる。

　「合宿」の冒頭，参加者が態度表明をしたが，そこでは「改憲」3と「護憲」3に見事に分かれた。もっとも，「改憲な感じかな」という元自衛官から，「子どものことを考えると護憲」という主婦に至るまで，参加者の意見はかなり感覚的なものだった。

　「今なぜ憲法を変えるのか？変えないのか？」から始まる3つのセッションを通じて，当然のことながら小林氏と私の意見は対立した。「9条をなぜ変えるのか？変えないのか？」というセッションでは，「中国が攻めてきたらどうするのか」という議論に入り込み，その時点では「改憲」4，「護憲」2の傾きになった。

　日が沈み，外が暗くなった頃，「憲法とは何なのか？」という最後のセッションに入って，小林氏と私の意見がピタリと一致する場面が生まれた。「憲法は権力者を拘束し，制限する規範である」というのは立憲主義の常識である。この点を曖昧にした改憲派の議論を私が批判すると，小林氏もこれに同意しつつ，改憲派のなかにある倒錯した発想，例えば，家族のあり方などを憲法に書き込み，国家が市民に説教するかのような主張を厳しく批判した[2]。さらに小林氏は，政治家たちが憲法改正手続を容易化（3分の2から過半数へ）するための改憲には反対した。このほかにも，立憲主義を軽視する改憲派の主張に対して，小林氏は鋭い批判論を展開した。自衛隊イラク派遣は違憲と明言したのである[3]。おりをみて司会者が，「皆さん，憲法が権力者を拘束するものだということ知っていましたか？」と問うと，全員が沈黙した。

---

[2]　水島朝穂「『読売改憲試案』の目指すもの——その憲法哲学を検証する」『論座』2004年7月号43〜47頁参照。

[3]　小林節「タカ派改憲論者はなぜ自説を変えたか？」『現代』2005年2月号82〜85頁。

夜9時前，小林氏とフジテレビ保養所をあとにした。「情報が多すぎて大変だぁ」という一参加者のつぶやきが耳に残った。2人のやりとりから参加者が受けた情報量は相当なものだろう。意見の異なる研究者が目の前で渡り合うのを聞きながら，直接質問して確認しつつ比較検討できるという意味では，参加者が受けた情報の質は高い。

　残った6人の老若男女は，翌日の夜までずっと議論を続けた。そして，全員一致で，ある結論に到達したという。

### 6人の男女が出した結論

　6人の男女はどのような結論を出したのだろうか。

　番組ではカットされていたが，第1日目の討論途中の中間評決で，「憲法改正を容易にするための改正手続（第96条）の改正には，全員一致で反対」という結論を出したという。立憲主義の基本的な考え方のところでは，小林氏と私の間に大きな違いはなく，市民はその点を踏まえて議論を続けた。その結果，9条改憲では賛成・反対の平行線が続いたものの，96条改憲については全員一致で反対という結論を導いたわけである。これはとても意義深いことだと思う。

　各種の世論調査では，憲法を変えることに賛成か，反対かという一般的な問いかけがなされるので，多数の人が賛成と答える。「古くなったものを改正してなぜ悪い？」と問われれば，これに反論するのには相当なエネルギーが必要となろう。だが，実際に「何を」「どのように」変えるのかという具体的な問い方がなされれば，憲法を積極的に変える側の説明負担は増大する。この合宿の体験は，明確な論点の提示と十分な情報提供が行われ，かつ（ここが重要！）十分な議論の時間が確保されれば，市民はきちんとした判断能力を発揮しうることを示唆する。

　結局，「合宿」2日目，彼ら6人が「全員一致」で出した結論は，「今年中に国会議員によって提出されるであろう憲法改正案に対して，国民として態度を留保する」というものである。そして，「この態度を国民の側から表明するこ

とによって，より質の高い草案を提出させるきっかけにすると同時に，憲法とは政治家が国民に押しつけるものではなく，国民が大切な政治を委託する，政治家の行動を監視する手段であることが非常に大事であるので，国民1人ひとりが自分たちの考えや意見をもつことを期待したい」と結んでいる。

「改憲」と「護憲」に真っ二つに分かれた市民が，私たち2人の専門家の情報提供と議論，そして自らの長時間にわたる討論を通じて，そういう結論を出したのである。実際の改憲の動きのなかでは，ここまで徹底した議論は期待できない。かなりムード的な改憲論議が展開されることも予想される。だからこそ，いまから「心の準備」が必要なのである。本書が，冷静な改憲論議のための1つの素材提供という狙いをもつ所以である。

なお，小林氏とは初対面だったが，朝から夜半まで計12時間議論したことになる。小林氏の改憲主張には賛成できないが，その背後にある思いや問題意識はよく理解できた。顔の見える距離で，時間をかけて議論をすることの大切さを思う。

## 2　改憲をいう前に考えておくべきこと

### 憲法とはどういうものか

「国民的憲法合宿」の体験から，改めて「憲法の特質は何か」に関する「常識」を再確認する必要性を感じた。たまたま出会った普通の市民だが，全員が「憲法とは何か」という基本的なところで十分な認識を持っていなかった。「そもそも憲法とは」ということを踏まえないで，ひたすらそれを「変える」ことに異様な力みが生まれている昨今，憲法の本質に関わる議論が求められる所以である。

では，憲法の特質とは何だろうか。第一義的には，国家権力を拘束し，制限する規範であるということだろう。国家権力が何かを行うとき，その動き方に枠をはめ，動く方向を指示し，市民生活のなかの「立ち入ってはならない場所」を明示する。だから，憲法には，国家が「やっていいこと」が書き込まれ

ている。そこに書かれていないことは，原則としてできない。国家は憲法によって授権されたことしかできない。国家が「やっていいこと」を増やしたいときは，憲法を改正して「やっていいこと」を追加しなければならない。これが憲法の最も重要な働きであり，それが「制限引き出し機能」(Schrankenziehungsfunktion) と呼ばれるものである[4]。この機能を強調したのが，形式的・法治国家的憲法である。他方，憲法には，「方向指示機能」(Richtungsweisungsfunktion) もある。この意味での憲法は，国の基本理念やあり方，その国が進むべき方向をオリエンテーションする「綱領的な憲法」といってよいだろう[5]。ただ，この両者はあくまでも理念型的に区別されたものである。そういう2つの憲法があるわけではない。方向指示機能を発揮する場合でも，憲法の本質的な存在意味は，権力の制限に置かれていることはいうまでもない。あえていえば，憲法は「国民みんなが守る大切なきまり」ではなく，「国民みんなで権力を拘束し，制限する大切なきまり」といえようか。ありていにいえば，こうした憲法に基づく「国のかたち」を立憲主義というのである。

権力担当者にとって，憲法というものが「けむたい存在」になるのは当然だろう。憲法を露骨に無視したいが，「憲法違反だ」といわれることには「後ろめたさ」を感じる。この「やましさ」や「後ろめたさ」を権力者に感じさせられるかどうか。これが立憲主義の定着の度合いとも関連して，きわめて重要なのである。「憲法を守れ」という批判的言論が存在することも大切であるが，憲法の特質を踏まえた批判になる必要がある。こうした批判があるからこそ，権力者は憲法違反といわれない「工夫」をするわけである。

改憲の「動機」

権力担当者は，どうしても憲法が邪魔になった場合には，いろいろな理由を使って，憲法を変えてしまうことがある。どの時代，どこの国でも，憲法改正

---

[4] G. Folke / Ch. Bumke, Die Konstitutionalisierung der Rechtsordnung, Baden-Baden 2000, S. 25f., 33.
[5] G. Folke / Ch. Bumke, a. a. O., S. 25, 26f.

が行われる背景として，こうした権力者の「不純な動機」を看取することができる。世界の憲法史を眺めてみれば，市民の権利拡大や民主的統治システムの充実の方向で憲法改正が行われることももちろん多いが，他方で，もっぱら権力者側の事情による憲法改正も確実に存在する。最近の例として，ペルーとベラルーシ（旧白ロシア共和国）のケースがある。

　アメリカ合衆国憲法修正22条は，「何人も2回をこえて大統領の職に選出されてはならない」と定める。3選禁止規定である。ペルーの旧憲法も同様の規定を持っていた。しかし，フジモリ大統領は1992年4月，70％を超す高い支持率をバックに憲法を停止し，翌年に新しい憲法を制定した。新憲法では，それまで禁じられていた連続再選が一度に限り認められることになった。ところが，驚いたことに，2期目に入ったフジモリ大統領は，「現行憲法公布以前に始まった大統領の任期は，憲法の大統領再選規定に該当しない」という「真正憲法解釈法」（1996年）を制定させて，実質的な3選を狙ったのである。野党は「3選出馬は憲法違反」と反発して憲法裁判所に提訴。国会は，違憲の主張を貫いた判事3人を罷免し，憲法裁判所は機能停止に追い込まれたのである[6]。

　フジモリ氏に続いて，大統領の任期に手をつけた権力者がいる。ベラルーシ大統領で，「欧州最後の独裁者」といわれるルカシェンコ氏である。1994年から大統領の地位にある。1996年，最高会議（議会）との対立から，国民投票によって憲法を改正して最高会議を廃止した。その上で，二院制議会を新設。大統領に権限を集中する一方，大統領の任期を2年間延長した。そして，2期目の任期が切れる2004年10月，ベラルーシ憲法の3選禁止条項を削除する憲法改正国民投票が行われた。同年10月18日，中央選挙管理委員会は，投票率89.7％，賛成票86.2％の「圧倒的な賛成で承認された」と発表した[7]（独立系団体の「出口調査」によれば，改正賛成は48.4％というが[8]）。「人気があっても任期で辞める」というのが，立憲主義から導かれる1つの帰結である。国民の高

---

6)　朝日新聞2000年2月25日。
7)　朝日新聞2004年10月19日。
8)　共同通信配信（東京新聞など）2004年10月19日。

い支持(人気)を追い風に、「任期」に関する仕組みを恣意的に変更することは、国民投票という「民主的」方法を利用した立憲主義の空洞化につながりかねない。国民投票という「民主的」方法についても、冷静な眼差しが求められる所以である。

それでも確認しておく必要があることは、憲法を変えるためには、相当な時間とエネルギーを必要とするということである。どこの国でも、普通の法律よりは重たい手続(3分の2や4分の3以上の特別多数決。国民投票の加重)が定められているし、「なぜ変えるのか」ということをしっかり説明する必要も生ず る。この時間やエネルギーの負担感覚が、憲法というものの「存在の重さ」になっているわけである。

## 権力を制限できなくなったら

権力者は、自己に対する憲法上の拘束を解除しようとするとき、しばしば憲法よりも高次の「価値」を持ち出す。「国家理性」であったり、「民族の危難」であったりと様々だが、誰もが反対できない「大義」を掲げて、国家はこの権力抑制の仕組みに手を掛けようとする。国家が憲法を超えて動きだすとき、人々は多くの不幸を体験する。それは歴史が教えるところだろう。

「予は憲法と称する一片の紙を無視して、予の義務を履行せん」。皇帝ヴィルヘルム一世は、プロイセン議会でこう演説した。19世紀ドイツの憲法は、権利保障と権力分立を一応採用していたものの、それは君主主権原理によってかなり制約されたものだった(「外見的立憲主義」という)。そんな憲法でさえ、権力者は簡単に乗り越えていく。[9]

第1話 「おい、聞いたか」と、1人の親衛隊員(SS)が仲間にささやいた。「国会が火事だってさ」「なんだって? 火事は明日のはずだ」と、相手は答えた。

第2話 2人のベルリン子が雑談をしていた。「きのう、カント街でゲーリング

---

9) 水島朝穂「憲法を考える――権力者が『常識』を説くとき」北海道新聞2002年1月10日文化欄。

〔国会議長，ナチス幹部〕を見かけたぜ」「火事があったのかい？」[10]

　1933年2月27日の夜，ベルリンのドイツ帝国議会（国会）が何者かに放火された。ヒトラーが首相になって4週間後のことである。すぐに政府は共産主義者の仕業と断定。「民族および国家の保護のための大統領令」（1933年2月28日）を発布した。その第1条は，人身の自由，住居の不可侵，言論の自由，集会の自由など7つの基本権が「当分の間効力を停止する」とされた。憲法に定められた大切な基本権が，一片の行政命令で停止されたわけである。その翌月，ドイツ帝国議会では，反対意見をもつ野党議員の出席が実力で妨害されるなか，1つの法律が可決・成立した。「全権委任法」（授権法）。正式名称は「民族および国家の危難を除去するための法律」（1933年3月24日）である。わずか5カ条のシンプルな法律だが，それは「憲法廃止法」に近い効果をもっていた。第1条は，「法律は，憲法に定める手続によるほか，政府によってもこれを議決することができる」となっている。立法府という言葉があるように，法律をつくるのは国会（議会）の仕事である。国会（議会）で制定された法律に基づいて，政府は行政を行うわけである。その政府が法律を作ってもいいということを，法律で決めたわけである。これはすごいことである。第2条は，「政府が議決した法律は，議会および参議院の制度それ自体を対象にしない限り，憲法に違反することができる」と定めている。憲法は最高法規であり，これに反する法律は違憲・無効となるのは常識である。ところが，「憲法に違反することができる」と，憲法より下位にランクされる法律で定めてしまう。臣下が主君を倒してその地位を奪うことを，封建時代は「下克上」といったが，憲法を頂点としてその下に法律・命令という形で法秩序が形成されることとの関連でいえば，これはまさに「法における下克上」といえるだろう。「国会放火事件」のどさくさにまぎれて，ヒトラーはとんでもない法律を作ったわけである。映画「シンドラーのリスト」や「戦場のピアニスト」などを通じて，ナチスが行った蛮行はよく知られているが，実はそうしたことを行う前に，彼らは，憲

---

10）　関楠生編訳『ヒトラー・ジョーク』（河出書房新社，1980年）23頁。

法破壊を公然と，あけすけに行っていたのである。「国会放火事件」がなければ，ここまでできなかったことは明らかである。だから，この事件については，当時からナチスの自作自演説がささやかれていた。先に紹介したジョークもそうしたドイツ人の「疑いの眼差し」の一例である。だからこそ，戦後のドイツ憲法（基本法）は，国民の多数をもってしても手をつけることが許されない，憲法改正の限界（人間の尊厳，民主主義，法治国家など）を明記したのである（第79条3項）。これは，国民もまた独裁者の憲法破壊を支持し，「喝采」を送ったことへの痛烈な反省の上に立って，いわば民主的多数者に対する「不信」を制度化したものといえる。長い時間をかけて憲法という形になった権力抑制の仕組みは，そう簡単にいじってはならないのである。

## 3　いま「改憲論」を"診る"意味

**憲法が熱く語られるとき**

憲法が熱く語られるとき，その時代は転換期にあるといえるだろう。日本が近代的な国の「かたち」を模索していた明治10年代は，たくさんの私擬憲法草案が提起された。一説によると，40種類以上はあったという。[11] 結局，プロイセン憲法をモデルにした大日本帝国憲法が制定されるのだが，その過程で，たくさんの憲法草案が起草され，さまざまに議論された事実は重要である。そのなかで，1881年の植木枝盛「東洋大日本国国憲案」（全220ヵ条）は傑出していた。[12] 女帝条項（97，98，102条）から死刑廃止条項（45条），「私事」（プライバシー）に関する条項（6条）まで含むというその内容的豊富さもさることながら，政府の暴走に対するチェックの必要性がより強く自覚されていたことは注目に値する。政府が違憲行為を行った場合には，人民に「最後の切り札」として抵抗権が留保されており，かつ圧制の「排斥」が認めらていた（70，71

---

11) 水島朝穂「憲法が注目される時代を考える」〔憲法再入門Ⅱ連載第1回〕（月報司法書士2004年3月号40～41頁）。
12) 家永三郎編『植木枝盛選集』（岩波文庫，1974年）89～111頁。

条)。

　彼が「国憲案」を起草する4年前に書いた論稿「世に良政府なる者なきの説」(1877年)は,実に印象深い文章である[13]。その要旨はこうである。よい政府というものはない。人民がよい政府にできるだけだ。人民が政府を信じれば,政府はこれに乗ずるし,信ずることが厚ければ,ますますこれに付け込み,また,よい政府などといってこれを信任し,これを疑うことなく監督を怠れば,必ず大いに付け込んで,よくないことをやるだろう。だから,世に単によい政府なし,と。

　この文章は次のように結ばれている。「ただし世人,もし余が言を以て余り激烈と思えば,左様思え,余輩はすなわちかくの如き人には唯一の望みあり,あえて抵抗せざれども,疑の一字を胸間に存し,全く政府を信ずることなきのみ」と。政府に正面から抵抗できなくても,政府を監視・チェックする姿勢を持続することの大切さを説いている。

　植木が活躍した明治10年代,さらに日本国憲法制定過程の戦争直後のように,「国のかたち」が真剣に問われていた時代には,民衆のなかからも憲法草案が生まれてくる。いま改憲志向(指向)が高まっているように見えても,民衆のなかにおける改憲の優先順位は決して高くはないだろう。むしろ,国会議員・政治家たちが,上から改憲を働きかけ,巨大メディアが社説や論説機能を動員して「改憲論調」をあおっているだけといったらいい過ぎだろうか。

　近年,世論調査の結果を踏まえて,国民の多数はいまや改憲派であるという見方がある。これは正しくない。質問の仕方で答えは変わってくることは,朝日新聞と読売新聞の調査を比較すればよくわかるだろう(本書8章参照)。ただ,「憲法を変えること」即「悪いこと」ということはできない。どこの国の憲法も,自らを改める条項を持っている。だから,本来的な議論の仕方としては,「憲法を変えることに賛成ですか」という問いかけで議論を始めるのはフェアではないということになる。「何を,どのように変えるか」ということがまず

---

13) 家永編・前掲書(注12) 9～13頁。

提示され，憲法を変えなければ解決できない事情が示されなければならない。「憲法をどのように変えるか」という議論のステージも，十分な根拠と丁寧な説明が行われたあとにはじめて可能となる。それだけ，憲法を変えるということは大仕事なのだという自覚が必要である。国会議員のなかには，そうした自覚がない発言が多すぎる。改憲を発議する側にいる人々の，あまりにおおらかで，緊張感を欠いた憲法感覚は，やはりこういう人々に憲法改正を委ねてよいのかというそもそもの疑問を惹起する。

### 「改憲論」を"診る"

　改憲の動きは，国会と与党の憲法調査会を軸に，いま最終コーナーをまわろうとしている。今年から来年にかけて，憲法改正案が出揃うことになろう。経済界も，総本山の経団連がこの１月に憲法改正提言を行って，ほぼ出揃った。メディアでも，いまや憲法を変えるか変えないかよりも，「どう変えるか」に重点を意識的にシフトしているかのようである。「論壇」もいろいろで，護憲対改憲という枠は今回かなり相対化されたように思う。この憲法の息の根を止めるような，憲法解釈に名を借りた「憲法介錯」になりかねない。政治権力の担当者たちは，日本国憲法を軽視し，無視し，蔑視すらしている。そして，「新憲法」に向けた提言や草案なりが，メディアを通じて流されていくだろう。同時に，憲法改正の手続を具体的に定めた「憲法改正国民投票法」の制定が急がれるだろう。この法律は国民投票の実施や手続に関する法律であって，憲法を変えるという内容的議論とは区別して論じられるべきだろう。加えて，憲法を変えるという場合，どこでも何でも変えられるわけではないのである。各国の憲法のなかには，「変えてはならない」という憲法改正の限界について明文の規定を置く憲法もある（ドイツ基本法79条3項，フランス第五共和制憲法89項5項，イタリア憲法139条など）。「永久保障条項」と呼ばれるものである。日本国憲法にはこのような条項はないが，前文は「人類普遍の原理」をうたったあと，「われらは，これに反する一切の憲法…を排除する」と宣言している。学説上，憲法改正に限界ありと考える立場が有力ではあるが，この立場からは，

憲法改正の「限界」は，憲法の核心的内容を侵害するような「改正」は許されないという形で徹底されることになろう。改憲を説く側は，この憲法改正の限界の論点についても目配りが必要とされるだろう。本書は，この憲法の誕生の経緯から，憲法9条解釈，さらには憲法調査会から各政党，メディア，経済界などに至るまでの改憲をめぐる議論のスペクトルを概観しながら，改憲をめぐる状況を診断する素材と視点を提供しようとするものである。

# I

軌跡を診る

# 1 憲法制定過程を診る

馬奈木厳太郎

"憲法はぼくにとって，それが押しつけられたか，とか，あたえられたものか，というふうに疑ってみることに意味はなくて，ただ，ぼくがこの憲法を，自分のモラルに関わる自分の憲法として選びとったかどうかに，意味があるのだ"
——大江健三郎『出発点』

## 1 はじめに

本章では，憲法制定過程を扱う。近時，改憲をめぐる議論が盛んであるが，改憲を議論する前提として，現行憲法の制定過程を確認することは，現行憲法の意義と限界を理解するうえでも重要である。そこで本章では，憲法制定過程にかかわる論点のなかでも，次の2点を取り上げることにする。

1つは，現行憲法の制定過程にかかわってこれまでも度々議論されてきたいわゆる「押しつけ」憲法論である。通常，「押しつけ」憲法論とは，現行憲法が占領当局であったアメリカによって「押しつけ」られたものであるという主張を根拠に，したがって現行憲法を改正あるいは破棄しなければならないという結論を導きだす議論であるが，本章は，そうした議論を改めて繰り返すものではない。また，こうした従来の議論の核心的な主張が，手続面での「押しつけ」にあるのではなく，実は内容面での「押しつけ」にこそ異議を唱えているという理解は，すでに真摯に憲法に向き合ったことのある人々の間では了解済

みの事項である。そこで本章は，誰が，誰に対し，いかなる目的をもって，どのように「押しつけ」たのかについて整理し，それを手がかりに従来の「押しつけ」憲法論とは異なる観点から，「押しつけ」憲法論の有する正当な批判点を見出し，検討することにしたい。

いま1つは，憲法制定過程の「陰」の側面についてである。その際，現在の改憲論議の1つの柱が平和主義をめぐる取り扱いであることに鑑み，日本国憲法が規定しなかったことに関して，これを平和主義をめぐる観点から検討し，今日この点について改憲を議論する際に前提として理解しておくべきことを明らかにしたい。

## 2　憲法制定手続と「押しつけ」論

ここでは，手続的な意味での，より広くいえば時間的な流れのうえでの「押しつけ」が対象となる。具体的な論点としては，①手続の始点である憲法改正の要否にかかわる点，②経過点である改正手続の過程にかかわる点，③終点である成立方法（選挙・議会）にかかわる点を設定することにしたい。

### 憲法改正の要否にかかわる点

この時点における「押しつけ」の有無は，端的には，ポツダム宣言を受諾し敗戦を受け入れたという事実の認識に規定されていたといえる（象徴的にいえば，8月15日を「敗北」と感じるか，それとも「解放」と感じるかということになろう）。ポツダム宣言の要求を甘く──という意味は，「起草者の意図に照らして」であるが──理解していた層（松本烝治，美濃部達吉，宮澤俊義など）は，当初，明治憲法の改正は必要なくその運用を改めればよいと考えていた。後に松本烝治は，「〔憲法改正のことは〕日本にまかすと言っているのだから……こ

---

1）「押しつけ」憲法論が，憲法制定過程の手続面にその主眼があるのではなく，内容面，すなわち法文化や法内容に対する異議申し立てないしはルサンチマンだとする理解は，かなり広くすでに共有されている。たとえば，樋口陽一『憲法Ⅰ』（青林書院，1998年）66頁参照。

れはどう決めてもいいのだ，とそのままにしておいてもいいぐらいのものじゃないかとすら思っていたのです」と当時を振り返っている[2]。したがってその層は，ポツダム宣言の要求する民主化についてもまた極力サボタージュした。このような彼らの態度は，しかしポツダム宣言受諾の動機を考えると，決して不思議ではないことがわかる。近衛文麿の上奏文が典型のように，当時の政府関係者は，このまま戦争を継続させたら，「国体の護持」が困難になるという理由からポツダム宣言を受け入れたのであって，あくまでも国民を戦争の惨禍と圧制から救い出すためではなかった。「国体の護持」，つまり戦前の体制の維持のために降伏を選んだ政府関係者が，降伏後も戦前の体制の温存のために全力を傾けるというのは，ごく当然のことであろう[3]。この層にとっては，GHQによって国外の日本に対する厳しい情勢が伝えられたときに，初めて憲法改正は正面から取り組むべきこととして認識された。そういう意味では，憲法改正は確かに他律的なものだった。

　他方で，ポツダム宣言の要求を適切に——という意味は，「起草者の意図に照らして」であるが——評価していた層は，敗戦を「解放」と受け取るなかで，憲法改正の課題を自らの問題として位置づけていた。この層の特徴は，ほとんどが在野の政党や団体，個人であったということであり，要するに戦前の体制においては被支配の側に身を置いてきた，したがってまた戦前の体制の改革を多かれ少なかれ目指す人々だったという点にある。そしてここからは，憲法の民主化や新憲法の制定が多く主張され，それらの声は憲法草案という形で結実[4]し，そのいくつかは実際に日本国憲法の起草に際しあるいは帝国議会での審議過程を通じて，反映され活かされることになった[5]。主張の一例を挙げると，当

---

[2] 「松本烝治氏に聞く」憲法調査会事務局（1960年）67〜68頁。
[3] 家永三郎「帝国憲法と日本国憲法」憲法問題研究会編『憲法読本上』（岩波書店，1965年）52〜53頁参照。
[4] 鈴木安蔵「憲法改正の根本論点」新生1巻2号（1945年），平野義太郎「憲法の民主化」法律時報18巻1号（1946年），高野岩三郎「囚われたる民衆」新生2巻2号（1946年）など。
[5] たとえば，発表順に，政党としては，日本共産党，自由党，進歩党，社会党，団体としては，憲法研究会，大日本弁護士連合会，憲法懇談会，個人としては，稲田正次，布施辰治，里見岸雄，高野岩三郎などによる各草案がある。

時もっとも憲法改正を強く主張していた1人である鈴木安蔵は,「國民を無視した政治制度をつくり出したもの,國民を飢餓に陥れる政治・経済を根本的に方向づけてきたものが,すなはち現在の日本憲法なのである」との認識を示したうえで,「憲法が民主主義的に改正されねばならぬといふのは,かかる悪政を,かかる政治の貧困を二度とくりかへさぬための根本制度の根本法を制定することが,すなはち憲法の民主主義的憲法の制定なのである」と新憲法制定の意義を述べていた。

　したがって,①において解ることは,マッカーサーは確かに指示や示唆を与えたりしたが,しかしそれは宮中の人間である近衛文麿や,せいぜい旧選挙法の有権者を代表しうる幣原内閣に対してだったということである。しかもその辺の事情は周到に隠され,国民に対してはさも天皇や日本政府が自ら憲法改正にイニシアティブを発揮しているかのような体裁がとられていた。このことからすれば,事情が公然とは知らされていなかった,また直接GHQから指示や示唆を受けていたわけではなかった国民の側から,自発的に憲法を改正しようとする動きが出てきたことは,この憲法改正が決して国民全体に対する「押しつけ」ではなかったことを物語るだろう。

### 改正手続の過程にかかわる点

　おおよそ「公」なるものの手による憲法改正作業は,マッカーサーの近衛文麿への「示唆」に始まるとされている。その後,近衛の戦争責任問題が浮上するにつれ,GHQは軸足を日本政府に移すが,それまでは宮中の近衛らと府中の松本らの間で,改正の正統性とイニシアティブをめぐり論争もあった。いず

---

6) 鈴木安蔵『民主憲法の構想』(光文社,1946年) 3頁。
7) この経緯については,長谷川正安『昭和憲法史』(岩波書店,1961年) 212〜217頁,古関彰一『新憲法の誕生』(中央公論社,1989年) 11頁以下参照。
8) 憲法改正の権限争いは,明治憲法73条の解釈をめぐる形でなされた。府中側では,松本烝治や宮沢俊義らが宮中側の動きを,「立憲主義の大原則を無視するもの」として批判した (毎日新聞1945年10月16日)。宮中側でも,佐々木惣一が政府と内大臣府の輔弼の性質は異なるとして反論した。佐藤功『憲法改正の経過』(日本評論社,1947年) 20頁以下。なお,内大臣の機能・性質などについては,長谷川正安『憲法現代史上占領と憲法』(日本評論社,1981年) 41〜42頁参照。

れの憲法改正作業も，確かに戦前の体制の内側に身を置いていた人々の手になるものであったが，しかしどちらも「正式」の手続に基づいた作業ではなかった。近衛は内大臣御用掛という身分であったし，後に戦争犯罪人としての批判が強まると，「示唆」したGHQでさえ近衛を見放した。また松本らにしても，憲法問題調査委員会は，当初あくまでも調査を目的にしたもので改正を前提としておらず，その設置についても閣議了解にとどまる非公式なもので，官制によるものではなかった。そしてそれは，後に改正やむなくなった際も，委員会の設置目的の重大な変更がなされたにもかかわらず変わらなかった。戦前の体制の内側といっても，作業自体は極めて私的に進められた。しかもこうした作業には，国民は一貫して関与することができなかった。

　一方，在野の側では，政党としては日本共産党案や社会党案など，また研究者や知識人たちのものとしては憲法研究会案や憲法懇談会案など，1945年末から1946年にかけて次々と草案が発表された。

　GHQとしては，この段階での日本側の作業に対して，当初は不介入の立場を守っていた。確かに，新聞報道などによって憲法問題調査委員会案の骨格をかなり早い時期から予測したり，憲法研究会案などの民間草案を検討したこともあるが，直接的に接触したり干渉するようなことは，毎日新聞が憲法問題調査委員会の試案をスクープするまではなかった。

　1946年2月1日，毎日新聞は，憲法問題調査委員会の憲法試案（乙案に近い宮沢甲案）をスクープした。この試案はGHQから低い評価を与えられ，日本

---

9) 佐藤達夫『日本国憲法誕生記』（法令普及会，1957年）20頁参照。
10) この点の経緯については，佐藤・前掲書・（注9）19～26頁，古関・前掲書（注7）59頁以下参照。
11) たとえば，主な民間草案としては，日本共産党「新憲法の骨子」（1945年11月11日），憲法研究会「憲法草案要綱」（12月26日），高野岩三郎「日本共和国憲法試案要綱」（12月28日），自由党「憲法改正要綱」（1946年1月21日），進歩党「要綱」（2月14日），社会党「新憲法要綱」（2月23日），憲法懇談会「日本国憲法草案」（3月4日），日本共産党「日本人民共和国憲法（草案）」（6月29日）などがある。
12) この点の経緯については，古関・前掲書（注7）84頁，古川純「憲法史の論点」ジュリスト731号（1981年）34～35頁，田中英夫「憲法制定をめぐる二つの法文化の衝突」坂本義和・R.E.ウォード編『日本占領の研究』（東京大学出版会，1987年）100頁参照。

政府の自主的な憲法改正能力の限界を露にした。マッカーサーは直ちに自ら改正作業に着手し，マッカーサー三原則を提示，GHQ民政局は起草に入った。[13]

ところで，GHQがこのような従来の方針を変更した背景には，日本政府の憲法改正能力の限界にとどまらない事情がある。GHQは，戦後わりとすぐから天皇制の存続を決定していた[14]。これには，天皇制を残したうえでの間接統治の方が，占領政策を行いやすいという判断があったようであるが，しかし1946年2月には，いよいよ極東委員会が始動するようになっており，その構成国にはソ連やオーストラリア，ニュージーランド，フィリピンのように天皇制についてきわめて批判的・否定的な立場をとる国が含まれていた。そうしたことからも，天皇制の存置を図るためには，憲法改正を既成事実化し，日本が「変化」したことを示す必要があったが，松本試案がとうてい極東委員会に受け入れられるものでないことは明らかであった[15]。そして，GHQがあくまでも傍観する立場を堅持していた場合，極東委員会の関与のもと，憲法はより改革的なもの，したがって天皇制の行方もはっきりしないことになることは明白であったが，このことはマッカーサーの占領構想を大幅に損ねることになると考えられた。GHQの関与には，こうした事情があったといわれている[16]。GHQは，自

---

13) 長谷川正安は，1946年2月1日までを「新憲法制定の前史」と位置づけ，その理由として3月6日以後には，論調が一部を除いて政府草案を基準に統一されてしまうが，敗戦から2月1日までのこの時期は，「各政党，グループ，個人のそれぞれが，あたらしい憲法の必要について，本音をはいている」(傍点原著者)ので，「この時期の発言，文献にこそ，第二次世界大戦と憲法との関係についての日本的なあらわれ方が，もっともよくもられているように，私には思われるのである」としている。長谷川・前掲書(注7)231頁。

14) 敗戦直後の米国の対日方針である『降伏後ニ於ケル米国ノ初期ノ対日方針』(1945年9月22日)では，「最高司令官ハ米国ノ目的達成ヲ満足ニ促進スル限リニ於テハ天皇ヲ含ム日本政府機構及諸機関ヲ通ジテ其権限ヲ行使スベシ」「右方針ハ日本国ニ於ケル現存ノ政治形態ヲ利用セントスルモノニシテ之ヲ支持セントスルモノニ非ズ」とされている。また，マッカーサーが自らの占領政策の実施を円滑にするため天皇を政治的に利用する必要があったとする解釈として，豊下楢彦「天皇とマッカーサー会見の検証上・下」朝日新聞1989年2月6・7日，歴史学研究会編『日本同時代史1 敗戦と占領』(青木書店，1990年)108～109頁参照。なお，近時，1942年6月の段階から，アメリカ政府は，天皇を平和の象徴として利用するという戦略をもっていたとする見解が発表されている。加藤哲郎「一九四二年六月米国『日本プラン』と象徴天皇制」世界734号(2004年)132～143頁参照。

15) 歴史学研究会編・前掲書(注14)130頁参照。

16) 歴史学研究会編・前掲書(注14)130頁，佐藤達夫・前掲書(注9)75～77頁参照。

らの憲法草案を日本政府に示しつつ,この案が天皇制の維持を図り,当時の権力担当者がその座を保持するためのベストの案であることを「警告」した。そして日本政府側も,GHQの意図を理解するや否や,憲法草案を受け入れ,この土俵の範囲内で最大限「日本化」の努力を行うのである[17]。

　以上のことからいえることは何であろうか。全体を通して明らかになったことは,GHQの干渉が自らの方針に沿って効率的に占領政策を遂行するためのものであった一方で,しかしそれは日本政府の側から見れば天皇の「ご安泰」と自らの権力の座を守るためのものだったということである。②における「押しつけ」とは,このようなものであった。

　　成立方法（選挙・議会）にかかわる点
　GHQの草案を受け入れた日本側は,その後いくつかの交渉を経て,その「日米合作」の憲法草案を,日本政府案として国民に発表し,マッカーサーは直ちにこれを承認した。草案が発表されるや否や,いくつかの論評がこれをめぐってだされた[18]。たとえば,鈴木安蔵は,「天皇・皇位は,國民の至高の意思に基づくものとされつつも,國民の選挙・任免ないし承認に超越して,不動的に世襲される。天皇を國家・國民の『統合』者とみとめるを欲しない國民も,この改正案のごとく實現されるならば,この一點については,自己の意思を放棄すべきことが要求される[19]」として,世襲による天皇制が人民主権の要求に合致していないと批判し,戦争放棄については基本的に評価しながらも,「侵略戦争の危険を培養する基礎,戦争を挑発する社会的経済的基盤そのものが,憲法的に除去され,禁止されずしては,平和国家の完成はない[20]」と述べ限界を指

---

17) 田中英夫は,こうした実際の経過は保守派に最も有利に働いたと述べている。参照,田中英夫『憲法制定過程覚え書』（有斐閣,1979年）175頁以下。
18) 政党の評価としては,自由党と進歩党は「原則的に賛成」であり,社会党は「賛意を表する」一方で天皇と議会に関する注文をつけ,日本共産党は天皇制の存続を理由に反対の立場を表した。古関・前掲書（注7）162頁以下。また,学者としては,宮沢俊義が「新日本の大憲章たるべき志向を持つた憲法草案」と全面的に肯定していた（毎日新聞1946年3月7日）参照。
19) 鈴木・前掲書（注6）161頁。
20) 鈴木・前掲書（注6）167頁。

摘していた。また，網走刑務所から出獄し活動を再開させていた宮本顕治も，「日本の民主化の最小限課題は，戦争犯罪人の徹底的な清掃，天皇制の廃止，人民共和国政府の樹立，農村の寄生的土地所有制度の廃止，労働者農民勤労大衆の生活条件の根本的改善等であるが，これらはいずれも今日実現されていない。憲法が民主的ということができるためには，すくなくともこの課題の実現が保障されるものでなければならないのである」としていた。さらに，当時，労働運動や民主運動は徐々に再生の道を歩み始めていたが，そうした状況のなかから，国民の手による憲法制定の要求が，とくに憲法研究会案を起草した人々を軸として生じてきた。憲法研究会案の起草者の１人であり，こうした主張を繰り返していた鈴木安蔵は，「民主主義的憲法をもつためには民主主義的な方法手続きが，絶対に必要である」とし，さらには当時の総長南原繁の発案で1946年2月14日に発足した東京帝国大学憲法研究委員会も，「憲法研究会第一次報告」にて，「惟ふに民主的なる憲法とは，決して単にその内容が民主的なるを以て尽きるものではない。真に民主的なる手続，即ち，国民の自発的なる意向にもとづき国民の十分なる批判と討議を経て作られた憲法にして始めて民主的なる憲法の名に値ひするのである。政府は今次の憲法改正につき，従来政府提出の諸法律案の起草に関して採られた同様な手続を採らんとするものの如くであるが，……斯くの如くして成立した憲法は，たとへその内容に於いて

---

21) 宮本顕治「新民主主義憲法のために」前衛3号（1946年）。なお，後に，日本共産党中央委員会付属社会科学研究所編『憲法の原点』（新日本出版社，1993年）に所収。本稿の引用はこれに拠った（55頁）。
22) 古関・前掲書（注7）183頁，歴史学研究会編，前掲書（注14）212頁以下参照。
23) 古関・前掲書（注7）183〜184頁，歴史学研究会編・前掲書（注14）220頁以下，播磨信義「日本国憲法制定過程における"より民主的"制憲コース」山口大学教育学部研究論争27巻1部（1977年）53頁以下。また，長谷川正安は，憲法草案の発表後に憲法制定会議に必要を呼びかけた憲法研究会の態度について，「憲法問題を広く国民の関心事にする役割を果たすものとして，高く評価することができる」としている。長谷川・前掲書（注8）140頁。
24) 鈴木安蔵『憲法学三十年』（評論社，1969年）266頁。
25) 同委員会は，当初，憲法改正に関して，検討すべき諸問題を洗い出し広範な研究を行うことを予定していたが，政府草案が発表されたのを機に予定を変更し，実質的には政府案の検討をして活動を終えた。なお，委員会のメンバーは，末広厳太郎や高木八尺，和辻哲郎など計20名（委員長・宮沢俊義）だった。この点の経緯について，我妻栄「知られざる憲法討議」憲法問題研究会編『憲法と私たち』（岩波書店，1963年）26〜73頁参照。

いかに民主的であつたとしても，果して真に民主的な憲法として国民大衆の意識と生活の裡に深く根を下ろし得るであらうか。国民の実質的参与なしに作られ，『与へられた』憲法は，それが他日不当なる圧力による蹂躙の危機に曝された場合に於て，国民はこれを擁護することに幾許の責任を感じ，又幾許の熱意を持つであらうか。我々は民主日本の将来の為に切にこの点を憂ふるのである」と述べていた。こうした国民の手による憲法制定という考え方は，世論調査でもかなり有力だった。ここにおいて，憲法改正か新憲法制定か，その時期をいつにするかという2つの問題に次いで，「憲法制定の民主的手続という第三の問題」が浮かび上がってきたのである。これは，国民主権の宣言を旧体制の象徴である「帝国議会」でするのか，それとも民定憲法であることをより明確に示す「憲法制定議会」でするのかという問いかけを意味した。

　こうした状況のなか，極東委員会の干渉や国民の憲法制定議会設置の要求を嫌うGHQと日本政府は，選挙日程を繰り上げ，国民の間で憲法をめぐる議論が浸透するのを避けた。この段階では，日米の権力担当者は，一致して行動しており，一方的な「押しつけ」といった事実は存しないと解される。ただし，国民の側では，事情は知らされていなかったとはいえ，もし選挙がもっと遅く行われ，憲法を議論する時間が保障されていれば，さらに異なった憲法が誕生していた可能性もなくはない。この点，播磨信義は，「戦後日本の国民大衆は，生存への危機に脅かされるなかで広範な自然発生的闘争を据野として，より目

---

26) 憲法問題研究会編・前掲書（注25）53〜54頁。
27) 1946年2月3日公表の輿論調査研究所による調査結果は，以下のとおりだった（調査対象5000人，回答数2400人）。憲法調査会『憲法制定の経過に関する小委員会第47回議事録』188頁以下。
　①憲法改正により改正案を天皇が提出する方法を支持するもの　　　20％
　②議会の憲法改正委員会において改正案を提出する方式　　　　　　24％
　③憲法改正委員を公選して国民直接の代表者に改正案を公議する方式　53％
28) 長谷川・前掲書（注8）140頁。
29) この点について，杉原泰雄は，「国民は，自分の手で憲法を制定するための時間的な余裕もそのための手続きも認められませんでした。国民が憲法問題に到達する前に憲法問題の処理は事実上終わってしまっていた」と，当時の国民の時間的制約にわりと同情的のように受け取れる表現を用いている。杉原泰雄『新版憲法読本』（岩波書店，1993年）104頁。一方，樋口陽一は，「憲法というのは社会の大きな変革期に作られるもので，熱いうちに作らないと必ず反革命

的意識的，組織的闘争へ，そして更に『メシを確保するための政治体制・権力』を具体化する統一戦線への動きを強め，他方新生日本の政治体制を構想する憲法構想，とりわけ民主戦線の憲法草案に相応しい柔軟性を持った憲法研究会案を持ち，しかも民主戦線の力に依拠して憲法制定国民会議を結成することにより，占領下ではあっても"より民主的"な憲法制定を行おうとする提案もなされていた[30]」と述べている。そしてこの観点からは，「より民主的な制憲コース」の可能性が潰されたという意味で，権力担当者ではない多くの国民にとっては，日米両政府による「押しつけ」があったといえなくもないのである。

　結局，新憲法は，徹底した国民の意識変革と社会変革の過程を伴わないまま制定され，国民は主権者に相応しい思想的自己変革を後に残したまま国家の主権者となった[31]。したがってこの意味では，日本国憲法は，本来の民定憲法がそうであるような国民が権力担当者に対して「押しつけ」るといった性質のものではなかったのである[32]。

### 3　憲法に規定されなかったこと

　ここでは，上述の「押しつけ」憲法論から観点を変えて，日本国憲法制定過程の「陰」の側面について，近時の改憲論の動向にも鑑み，平和主義条項を題材に検討することにしたい。具体的には，戦争責任[33]と沖縄[34]という2つの観点から検討を試みる。

---

　＼が来る。フランスでは，1789年に人権宣言が作られ，アメリカで1776年に独立宣言が作られたのは，熱いうちだったからで，必ずテルミドール反動が来る」と述べ，憲法制定に際しての時間的制約は当然だとの理解を示している。加藤周一・樋口陽一『時代を読む──「民族」「人権」再考』(小学館，1997年) 52～53頁〔樋口陽一〕。

30) 播磨・前掲論文 (注23) 66頁。
31) 杉原泰雄『憲法』(岩波書店，1990年) 21頁参照。
32) 樋口・前掲書 (注1), 65頁参照。
33) 戦争責任に関する私見については，さしあたり，馬奈木厳太郎「戦後補償裁判の概要と補償立法の動向」水島朝穂編著『未来創造としての「戦後補償」』(現代人文社，2003年) 29頁以下，水島朝穂・馬奈木厳太郎「戦争犠牲者に対する賠償立法の法理についての試論」法律時報76巻1号 (2004年) 55～59頁参照。
34) 憲法制定過程と沖縄とのかかわりに関する私見については，馬奈木厳太郎「占領下沖縄にお／

将来に対する平和の約束は過去を免責するか？

　日本国憲法に平和主義条項が設けられたことについては，一面で，平和主義条項は天皇制を残すための「避雷針」（楢橋渡）としての機能を担わされていたものだとする指摘も多いが[35]，他面で，ポツダム宣言の要請する日本の非軍国主義化を憲法的に表現するものであったということも重要である。この点，渡辺治は，「こうすることによって初めて，GHQは天皇を残してもそれが日本軍国主義の復活に利用されない保障がかちとられているということを，連合諸国——とりわけアジアの諸国に対していうことができたのであろう」[36]と述べ，「ここで注目しなければならないのは，この段階では，非武装はもっぱら日本の侵略に対する連合諸国の安全保障として構想されており，日本の安全保障としての非武装と言う側面は少なくとも第一義ではなった，という点である[37]」（傍点原著者）としている。ここからは，平和主義条項を設けることが，権力抑制原理として権力担当者を拘束するという一般的な憲法命題以上に，連合国との関係では，日本を再び軍国主義に陥らせないようにするという連合国にとっての安全保障意識が何よりも強かったことがうかがえる。そして，このことはまた，日本によって被害を受けた他のアジア諸国との関係では，平和主義条項が，その運用次第では，ある種の「詫び証文」として受けとめられうる可能性を有していたことをも意味するだろう。

　ところで，ポツダム宣言の具体化として日本国憲法の制定があり，そして日本国憲法が先の体制を否定し，価値原理の転換を伴うものであったとするのならば，否定されるべき体制の行き着いた先でもある戦争についての加害責任は，憲法制定過程の歴史的文脈からしても，本来的には憲法上どうでもよい事柄ではなかったはずである。ましてや，位置づけに変更が与えられたとはいえ，戦

---

　　ける『民間防衛計画』」水島朝穂編著『世界の「有事法制」を診る』（法律文化社，2003年）215頁以下参照。
35)　長谷川・175頁，樋口・前掲書（注1），423頁，渡辺治『日本国憲法「改正」史』（日本評論社，1987年）89頁参照。
36)　渡辺・前掲書（注35）89頁。
37)　渡辺・前掲書（注35）89頁。

争の最高責任者と目されていた天皇をそのまま人的には維持する以上,なおさら戦争責任に対する自覚は敏感であることが求められていたといえる。

　もっとも,日本国内では,当時の世論調査などをみても,平和主義条項は歓迎されていたが,それは「戦争はもうこりごり」という自身の原爆や空襲,疎開といった被害体験に基づく受容意識に支えられた傾向の強いものであり,後の「紛争巻き込まれ拒否」ないしは「私生活中心主義」と特徴づけられる平和意識に繋がる,要するに被害者意識規定的な平和意識だった。そして,そうした平和意識の浸透のなかでは,上記の「詫び証文」的な性格を意識することは稀であり,それはまた戦争責任に関する自覚を困難にすることにもなった。そうして,後継体制を枠づけ正当化する(はずの)日本国憲法ではあったが,実際には,平和主義条項を設け国際協調を掲げるという将来に対する方向性を示しさえすれば,それによって先の体制の「負債」を"チャラ"にすることができるといった程度の柔な前提で出発することになってしまった。このことは,先の体制から離れた所に自らが身を置くことができれば,それだけで後は良しとする姿勢であり,端的にいえば,当時の国民の戦争責任に関する自覚の弱さを意味していた。

　しかしながら,戦争責任の問題とは,本来であれば,日本国憲法の成立とあわせて解決されていなければならなかった性質のものであり,その意味で,戦争責任に関する問題とは,日本国憲法が成立し,その価値が妥当するにあたって前提とすべき立脚点にかかわる論点を鋭く照射している。また,後継体制を正当化するのであれば,そのためにも先の体制を単に否定するだけではなく,否定し続けていく営為が要求されるはずである。そしてそうであるならば,そこには先の体制に起因する被害についても,正面から向き合い責任を負うという姿勢が,当然に含まれることになるのではないだろうか。

　今日,すでに戦後60年近く経つが,これまでに80件を超える戦後補償裁判

---

38) 戦争放棄に対する国民意識は,毎日新聞1946年5月27日の世論調査によれば,次の通りであった。
　　賛成 — 70%　　反対 — 28%　　その他 — 2%
39) 和田進『戦後日本の平和意識』(青木書店,1997年) 95〜97頁参照。

が提訴され，そしていまなお多くの被害者は謝罪や名誉回復を求めている状況にある。確かに，条約締結などにより，政府間関係の正常化は，朝鮮民主主義人民共和国（北朝鮮）を除けばすでになされている。しかし，裏を返せばそれだけしかなされていないともいえる。他のアジア諸国の国民との和解や歴史認識の共有といった課題は，なお将来に対して開かれた問題として，すなわち今日の国民意識にかかわる問題として残されている。そしてこのことは，「戦争はもうこりごり」という被害者意識規定的な平和意識と，加害の歴史をふまえたうえでの「正戦」の否定という確信とのギャップにかかわる論点を衝いているのである。

### 「忘れられた」沖縄

憲法制定過程のいま1つの「陰」としては，平和主義条項，とくに無軍備規定が沖縄の基地化と密接不可分の関係にあったという点がある[40]。古関彰一は，「日本国憲法の平和主義，なかでも軍備不保持は，沖縄の基地化抜きにはありえなかったと言わざるを得ない[41]」と述べるが，森英樹はそのような背景について，「米国の戦後アジアにおける軍事的プレゼンスの一環であった沖縄占領と，対米敵対した天皇制権力構造の排除を目的とした占領政策とは矛盾しないという見方もできよう」とし，「沖縄は，いわば『統一』的な米国戦後政策によって『切断』されたといってよい」と指摘している[42]。さらに，大田昌秀は，敗戦前から早くもアメリカが対沖縄戦略を有していたことを示しつつも，あわせてアメリカによる沖縄の分離・基地化は，日本政府の無配慮が大きな要因であったと「本土」側の態度を強調することも忘れていない[43]。

日本の権力担当者やその周辺は，天皇制を護持するために平和主義条項を交換条件として受け入れたが，さらにその結果生じた「真空」たる日本の安全保

---

[40] 古関彰一「沖縄にとっての日本国憲法」法律時報68巻12号（1996）11～15頁参照。
[41] 古関・前掲論文（注40）14頁。
[42] 森英樹「沖縄が衝く憲法50年」法律時報68巻12号（1996年）9頁。
[43] 大田昌秀『沖縄の挑戦』（恒文社，1990年）69頁以下参照。

障を米軍に頼った。それはまた,アメリカの戦略にも合致するものだった[44]。しかも,基地の存在は施政権に基礎を置くとされたので,その結果,沖縄の施政権返還を求めることは避けられた[45]。在日米軍が,日本および極東の平和と安全に寄与するという論理は,ここにその萌芽をみることができるだろう。

一方,国民の側でも沖縄は長く「忘れられた」島だった。この点に関する古関彰一の指摘は,今日より強く想起されるべきことのように思われる。「本土では少なくとも戦後10年間は,沖縄を等閑視した中で平和憲法認識を形成してきたし,その後も平和憲法の担い手の側から,平和憲法は沖縄の犠牲の上に存在しているという認識は育たなかった[46]」。

以上からは,次の痛烈な批判を否定することはできないだろう。すなわち,日本国憲法の平和主義条項は,「憲法の出発点から『本土平和主義』であった[47]」と。また,「押しつけ」論者には次の批判が向けられよう。沖縄は,憲法を「押しつけ」られることさえなかったと。

## 4 おわりに——逆説としての「押しつけ」憲法論——

従来,「押しつけ」憲法論が,専ら時間的な流れを強調し,手続面や占領下という全体としての過程のあり様を批判してきたことは,基本的人権や国民主権といった原理を概ね好意的に受容してきた国民多数の存在を前提とすれば,当然なものといえる。ところで,このような側面を強調しつつ現行憲法を批判しあるいはその無効を主張する論者に対しては,次のような疑問が向けられよう。すなわち,制憲過程を全体として眺めたときに,そこには占領下における

---

[44] マッカーサーは,日本の再軍備に反対する一方で,沖縄の要塞化を提案し,その理由として,沖縄が米国の防衛線の要にあることと,外部の侵略に対して日本の安全性を確保できることを挙げた。古関彰一「米国における占領下日本再軍備計画」法律時報48巻10号(1976年)73頁参照。

[45] 大田昌秀『見える昭和と「見えない昭和」』(那覇出版社,1994年)74~75頁参照。

[46] 古関・前掲論文(注40)14頁。

[47] 仲地博・水島朝穂編『オキナワと憲法——問い続けるもの』(法律文化社,1998年)18頁〔仲地博〕。

独特の強制力が働き，自主的・自発的な意思が完全には表明されなかったために手続上の瑕疵が存することの帰結として憲法が無効とされるのであれば，全く同様な強制力が機能したに違いないとの推定の効果として，警察予備隊の設置や，レッドパージ，旧軍人の追放解除，サンフランシスコ講和条約，安保条約，沖縄協定なども一切無効とされるべきなのではないだろうかと。さらに，GHQ の示唆や指導といった名のもとでの無数の介入・干渉の存在を理由として，現行憲法を日本国民自らの手で作られたものではないとする主張には，しかしまた改憲の取り組みもアメリカからの「押しつけ」ではなかったのか，それでもそれは「自主憲法」制定と呼べるのかという批判がありえるだろう。[48]

　本来ならば，正面から日本国憲法の価値原理を批判したい論者にとっては，手続的な側面を強調する「押しつけ」憲法論も所詮は手段的なものにすぎない。しかも，その手段的な主張においてさえ論理性に数々の矛盾を含み展開全体としては破綻せざるをえないとき，なおその主張を正当化しうる合理的根拠を私たちはどこに見出せばよいのだろうか。

　では，はたして「押しつけ」論にはまったく積極的な点を見出すことはできないのだろうか。筆者はそうは思わない。少なくとも 2 つの点で，筆者は「押しつけ」憲法論の提起に真剣に向き合わなければならないと考える。

　1 つは，「押しつけ」論者がいうところの日本国憲法が自分たちの手で作った憲法ではないという点である。これを当時の日本には自主的に憲法を制定するだけの主体的力量がなかったという風に読み替えるのであれば，批判はしごく正当なものである。長谷川正安の指摘をまつまでもなく，敗戦後の日本には

---

48) 1948 年という憲法施行わずか 1 年後の段階からアメリカが日本の再軍備を検討していたことにつき，古関・前掲論文（注 44）69〜76 頁参照。また，1951 年の吉田・ダレス会談の際に，ダレスが再軍備のために憲法を改正することを求めたことにつき，参照，渡辺・前掲書（注 35），110 頁，112 頁，116 頁以下。さらに，初代の在日米軍顧問団幕僚長で，事実上日本再武装を担当したフランク・コワルスキーは，次のように述べている。「太平洋戦争で一敗地にまみれた日本国民は，世界平和に国を委ね，戦争，軍隊，武力を永久に放棄する理想主義的憲法を最初は無心に受け入れたが，後になると信奉するようになった。ところが再びアメリカにつつかれて，彼らはその崇高な抱負に背を向け，憲法を踏みにじって混沌とした将来へ踏み出した」。フランク・コワルスキー（勝山金次郎訳）『日本再軍備──私は日本を再武装した』（サイマル出版会，1969 年）61 頁。

「八月革命」を推進する主体はいなかった。つまり，明治憲法体系を崩壊させた主体は，それを民主主義の方向に実現させる国内の政治勢力ではなく，ポツダム宣言の諸条件を実施するために進駐してきたアメリカ占領軍だった。もちろん，国内にも先述したように多くの民間草案があり，民主人民戦線運動も一定の盛りあがりをみせていたし，またGHQや日本政府の干渉（選挙日程の前倒し）あるいは国民の要求を一定程度組み入れた巧みな「先取り」（GHQ草案）などがこうした「下からの」憲法制定を難しくしたことも確かである。しかしなお，この憲法制定権力の担い手という問題には，こだわり続ける必要があるように解される。

　もちろん，このことは直ちに憲法を選び直せといったテキスト主義的な主張につながるものではない。そうではなく，むしろ憲法というものが自分たちにとっていかなるものなのか，あるいは立憲主義とはそもそもどういった歴史的背景をもった考え方なのか，こういった"憲法とは何か"を1人ひとりが自分なりに受けとめることがまず重要であろう。そのうえで，憲法制定権力の担い手という意味での当時の主体的力量の限界を認識しつつも，その後に憲法を具体化し血肉化する担い手という意味での自覚が課題になるのである。戒能通孝は，かつて，「『市民』とは，……ヌーッと自生したものでなく，……生死を賭して闘ったエリートのことである。したがって『市民』とは，それ自体として闘争観念であり，かつ闘争のなかで自己をきたえあげた人々が，『市民』であることに誇りをもち，それに栄誉を附与したのである」と喝破し，「真に主権者として国政に参加するものは，政府を指して『彼ら』ではなく『われわれ』といえるもの，すなわち積極的に政治活動に参加し，積極的に自己の内心

---

49) 長谷川正安は，宮沢俊義の「八月革命」説を意識しつつ，主体面に着目して次のように述べている。「8月15日の日本には，天皇の権力機構を打倒することに反対の日本人はいたが，それに賛成する『革命』的日本人は獄中を除けばまだいなかった。『八月革命』を推進する主体は，国内にはなかったのである。その点では，日本はナチス・ドイツに占領されていたヨーロッパ諸国とは違っていたし，ドイツ自身とさえちがっていた。8月15日の日本が焦土であったのは，物質的な意味ばかりでなく，精神的にもそうなのであった」。長谷川・前掲書（注8）29～30頁。
50) 長谷川・前掲書（注8）59頁参照。
51) 戒能通孝「市民法と社会法」法律時報30巻4号（1958年）5頁。

的要求にしたがって投票することができるものが，ここに言う『国民』であり，また『市民』である」と論じたことがある。「自然人は生まれたままの状態では単なる人間にすぎないが，彼らがもし自ら望むならば『市民』になることができる」という意味を，国民が実感として共有することができるのかどうか，この点は憲法制定という一点を越え，今日引き続き問われている問題である。

　2つには，現行憲法を完全には国民の手で制定させることができなかったということを，戦争責任や沖縄の視点からとらえなおす契機とすることである。戦後，日本国憲法は，敗戦をふまえ，前文と9条にあるような安全保障原理を採用した。しかし，その画期的意義は，上述したような日本国民の植民地支配や侵略戦争についての加害意識の弱さも手伝って，必ずしも十分には共有されてこなかった。この間，あまり自覚されなかったが，日本国憲法の戦争放棄や交戦権の否認といった規範は，戦争や植民地支配が内在させる政治的・経済的な側面に着目することで，すなわち先の大戦とそれに至る経過を資源・労働力・市場などをめぐる国内の矛盾を戦争という手段によって克服しようとしたものと評価することで，将来にわたってそのような性格を内在させる戦争の放棄を確立させようとしたと解されうるものなのである。それはまた，過去の植民地支配や侵略戦争に対する反省のうえに，現在および将来の植民地主義的あるいは覇権主義的な政策を否定するものであり，アジアで約2000万人，そして日本国民だけでも約300万人の死者を出した結果，人命を上回る経済的利益など存しないという結論に到達したことを意味するものでもあった。

　現在，日本政府は，イラク特措法の成立を受け，アフガニスタンに続きイラクにも自衛隊を派遣している。しかし，イラク戦争の"大義"が崩れ，今回の戦争の隠された目的として石油戦略などの経済的動因が語られている今日，加害意識をふまえた上記の規範の歴史的意義は，さらに強調されてよいはずである。

---

52)　戒能・前掲論文（注51）9頁。
53)　戒能・前掲論文（注51）10頁。
54)　杉田敦「『押し付け憲法』は選びなおさないと，自分たちの憲法にならないのではないか」憲法再生フォーラム編『改憲は必要か』（岩波書店，2004年）49頁以下参照。

また，今回，イラク特措法に基づき自衛隊は派遣されているが，現地では不測の事態も予測され，隊員が殺害され，あるいは隊員がイラク人を殺害しかねない懸念も存している。そうした日本の自衛隊が再び戦争犠牲者を出しかねないというのが今日の状況だとすれば，このことを私たちはどう考えたらよいのだろうか。戦前の天皇主権とは異なり，今日は国民主権の時代である。また戦前とは異なり，今日は情報も多様にあり，投票のみならず様々な表現を通じて議会に影響力を行使できる。しかも，イラク戦争は当初から「胡散臭い」戦争だったはずである。そうしたなかで，私たちは，この再び戦争犠牲者を生み出しかねないという事態について，より深刻に受けとめる必要があるのではないだろうか。

　ところで，戦争責任に対する政府の不作為は戦後一貫して続いているが，他方で9条とそれを支える世論の存在は，他のアジア諸国からみれば，戦争犠牲者に対する賠償立法などが本来果たすべき役割と同質のものを一定程度有している。そしてこの点は，とくに戦後ドイツが行ってきた様々な「過去の克服」のための政策が，他国に対していかなる意味を有したのかということと対比したとき，一層明らかになる。明確な謝罪も，いかなる立法も制定しない政府が，仮に憲法9条をも有さない国の政府であったときに，他のアジアの国々との戦後の関係は決して現状のようなものですらなかっただろう。その意味で，9条の存在とその機能は，単に国内の安全保障原理にとどまるものではない。

　今日，かつてないほどに改憲論は盛んに主張されている。しかし，憲法制定過程の「陰」の側面を眺めると，加害責任と自衛隊の海外派遣の議論にしろ，あるいは沖縄と在日米軍の議論にしろ，実は現在の改憲論が，こうした「陰」の側面を受けとめることなく，それを等閑視し，むしろその固定化の延長線上に改憲を行おうとしていることが明白になる。とするならば，少なくとも改憲にコミットする者は，そのことをその効果も含めて明確に認識する必要があるだろう。同時に，改憲にコミットしない者としても，ではどのように憲法制定過程の「陰」の側面をとらえなおすのかは問われるだろう。いずれにせよ，事柄は日本国憲法の"原点"にかかわっている。

## 2

# 9条解釈論から診る
―― 軌跡と到達点からの選択肢は ――

高作　正博

## 1　はじめに ―― 憲法改正の環境 ――

　法の条文は，無味乾燥な言葉の羅列ではない。それぞれの規定の歴史的背景，制定を推し進めた事情やコンテクスト，あるいは，社会的事情の変化などを考慮しつつ，適切な解釈を施す必要がある。解釈の枠を超えた問題状況に対処する要求が高まったとき，当該規定の改正という手続が求められる。

　法の改正を考える場合，次の2点に留意する必要があろう。第1に，法の改正作業が行われるに相応しい場面である。それは，規定の意味内容が実際に具体化された結果，様々な障壁が生じ，それを除去するには法改正が必要と考えられる場合を典型例とする。法の具体化へ向けた努力すらなされてこなかったにもかかわらず，改正へ向けた検討が進められる場合には，とくに注意が必要となる。第2に，憲法の改正論議と立憲主義思想との関連である。近代憲法の基礎にある思想に立憲主義という考え方がある。これは，国民の参加による国家権力の制限を通じて，国民の権利・自由を保障しようとする考えである。近代憲法は，人権保障のために国家権力を制約することを目指して制定されたものである。政治の必要性から憲法改正が唱えられることは，この立憲主義の思想を危険にさらすものとして警戒が必要となる。

　本章は，憲法9条の運用及びその過程で為されてきた解釈論の検討を通じて，今の政治状況が，憲法9条を改正するにふさわしい環境といえるのかどうかを

明らかにすることを目的とする。従って，平和主義をめぐる学説や議論の詳細な整理を行うものではないことをおことわりしておきたい。

## 2　廃墟の中から生まれた思想——9条の制定と平和主義の原点——

戦後，自衛隊が設立されその合憲性が問題とされる際に，憲法9条の解釈上問題となる点は2つあった。「自衛戦争」が放棄されているかどうかという点と，「自衛権」が否定されているかどうかという点である。以下では，自衛戦争は放棄されており自衛権も否定されているとする，憲法制定当時の政府見解を見ておきたい。[1]

① 戦争放棄　憲法9条の平和主義は，元来，自衛戦争であると侵略戦争であるとを問わず一切の戦争を放棄するという立場を採っていたと考えられる（完全放棄説）。それは，第1に，マッカーサー草案の基調とされたマッカーサー・ノートでは，「国家の主権的権利としての戦争を廃棄する。日本は，紛争解決の手段としての戦争，および自己の安全を保持するための手段としてのそれをも放棄する」とされ，自衛のための戦争も放棄する旨が記されていたこと，第2に，吉田茂首相は，議会における答弁で，自衛戦争の放棄もまた9条1項の戦争放棄の趣旨に含まれる旨を明言していたことからいえる。[2]

② 戦力の不保持　一切の戦争が放棄されているとする解釈は，9条2項の解釈にも反映されることとなる。すなわち，同条項で保持が禁止されている「戦力」について，一切の対外的実力を含むものとする解釈がなされていたの

---

[1] 平和主義の経緯や内容に関する議論については，多くの先行業績がある。本稿執筆に際しては以下の文献を参照した。浦田一郎『現代の平和主義と立憲主義』(日本評論社，1995年)，古関彰一『新憲法の誕生』(中公叢書，1989年)，同『9条と安全保障』(小学館文庫，2001年)，佐々木高雄『戦争放棄条項の成立経緯』(成文堂，1997年)，深瀬忠一『戦争放棄と平和的生存権』(岩波書店，1987年)，古川純・山内敏弘『戦争と平和』(岩波書店，1993年)，水島朝穂『現代軍事法制の研究——脱軍事化への道程』(日本評論社，1995年)，山内敏弘『平和憲法の理論』(日本評論社，1992年)，山内敏弘・太田一男『憲法と平和主義』(法律文化社，1998年) 等参照。

[2] 新井章「憲法50年論争史」『別冊世界　ハンドブック・新ガイドラインって何だ』(1997年) 119頁。

である（警察力を超える実力説）。このことは，第1に，「戦力」とは，「戦争又は之に類似する行為に於いて，之を使用することに依って目的を達成し得る一切の人的及び物的力」とされていたとする立場（1946年9月13日，金森徳次郎国務大臣），第2に，「戦力」とは，すべての対外的実力であり，「国内の秩序を保つ為の力」である「警察力」と区別されるとする立場（同日，幣原喜重郎国務大臣）に示されている。

③　自衛権　自衛権については，形式的には放棄されていないとしながらも，実質的に放棄するとの解釈が述べられた（実質的放棄説）。吉田茂首相は，「戦争放棄に関する本案の規定は，直接には自衛権を否定はして居りませぬが，9条2項に於いて一切の軍備と国の交戦権を認めない結果，自衛権の発動としての戦争も，又交戦権も抛棄したものであります。従来近年の戦争は多く自衛権の名に於いて戦われたのであります。満州事変然り，大東亜戦争又然りであります」（1946年6月26日），「正当防衛，国家の防衛権による戦争を認むると云うことは，隅々戦争を誘発する有害な考へであるのみならず，若し平和団体が，国際団体が樹立された場合に於きましては，正当防衛権を認むると云うこそれ自身が有害であると思うのであります」（同月28日）と述べている。

憲法9条が単なる「押しつけ」であるとか，天皇制を残すための「避雷針憲法」であるとか，非現実的な「理想」にすぎないとかいう批判がある。ただ，非現実的であるとする点については，戦前・戦中に近隣諸国・人民に対して行った多くの侵略行為・加害行為，戦争によって被った自国の甚大な被害，中でも，広島・長崎への原爆投下や沖縄戦での悲惨な経験等からして，非武装平和主義の立場が，国民にとって最も現実的な渇望であったという点を見逃してはならない。また，日本における思想的系譜を辿ってみると，非戦や軍事力廃止の考え方が一定の影響力を持っていたという事実を無視してはならない。[3]

---

3）　深瀬・前掲書（注1）93頁以下，古川・山内・前掲書（注1）108頁以下等参照。

## 3　環境に翻弄された平和主義——9条の運用——

　憲法施行前後の時期において既に，憲法改正が主張されていた。公法研究会の「憲法改正意見」と東大憲法研究会の「憲法改正の諸問題」である。しかし，これらの基本的立場は，「ともにこの憲法の基本原理を支持し，さらにそれを明確化し，強化するための改正の主張」という，後の改憲論とは異なるものであった[4]。最も興味深い点はここにある。政治家も知識人も，絶対平和主義を宣言することで戦後日本は出発したのである。ところが，その後の展開は違ったものとなった。

　① 「冷戦」の始まり　「冷戦」とは，米ソという2つの超大国の対立という側面と，マルクス・レーニン主義と政治的・経済的リベラリズムという2つのイデオロギー対立の側面とを併せ持つ現象をいう[5]。チャーチルの「鉄のカーテン」演説（1946年3月5日），共産主義の「封じ込め」をうたうトルーマン・ドクトリンの発表（1947年3月12日），マーシャルによる西欧諸国への経済援助の計画（同年6月）など様々な状況を通じて，「冷戦」は顕在化したのであった。これを受けて，アメリカの対日政策が転換し，日本を民主主義陣営の一員とすること，日本の再軍備を求めるべきことが打ち出された。憲法9条の趣旨は，具体化されることなく改憲や逸脱の対象とされていった[6]。

　第1に，占領終了の時期である。1950年6月の朝鮮戦争の勃発を契機として，2つの大きな変化が生じた。1つは日本の再軍備である。同年7月8日，マッカーサーが吉田首相に対して，7万5000人の「警察予備隊」の創設と海上保安庁の人員の8000人増員を指示した。これは，日本に駐留する米軍の朝鮮派遣に伴い，日本国内の治安維持を目的とする政策であると説明された。し

---

4）　佐藤功「憲法改正論の系譜と現状」ジュリスト臨増『日本国憲法——30年の軌跡と展望』（1977年）45頁。2つの改憲案については，中村睦男「憲法改正論50年と憲法学」樋口陽一他編『憲法理論の50年』（日本評論社，1996年）182頁以下等参照。
5）　田中明彦『新しい「中世」』（日本経済新聞社，1996年）11頁以下参照。
6）　田中明彦『安全保障——戦後50年の模索』（読売新聞社，1997年）参照。

かし，警察予備隊は実際に「軍隊の卵」だったのであり強い反発が予想された。そのため，その創設は「ポツダム政令」で行われた[7]。再軍備はさらに進められ，1952年4月に海上保安庁の下で「海上警備隊」が発足し，同年7月に成立した保安庁法により警察予備隊は「保安隊」に改組された。また，2つ目に，早期講話の実現と米軍による日本駐留の継続である。米国においては，東西対立の激化により全面講和が非現実的となる中，日本を西側に引きつける必要性と，日本国内の基地を引き続き使用する必要性とが結びついた。他方，日本では，憲法上の制約により表面上は本格的な再軍備を避け，日本の安全を米軍に委ねる方途が選択された。その結果，1951年9月，サンフランシスコで平和条約が調印され，同時に日米安全保障条約が調印された。

　第2に，第5次吉田内閣・鳩山内閣の時期である。第19国会（1953年12月〜1954年6月）において，MSA協定（日米相互防衛援助協定）の承認及び自衛隊法・防衛庁設置法（いわゆる防衛2法）の制定があった。両者は，日本の再軍備を求めるという点で一致した流れであった。もともと，アメリカのMSA（相互安全保障法）では，アメリカが対外的に軍事援助を行う条件として，当該国が自国の防衛能力を発展させるために必要な全ての妥当な措置をとることを定めていた。それ故，日本がMSA援助を受けるということは，日本が独自にその軍備力を増強するということを意味した。これに日本の再軍備論者は乗ったのである。他方，アメリカにとっても，MSAによって日本の防衛力が増強されれば在日米軍の撤退が可能となり，終局的には経費節減に結びつくという点でその多大な経済効率が期待されたのであった[8]。

　第3に，1957年2月に誕生した岸内閣の時期である。岸信介は，憲法改正と日米安保条約改定を自らの政治課題と考えていた[9]。岸が日米安保条約の改定

---

7) 警察予備隊の設置・維持に関する一切の国家行為の違憲性が裁判で争われることとなる。最大判昭27・10・8民集6巻9号783頁。
8) 田中・前掲書（注6）第4章，第5章参照。
9) 岸の改憲構想については，NHK取材班『NHKスペシャル・戦後50年その時日本は・第1巻』（日本放送出版協会，1995年）201頁以下等参照。

を目指した理由には、次の2点がある[10]。1つには、国家の独立と対等な関係の構築である。日本は政治的には独立を回復したとはいえ、様々な場面において日米は対等の関係ではなかったのであり、不平等な枠組みを残す日米安保条約を改定しない限り対等な対米関係は構築できないと考えられた。また、2つには、日米安保体制に対する国民の反対を抑えるという点である。この時期、基地の存在によって発生する被害や犯罪に対し、国民の反米感情が激しく沸き起こっていた。在日米軍基地に対する反対闘争や裁判闘争の歴史に名を残す「内灘事件」や「砂川事件」、生活のために演習場に入り込んで空薬莢を拾っていた農婦を殺害するという「ジラード事件」が象徴的な出来事であった。アメリカ側においても日本の中立主義勢力の増大に対する懸念が生まれ、安保改定へ向けた交渉が行われるに至った。

　改定交渉の際には、憲法と集団的自衛権との関係や、日本の発言権の確保等が議論された。後者の議題は、日本における米軍の基地使用に関する懸念、とりわけ、核兵器運用に対する懸念、また、アメリカが始める戦争に日本も巻き込まれるという懸念に基づくものであった。そのため、「第6条の実施に関する交換公文」の中で、事前協議の手続が規定されることとなった[11]。様々な議論を経て新日米安保条約は締結されていくのであるが、関連して次の2点を付言しておく。まずは、岸の退陣である。安保改定の際の岸の強引な国会運営に全国民的規模で反安保・岸内閣打倒の運動が起きた。いわゆる「安保闘争」である。岸は、「ハガティー事件」、デモ隊による国会突入、学生の死、アイゼンハワー大統領の訪日延期を経て、条約の成立を見届けた後で退陣していった。次に、1972年5月の沖縄返還である。返還に至る過程で、沖縄返還は「核抜き本土並み」である、即ち、沖縄に配備されていた核兵器を撤去し、本土と同じように日米安保条約が適用されるということが公表された。しかし、交渉過程において有事の際の核再持ち込みに関する「密約」が結ばれたのではないか、

---

10)　田中・前掲書（注6）第6章参照。
11)　核兵器搭載艦船の寄港や朝鮮半島有事の際の国連軍の行動は事前協議の対象から外すとの「密約」については、我部政明『沖縄返還とは何だったのか——日米戦後交渉史の中で』（NHKブックス、2000年）第1章参照。

返還後，沖縄では広大な米軍基地が固定化し，多くの事件・事故が起きている等，安保に絡む様々な問題が生じている。[12]

② 軍事大国化へ　80年代まで，日本国内における軍事力増強の政治傾向は変わらなかった。東西の緊張緩和（デタント）にもかかわらず軍事力保持の政策が採られ，憲法9条の平和主義実現の途は閉ざされたままであった。この時期の特徴として，次の2点を指摘しておこう。

まず，70年代の傾向としては，日本の軍事力を増強し，日米の関係を実質的に対等のものにしようとする立場が強まった点を指摘できる。これは，米中和解により緊張緩和が広まるにつれて，「ニクソン・ドクトリン」（1970年2月）に表れるように米国の戦略が変更されていく中で生じてきた。このことを象徴するのは，国連や米国に依存する安全保障体制ではなく，日本国民が国を守る体制を整備すべきであるとする中曽根防衛庁長官の防衛政策である。もっとも，このような主張に対しては，さしあたり軍事的紛争の要因は存在しないとし，有事を想定しない平和時の防衛力の整備をすべきではないかとする立場が対峙した。それが，「基盤的防衛力」構想であり，「防衛計画の大綱」策定（1976年10月）であった。

ただ，この状況は，70年代末に一変する。1978年の「日米防衛協力のための指針（ガイドライン）」策定による日米安保体制の強化，また，ソ連軍のアフガニスタン侵攻（1979年12月）を受け，日米両政府の対応も変わったのである。まず，米国は日本の防衛力整備を強く求めるようになり，より積極的な役割を期待するようになった。他方，鈴木内閣及び「戦後政治の総決算」を掲げる中曽根内閣が登場する頃になると，日本は再び軍拡の方向へ歩みだしていった。具体的には，「有事法制」研究第1次中間報告（1981年4月22日）及び「有事法制」研究第2次中間報告（1984年10月16日）の公表，リムパック（環太平洋合同演習）への自衛隊の参加，シーレーン（航路帯）防衛を国の政策

---

12) 沖縄返還交渉については，我部・前掲書（注11），NHK取材班『NHKスペシャル・戦後50年その時日本は・第4巻』（日本放送出版協会，1996年）7頁以下，三木健『ドキュメント沖縄返還交渉』（日本経済評論社，2000年），そして，正に「密約」があったと証言する，若泉敬『他策ナカリシヲ信ゼムト欲ス』（文藝春秋，1994年）参照。

としたこと，防衛費が GNP の 1％枠を突破し（1986 年 12 月），政府も GNP 1％枠撤廃を閣議決定したこと（1987 年 1 月 25 日）等，自衛隊の増強が試みられ，防衛と外交に関する国家秘密の保護を内容とする「国家秘密保護法案」も提出された（1985 年 6 月）。また，靖国公式参拝の強行（1985 年 8 月 15 日）等，「新しいナショナリズムの醸成」[13]にも力が入れられた。

③ 「冷戦」の終結と「湾岸戦争」　アメリカとソ連を 2 つの極とする冷戦は，対外的には対立する 1 つの国家に注意を集中できるという点で，また，対内的にはそれぞれの極の内部に位置する小国への締め付けを厳しくし，そのため内部が安定できるという点で，より安定した時代であったとする議論がある。この議論によれば，冷戦の終結は，超大国による「タガ」が外れて世界の不安定化をもたらすということになる[14]。この種の議論が湾岸戦争の勃発や朝鮮半島の危機と結びつき，自衛隊の積極的活用や日米安保体制のさらなる強化が主張されることとなった。いわゆる「国際貢献論」と「安保再定義」である。

第 1 に，「国際貢献論」は，自衛隊の海外派兵を可能にするための PKO 活動や国連軍（国連憲章 43 条）への参加等を積極的に認めようとする議論であった。これは，1990 年 8 月のイラク軍のクウェート占領，また，その後の湾岸戦争を契機として論じられた。しかし，海部内閣が国連平和活動への自衛隊参加を可能にする法整備に失敗し，適切な対応をとることができなかったこと，日本は総額 130 億ドルもの財政支援を行ったにもかかわらず国際的な評価は低かったことなどが強調され，湾岸戦争時の「苦い記憶」としてその後の国際貢献論をさらに後押しすることになった。結果的に自衛隊の海外派兵ルートの開拓に最大の努力が払われ[15]，避難民輸送・在外邦人救助[16]，掃海艇の派遣[17]，平和維

---

13) 渡辺治『日本の大国化は何をめざすか』（岩波ブックレット，1997 年）28 頁。
14) この議論への反論として，田中・前掲書（注 5）51 頁以下参照。
15) 一連の経緯については，国正武重『湾岸戦争という転回点』（岩波書店，1999 年），栗山尚一『日米同盟・漂流からの脱却』（日本経済新聞社，1997 年）参照。
16) 湾岸戦争の際に，避難民輸送のための「特例政令」を決定した例がある（1991 年 1 月 24 日）。これは，自衛隊法 100 条の 5 の委任を受けて制定されたものであったが，委任の範囲を超えていたのではなかったかという重大な問題を提起した。その後，政府専用機或いは自衛隊輸送機（C—130 輸送機）を派遣できるよう自衛隊法に 100 条の 8 が追加された（1994 年 11 月）。在外邦人救出のための自衛隊の海外派遣は，1997 年 7 月 12 日にカンボジア内戦の際に実施され

持活動(PKO)[18]を理由とする海外派兵への途が開かれた。

　第2に,「安保再定義」は,米国でソ連崩壊後の世界戦略・軍事力についての徹底的な見直しが行われたこと(国防総省「ボトムアップ・レビュー」(1993年9月))を受けた,現安保軍事体制の見直し・強化を意味する。それは,従来の日米安保体制の枠組みをはるかに越えた「アジア・太平洋地域の平和と安定」を存在理由とする同盟関係の確立を目指すものであった(「日米安全保障共同宣言」(1996年4月17日))。これは,米国にとっては,自国の世界戦略における日本のさらなる積極的役割を期待するというものであり,日本にとっては,日本の軍事大国化を推し進めるための絶好の正統性を付与するものであった。こうして,安保再定義は,新「日米防衛協力の指針(ガイドライン)」策定として結実していく。新ガイドライン中の「Ⅴ.日本周辺地域における事態で日本の平和と安全に重要な影響を与える場合(周辺事態)の協力」について,これを具体化するため周辺事態法が制定され(1999年5月),また,日米物品役務相互提供協定も改定された。さらにその後,船舶検査活動法が制定された(2000年12月公布)。

　但し,日米安保体制にとって不可欠であるはずの沖縄で,1995年の不幸な事件を契機に,安保体制自体を根底から揺るがす反基地闘争が沸き上がったことは特記すべき出来事である。第2次大戦により焦土と化した沖縄では,米軍の「銃剣とブルドーザー」により基地建設が大規模に行われ,今でも全国の米軍専用基地の75％が集中している。基地の整理・縮小を目指したSACO合意(1996年12月)も根本的な問題解決には至っておらず,新たな紛争の出発点

---

　　た。しかし,救出任務を果たさないまま撤収されたことから,単なる実績づくりではなかったかとの批判を浴びた。
17) 湾岸戦争の際に,ペルシャ湾で機雷除去及びその処理を行うため,海上自衛隊の掃海艇を派遣する政令を決定した例がある(1991年4月24日)。
18) 1992年6月に制定された国連平和維持活動協力法(PKO法)に基づいて,カンボジア,モザンビーク,ザイール,ゴラン高原に自衛隊が派遣された。とくに,「上官の命令」による武器使用については,法案の審議で大議論になったすえ法案には盛り込まれなかったが,その後,1998年6月に国連平和維持活動協力法24条が改正され,「上官の命令」での武器使用が認められた。

となっている。[19] 日本及びアジア地域の平和と安定が沖縄県で頻繁に起きる事件・事故の犠牲の上に成り立っていることを忘れてはならない。[20]

## 4 「規範」と「現実」の乖離1――「現実」の9条解釈――

　以上の憲法9条の運用をみる限り，国内では軍事力の増強を図り，同時に，対米関係においては日米安保体制を維持・強化しようとする一貫した政治傾向があったといえる。その意味で，憲法の「規範」と政治の「現実」との間には乖離が生じている。その過程での解釈改憲の手法については，一定の傾向が見られる。1つには，憲法でも「禁止されていない事柄」があるとする手法であり，2つには，憲法で「禁止されている事柄」を漸次的に縮小するという手法であり，3つには，憲法上「禁止されている事柄」と「認められている事柄」との「隙間」を主張し，その「隙間」を拡大するという手法である。

　① 「自衛権」と自衛隊　　まず，憲法9条の下で，自衛隊の合憲性を繕うための説明が必要とされた。そこで編み出されたのが，自衛戦争も放棄されているが自衛権は否定されていない，という解釈であった。「第1に，憲法は自衛権を否定していない。自衛権は国が独立国である以上，その国が当然に保有する権利である」。「2．憲法は戦争を放棄したが，自衛のための抗争は放棄していない。……従って自国に対して武力攻撃が加えられた場合に，国土を防衛する手段として武力を行使することは，憲法に違反しない」。「従って自衛隊のような自衛のための任務を有し，かつその目的のため必要相当な範囲の実力部隊を設けることは，何ら憲法に違反するものではない」。[21] ここでは，憲法が自衛戦争をも含む全ての戦争を放棄したとの解釈を維持しつつ，それとは区別さ

---

19) 高作正博「日米地位協定と自治体――普天間飛行場返還問題に関連して」琉大法学73号（2005年）参照。
20) 新ガイドラインや周辺事態法等については多くの業績があるが，ここでは，森英樹ほか編『グローバル安保体制が動きだす――あたらしい安保のはなし』（日本評論社，1998年），山内敏弘編『日米新ガイドラインと周辺事態法――いま「平和」の構築への選択を問い直す』（法律文化社，1999年）参照。
21) 1954年12月22日の衆議院予算委員会における大村清一防衛庁長官答弁。

れる「自衛のための抗争」を通じて，自衛権の行使が正当化されうるとの考え方が示されている。但し，自衛権を行使するには一定の要件が必要であるとされ，次の3要件が提示された。「急迫不正の侵害，すなわち現実的な侵害があること，それを排除するために他に手段がないということと，しかして必要最小限度それを防禦するために必要な方法をとるという，3つの原則」であった。[22]

しかし，自衛権を認めようとする見解には問題がある。政府見解は，自衛権が国家の当然の権利であり，憲法によっても否定され得ないものであるとの理解を前提としているように読める。ところが，「近代」の思想において，憲法以前に認められるべき権利とは，自然権という人間の権利のみであって，人間の創造物にすぎない国家には，生来備わっているものとみるべき自然権は認められていないのである。むしろ憲法は国家の自衛権をも否定したと解すべきであって，「国が自衛権を持っていることはきわめて明白」と述べて議論を実質上封じる態度には疑念を禁じ得ない。

② 「戦力」と自衛隊　また，政府見解による自衛隊の正当化の試みは，「戦力」の概念の理解に顕著に現れた。既に述べたように，憲法制定当時の政府見解では，「警察力を超える実力説」が採られていた。しかし，警察予備隊から保安隊へと再軍備が進められるなか，これらの軍事力と憲法との関係が問題となってきた。そこで政府は，増強される国軍を合憲と説明するために，憲法で禁止される「戦力」の範囲を縮小するという方法をとった。具体的には，1952年当時の政府見解で，「近代戦争遂行に役立つ程度の装備，編成を備えるもの」を戦力とするという立場がとられたのであった（近代戦争遂行能力説）。その上で，保安隊および警備隊は，その本質が警察上の組織であるため軍隊ではないという解釈，また，客観的にこれを見てもその装備編成は決して近代戦を有効に遂行しうる程度のものでないから「戦力」には該当しないという解釈がとられた。

ただし，この解釈もすぐに使えなくなる。2年後の1954年には，再び政府

---

22) 1954年4月6日の衆議院内閣委員会における佐藤達夫法制局長官答弁。

の「戦力」概念の解釈が変わっていったのである。それ以来の政府見解は，自衛のために必要な最小限度の実力を超えるものを戦力とするという立場で一貫している（自衛に必要な最小限度を超える実力説）。この見解を明らかにしたのが次の答弁である。憲法が「今の自衛隊のごとき，国土保全を任務とし，しかもそのために必要な限度において持つところの自衛力というものを禁止しておるということは当然これは考えられない，すなわち第 2 項……の戦力にはこれは当らない，さように考えます。」

③　自衛権の限界と地理的範囲　　「自衛に必要な最小限度」の限界をどのように考えるかによっては，自衛隊の活動や権限は実質上際限のないものとなるおそれがある。事実，戦力概念の変遷は，実態を前提に，それに合わせて憲法を運用しようとする政治傾向が存することを如実に表しており，ここでは憲法上の制約など無きがごとしである。そこで，保持が許される兵器の規模に関する政府見解が出された。「国土を守ることのみに用いられる兵器の保持」は許されるが，「相手国の国土の潰滅的破壊のためにのみ用いられる兵器の保持」は許されないとされる。したがって，「相手国の国土の壊滅的破壊」のための攻撃的兵器とみなされる ICBM（大陸間弾道ミサイル），長距離核戦略爆撃機，攻撃型空母を保有することは，違憲となる。しかし，ここで「自衛に必要な最小限度」という基準は，戦力の歯止めとはなり得ない。第 1 に，「自衛に必要な最小限度」の名目であれば，兵器の規模には限界がないからである。そのことは，防御用であれば，核兵器であると通常兵器であるとを問わずこれを「保有」することは憲法上可能であるとし，また核兵器の「使用」ですら，「我が国を防衛するために必要最小限度のものにとどまるならば」可能とされ

---

23)　1954 年 12 月 21 日の衆議院予算委員会における林修三内閣法制局長官答弁。
24)　松本善明議員提出質問趣意書に対する 1969 年 4 月 8 日の答弁書。
25)　1968 年 4 月 3 日の参議院予算委員会における増田甲子七防衛庁長官答弁，1988 年 4 月 6 日の参議院予算委員会における瓦力防衛庁長官答弁。
26)　1957 年 5 月 7 日の参議院内閣委員会における岸首相答弁，1978 年 3 月 11 日の参議院予算委員会における真田秀夫内閣法制局長官答弁，立木洋議員提出質問趣意書に対する 1993 年 12 月 3 日の答弁書。

ているところに表れている。第2に，現に日本が保有する実力が「自衛に必要な最小限度」のものかどうかの判断基準が不明確だからである。政府見解では，日本が憲法上保持しうる自衛力の「具体的な限度は，その時々の国際情勢，軍事技術の水準その他の諸条件により変わり得る相対的な面を有する」とされた[28]。しかし，「その時々」で変わり得る基準というのは，えてして政府の都合のよいように運用されがちである。

また，自衛権行使の地理的範囲についても問題が存する。防衛2法が成立した際に，参議院で次のような決議がなされた。「本院は，自衛隊の創設に際し，現行憲法の条章と，わが国民の熾烈なる平和愛好精神に照らし，海外出動はこれを行わないことを，茲に更めて確認する」。また，武力行使を行う目的を持って外国の領土，領海に入る「海外派兵」は，「自衛権の限界を越えるから憲法上はできないと解すべき」とする見解も示された[29]。但し，海外での武力行使や海外派兵の禁止という準則は，それのみで独立したものではなく，「自衛に必要な最小限度」を補う補足的な原則であるという点に注意が必要である。そのことは次の諸点に表れている。第1に，わが国に対する急迫不正の侵害に対し，他に手段がないと認められる限り，海外の敵基地を攻撃することも可能とされている点である[30]。第2に，他国からの武力攻撃がある場合，わが国の防衛に必要な限度において，わが国の領域を超えて周辺の公海・公空でこれに対処しても，自衛権の限度をこえるものではないとされる点である[31]。第3に，海外における武力行動でも，自衛権発動の3要件に該当するものであれば，憲法上可能とされている点である[32]。こうして，憲法上禁止されていないとされる概念を拡張することで，現実には歯止めのない兵力増強にも耐えうる憲法解釈がなされてきたのであった。

④ 集団的自衛権と日米安保　　日米安保条約及びそこから派生する様々な

---

[27] 1998年6月17日の参議院予算委員会における大森政輔内閣法制局長官の答弁。
[28] 翫正敏議員提出質問趣意書に対する1991年11月29日の答弁書。
[29] 1973年9月19日の衆議院決算委員会における吉国一郎内閣法制局長官答弁。
[30] 1956年2月29日の衆議院内閣委員会における船田中防衛庁長官答弁。
[31] 春日正一議員提出質問趣意書に対する1969年12月29日の答弁書。
[32] 松本善明議員提出質問趣意書に対する1969年4月8日の答弁書。

活動を，憲法上どのように正当化するかが問題とされてきた。そこで提示されたのが，次の考え方であった。第1に，集団的自衛権の「行使」は憲法上認められないとする解釈である。「国際法上，国家は，集団的自衛権，すなわち，自国と密接な関係にある外国に対する武力攻撃を，自国が直接攻撃されていないにもかかわらず，実力をもって阻止する権利を有している」が，「憲法9条の下において許容されている自衛権の行使は，我が国を防衛するため必要最小限度の範囲にとどまるべきものであると解しており，集団的自衛権を行使することは，その範囲を超えるものであって，憲法上許されない」[33]。

ただ，現行安保条約5条によれば，在日米軍への武力攻撃があった際に日本も「共通の危険に対処する」とされているが，この行動が集団的自衛権の行使に当たるのではないかが問題とされた。この点，米国は集団的自衛権の行使と考えているのに対し，日本政府は，在日米軍への攻撃が同時に日本に対する攻撃でもあるため，日本の行動は個別的自衛権によるものと解しているのである[34]。したがって，日本領海内の米国艦船に対する武力攻撃があった場合でも自衛権の発動はできないが，わが国の安全のために必要な限度内で行動する結果として，米国艦船が救われるということはあり得る[35]。しかし，個別的自衛権と集団的自衛権との区別，また，集団的自衛権の「保持」と「行使」との区別という解釈は，あまりに技巧的にすぎる。そもそも，集団的自衛権が国際法上認められているということは憲法上も合憲であることの根拠とはならない。憲法が何の規定も置いていないことからしても，その保持すら禁止されているものと解すべきではなかろうか。

第2に，米軍の武力行使と一体化した活動は憲法上許されないとする解釈である。まず，いわゆる一体化論とは，わが国に対する武力攻撃がなく仮に自らは直接武力行使をしていない場合でも，他国が行う武力行使への関与の密接性などからわが国も武力行使をしたという法的評価を受ける場合には，違憲とな

---

[33] 稲葉誠一議員提出質問趣意書に対する1981年5月29日の答弁書。1959年9月1日の衆議院外務委員会における高橋通敏外務省条約局長答弁参照。
[34] 1960年2月13日の衆議院予算委員会における林修三法制局長官答弁。
[35] 1975年6月18日の衆議院外務委員会における丸山昂防衛庁防衛局長答弁。

るとする考え方をいう。また，その根拠については，「憲法9条の裏といたしまして，憲法解釈の当然の事理としてそこから読み取れる」とされている[36]。具体的な判断基準として，「1つ，戦闘行動が行われている，または行われようとしている地点と当該行動の場所との地理的関係，2つ，当該行動の具体的内容，3つ，各国軍隊の武力行使の任にあるものとの関係の密接性，4つ，協力しようとする相手方の活動の現況等の諸般の事情を総合的に勘案して個々具体的に判断」するとする[37]。たとえば，米軍と一体をなすような行動で補給業務をすることは違憲となり[38]，また，現に戦闘が行われている前線へ武器弾薬を供給・輸送すること，あるいは現に戦闘が行われている医療部隊に組み込まれる形で医療活動をすることは違憲であるが，逆に戦闘行為のところから一線を画されるところで，医薬品や食料品を輸送することは問題はない[39]。以上の考え方は，国連の集団的安全保障との関係にも妥当する。

　こうして，新ガイドライン及び周辺事態法における後方地域支援が正当化されていったのであった。以上の解釈は，個別的自衛権には含まれないが集団的自衛権にも該当しない領域であれば，自衛隊の行動が許されうるとするもので，いわば両者の隙間を主張するものと思われる。しかし，この解釈は個々の活動の性質を問うものであり，そこでは自衛隊という組織がどこまで活動できるのかという視点が欠けている。軍隊はどこまでいっても軍隊であり，その活動もまた容易に軍事力に転化しうることを思えば，組織の性質と活動の性質との切り分けには問題があろう。また，前線と後方との区別も実際の戦場では意味をなさないことからして，政府見解はあまりにリアリティを欠くものというべきであろう。

　⑤　集団的安全保障と国際連合　　自衛権概念により「自衛に必要な最小限度」の実力を保持することは合憲とする政府見解を前提とする限り，国連に加

---

36) 1997年11月27日の衆議院安全保障委員会における大森政輔内閣法制局長官答弁。
37) 1996年5月21日の参議院内閣委員会における大森政輔内閣法制局長官答弁。
38) 1959年3月19日の参議院予算委員会における林修三法制局長官答弁。
39) 1990年10月29日の衆議院国際連合平和協力に関する特別委員会における工藤敦夫内閣法制局長官答弁。

盟すること自体は憲法に抵触することにはならない。問題とされたのは，国連が行う様々な活動に自衛隊が参加することができるのかという点であった。具体的には次の原則との関係で問題となりうる。すなわち，すでに述べた海外派兵の禁止原則といわゆる一体化論である。政府見解では，武力行使の目的をもって武装した部隊を他国の領土，領海，領空に派遣する「海外派兵」と，武力行使の目的をもたないで部隊を他国へ派遣する「海外派遣」とを区別し，後者は違憲ではないとされている[40]。また，他国の武力行使と一体化しない運用の可能性は，政府見解では広く認められているといってよい。したがって，海外派兵ではなく海外派遣であり，かつ他国の武力行使と一体化しないものであれば，自衛隊の活動として行いうるとされる。

　さらに具体的な諸原則として，たとえば，第1に，軍事行動を目的とする「国連軍」への「参加」は違憲であるとする解釈である。「『国連軍』の目的・任務が武力行使を伴うものであれば，自衛隊がこれに参加することは憲法上許されないと考えている。これに対し，当該『国連軍』の目的・任務が武力行使を伴わないものであれば，自衛隊がこれに参加することは憲法上許されないわけではない」[41]。第2に，「国連軍」への「協力」は違憲ではないとする解釈である。「『参加』とは，当該『国連軍』の司令官の指揮下に入り，その一員として行動することを意味し，平和協力隊が当該『国連軍』に参加することは，当該『国連軍』の目的・任務が武力行使を伴うものであれば，自衛隊が当該『国連軍』に参加する場合と同様，自衛ための必要最小限度の範囲を超えるものであって，憲法上許されない」。他方，「『協力』とは，『国連軍』に対する右の『参加』を含む広い意味での関与形態を表すものであり，当該『国連軍』の組織の外にあって行う『参加』に至らない各種の支援をも含むと解される」。この「『協力』については，当該『国連軍』の目的・任務が武力行使を伴うものであっても，……当該『国連軍』の武力行使と一体とならないようなものは憲法

---

[40]　稲葉誠一議員提出質問趣意書に対する1980年10月28日の答弁書。
[41]　稲葉誠一議員提出質問趣意書に対する1980年10月28日の答弁書。また，1967年5月30日の参議院内閣委員会における藤崎萬里外務省条約局長答弁，1990年10月19日の衆議院予算委員会における工藤敦夫内閣法制局長官答弁同旨。

上許されると解される[42]」。

　こうして，当該国連軍の目的・任務，国連軍の武力行使との一体性の有無を判断して，PKO法の合憲性が説明されてきたのであった。しかし，集団的自衛権の場合と同様に，ここでも自衛隊という組織の問題性が抜け落ちている。個別的自衛権で初めてその存在及び活動を正当化されうる自衛隊が，なぜ個別的自衛権の行使以外の場面に出動しうるのか。政府の解釈は，憲法上許容しうる場合と禁止される場合との間に隙間を作り出し，漸次的にそれを拡張することで，新しい自衛隊の任務を合憲としてきたものであり，憲法解釈の手法として極めて重大な難点を含むものといわざるを得ない。

## 5　「規範」と「現実」の乖離2――「規範」の9条解釈――

　憲法9条の政治的「現実」に対し，それを牽引する「規範」の側はどのように対応したのであろうか。ここでは，憲法の有権的解釈者であるはずの裁判所の対応を見ることで，この問いの検討を行いたい。なお，他に憲法解釈権を有する有権者や地方公共団体，また，有権的でないにしても学問的見地から実務に影響を及ぼしうる学説など，別のアクターの存在も重要であるが，本稿では扱わない。

　①　どのように違憲判断をしたか　　自衛隊や日米安保条約の合憲性を問う裁判の判決において重要なのは，積極的に合憲判断を行った判決が見られないのに対し，逆に違憲判断を行った判決が見られることである。自衛隊と日米安保条約を違憲と判断した2つの判決を見ておこう。まず，長沼事件第1審判決（福島判決）である。長沼事件とは，航空自衛隊の基地を建設するために，農林大臣が国有保安林の指定を解除してその伐採を認めたところ，その処分の取消が争われた訴訟である。判決は，自衛戦争の放棄如何については9条1項と2項による全面放棄説，また，2項の「戦力」の概念につき「警察力を越える

---

[42] 1990年10月26日の衆議院国際連合平和協力に関する特別委員会における中山太郎外務大臣答弁。

実力説」を採った。さらに，自衛権につきそれを認め，「自衛権を保有し，これを行使することは，ただちに軍事力による自衛に直結しなければならないものではない」と述べ，「非武装自衛権説」を採用した。その上で，自衛隊の組織，編成，装備，行動などを規定した防衛庁設置法，自衛隊法その他関連法規を違憲としたのである。[43]

次に，砂川事件1審判決（伊達判決）である。これは，米軍基地拡張のための測量に際し，これを阻止しようとして米軍基地内に立ち入った行為が，日米安保条約3条に基づく行政協定に伴う刑事特別法2条違反を理由に起訴された刑事事件である。判決は，自衛権を認めながらも，憲法が「自衛のための戦力を用いる戦争及び自衛のための戦力の保持をも許さない」ものであること，また，「国際平和団体を目ざしている国際連合の機関である安全保障理事会等の執る軍事的安全措置等を最低線としてこれによってわが国の安全と生存を維持しようとする決意に基づくものであ」ること，さらに，わが国が「合衆国軍隊の駐留を許容していることは，……日本国憲法9条2項前段によって禁止された陸海空軍その他の戦力の保持に該当するものといわざるを得ず，結局わが国内に駐留する合衆国軍隊は憲法上その存在を許すべからざるものといわざるを得ない」こと等を指摘し，刑事特別法2条の規定を無効，被告人を無罪とした。[44]

② どのように憲法判断回避をしたか　正面から憲法判断を行い違憲判決を下した上記2判決以外の諸判決は，様々な論理を用いて憲法判断を実質回避してきた。その類型を整理しておこう。第1に，「訴えの利益」の否定という論理である。前記長沼事件1審判決が，平和的生存権を根拠に，「地域住民にはその処分の瑕疵を争う法律上の利益がある」と述べ，保安林指定解除処分の取消を認めたのに対し，控訴審判決は，「前文中に定める『平和のうちに生存する権利』も裁判規範として，なんら現実的，個別的内容をもつものとして具体化されているものではない」とし，被控訴人らの訴えの利益を否定した。[45]最

---

43）　札幌地判昭 48・9・7 判時 712 号 24 頁。
44）　東京地判昭 34・3・30 下刑集 1 巻 3 号 776 頁。
45）　札幌高判昭 51・8・5 行集 27 巻 8 号 1175 頁。

高裁判決も控訴審判決の判断を正当とした。[46]

　第2に，いわゆる「統治行為論」である。長沼事件控訴審判決は，上記「訴えの利益」の否定により原告の請求を退けた上で，次のような見解を「付加」した。「高度の政治性を有する国家行為については……たとえ司法部門の本来的職責である法的判断が可能なものであり，かつそれが前提問題であっても，司法審査権の範囲外にある」。もっとも，「立法，行政機関の行為が一見極めて明白に違憲，違法の場合には，右行為の属性を問わず，裁判所の司法審査権が排除されているものではない」が，自衛隊の存在等の合憲性の問題は，「統治行為に関する判断であり，……これを裁判所が判断すべきものではないと解すべきである」と述べたのであった。本判決は，統治行為論を述べる必要がなかったにもかかわらず「付加」したものであり，その問題性が認識されたためであろうか，最高裁判決ではこの点の言及はなされなかった。自衛隊の合憲性が争点となった判決で同様に統治行為論が採られたものに，後述する百里基地訴訟での1審判決がある。[47]

　また，砂川事件の最高裁判決も，次のように述べて統治行為論を展開した。安保条約は，「主権国としてのわが国の存立の基礎に極めて重大な関係をもつ高度の政治性を有するものというべきであって，……一見極めて明白に違憲無効であると認められない限りは，裁判所の司法審査権の範囲外のものである」ところ，合衆国軍隊の駐留は「違憲無効であることが一見極めて明白であるとは，到底認められない」として，原判決を破棄・差戻した。差戻後の判決では，1審判決が被告人らを罰金2000円の有罪判決を下し，控訴審，最高裁ともそれを支持した。[48] 砂川事件最高裁判決は旧日米安保条約にかかわるものであったが，新日米安保に関しても本判決が先例とされ，同旨の判断が繰り返されてい

---

46) 最判昭57・9・9民集36巻9号1679頁。
47) 水戸地判昭52・2・17判時842号22頁。
48) 最大判昭34・12・16・刑集13巻13号3225頁。
49) 東京地判昭36・3・27判時255号7頁，東京高判昭37・2・15判タ131号150頁，最判昭38・12・25判時359号12頁。

第3に，構成要件該当性なしとする論理である。この手法が採られた恵庭事件とは，自衛隊の演習に伴う被害に抗議するために自衛隊の電話通信線を切断した行為が，自衛隊法121条に該当することを理由に起訴された刑事事件である。被告人は，自衛隊及び自衛隊法が違憲であることを根拠に無罪を主張して争った。判決は，自衛隊法121条にいう「その他の防衛の用に供する物」とは，「武器，弾薬，航空機」の例示物件とのあいだで，「法的に，ほとんどこれと同列に評価しうる程度の密接かつ高度な類似性のみとめられる物件を指称するというべきである」と法律上の文言を厳格解釈した。その上で，「本件通信線が……『その他の防衛の用に供する物』に該当しない」として被告人を無罪としたのであった。自衛隊に関する憲法判断が下されるのではないかと期待されていたのであるが，その点には一切踏み込まないまま判決が下された。逆に，検察側は大満足であり，「無罪判決であるにもかかわらず，肩を抱き合って喜んだといわれるほど」であった。

　第4に，私人間効力論である。これは，自衛隊百里基地のための用地買収に際し，所有者と防衛庁との土地売買契約の効力が争われた百里基地訴訟で争点とされた。最高裁判所は，私人間効力論の観点から憲法9条の直接適用を否定した。「憲法9条の宣明する……規範は，……私法上の規範によつて相対化され，民法90条にいう『公ノ秩序』の内容の一部を形成するのであり，したがつて私法的な価値秩序のもとにおいて，社会的に許容されない反社会的な行為であるとの認識が，社会の一般的な観念として確立しているか否かが，私法上の行為の効力の有無を判断する基準になるものというべきである」。このように憲法の趣旨ないし効力を相対化して本件契約を有効と判断したのである。

　③　裁判所に期待されるもの　　上記各判決に対しては様々な評価がなされ

---

50) たとえば，那覇市軍用地訴訟に係る那覇地判平2・5・29行集41巻5号947頁，沖縄県代理署名拒否訴訟に係る最大判平8・8・28民集50巻7号1952頁等参照。
51) 札幌地判昭42・3・29下刑集9巻3号359頁。
52) 山内・太田・前掲書（注1）77頁。
53) 最判平元・6・20民集43巻6号385頁。

た。とくに，憲法判断を回避した判決には多くの批判が寄せられた。ここでそれらに言及する紙幅の余裕はないが，そもそも裁判所には何が期待されていたのかという点に触れておきたい。

　裁判所は，具体的事件の解決の前提となる法規範の解釈・適用を行う。裁判所による法規範の解釈・適用により，当該法規範の意義ないし効果が確認されうるとともに，法規範自体に内在する問題点も浮彫になりやすい。裁判所の役割は正にここにある。憲法改正論とのかかわりで述べれば，憲法の妥当な解釈・運用を通じてこそ各条項の意義や限界が明らかになるのであって，有権的解釈者が憲法判断を避けている状況では，仮に憲法条文に難点が存するとしてもそれを認識することはできないのである。裁判所の態度は，政治の問題点の所在を見えにくくするとともに，憲法自体に対する冷静な評価をも不可能にしてしまう。このような状況を変えるためには，裁判所が積極的に憲法判断を行うことを通じた問題解決の道が模索されなければならない。

　統治行為論に引きつけて述べれば，それは，裁判所が司法判断を下さないことで，解決を政治部門ひいては主権者に任せようとするものであった。しかし，実際はそうはならなかった。違憲判断が下されなかったことで，政治は既定方針を継続し，「規範」からの乖離が修正されなかったからである。憲法制定権力者ないし憲法改正権力者の存在をも視野におさめるならば，統治行為論は，司法判断を下さず憲法上の問題が表出しないことで逆に主権者が登場する場面を大きく制限することとなった。裁判所は，判断を控えることで政治部門に問題の対処を委ねるのではなく，積極的に判断を行うことによってこそ問題を政治部門に投げ返すことができたのではなかったか。

## 6　混迷の果てに還るべき思想——9条の改正？——

　憲法9条に関する国家の政策は，国際環境に大きく左右されてきた。その状況は，「規範」の側から見れば「混迷」としか映らないし，また，「規範」を担う裁判所自らも憲法判断を回避してきた。今の時点で，憲法9条の改正論議に

簡単に乗ってしまう前に，もう一度，「原点」に戻ってやり直すことが必要ではないかと主張したい。あるいは，昔と今とでは状況が違うと主張する論者には，国家をめぐる環境を今こそ考えるべきではないか，逆説的ではあるが，憲法 9 条の価値を再評価するためには，国家や国際関係の歴史・文脈・環境を考慮に入れなければならないのではないか，と主張したい。この点に関連して，次の諸点について検討しておきたい。

　① 「自然状態」　冷戦が終結したとしても，アメリカを主権者とする世界連邦が誕生したとまで言えるほど，その権力は強大ではない。ホッブズのリヴァイアサンは未だ誕生していない。その限りでは，冷戦中も冷戦後も世界環境は「自然状態」にあるという点で変わりはない。この点，国際関係が「自然状態」であるとすれば，一切の武力を放棄して「チキン国家」となってしまうと他国からの武力攻撃を誘発することとなるとする議論がある[54]。しかし，この議論は，国家ないし国際関係が歴史や文脈を抜きにしては語ることができないという事実を無視している。日本が戦前・戦時中に行ったこと，戦後補償について解決していない問題が残されていること，「靖国」や「日の丸・君が代」といった戦前のシンボルが現在のシンボルとして復活していること等を考慮すれば，加えて憲法 9 条の改正がいかなるメッセージを近隣諸国に与えることになるのかということを真剣に考慮すべきではなかろうか。

　② 「新しい中世」　国家以外のアクターの役割がその重要性を増し，イデオロギー対立の状況も終焉を迎える中で，現在の世界システムが「新しい中世」に向かっているとする指摘もある[55]。また，1970 年代後半以降，自由主義的民主制の政治体制を採用する国家の数が増えていることからすれば，戦争が起きにくい環境にあるといえる。もっとも，この議論は，自由主義的民主主義の国家体制を確立している国家の間でのみ通用しうるものであり，その国家群に属していない国家との間では未だ国際紛争の危険性は消滅していない。改憲論が勢いを増すのはこの問題領域においてである。しかし，ここでは以下の点

---

54)　長谷部恭男『憲法と平和を問いなおす』（ちくま新書，2004 年）148 頁以下。
55)　田中・前掲書（注 5）167 頁以下。

を指摘することができる。第1に，経済的・社会的な場面での国際的相互依存が緊密になる中で，この動きを推し進めることが紛争予防につながるのではないかということ，また，そのことは軍事力の行使やそれを背景とする威圧的な外交ではきわめて困難ではないかと思われること，第2に，J．ロールズのように，理論的にも自由主義的民主主義の国家体制とそれ以外の国家体制とが平和的に共存できるような論理が提示されており，その可能性を模索することが重要ではないかと思われること等である。[56]

「9．11」テロ，その後の「アフガン攻撃」，「イラク攻撃」を経て，軍事力では問題の根本的な解決に結びつかないことが明らかとなった今，戦争を嫌忌する世論が国際的に広まっている。「イラク」後は，再度，国連を含めて国際平和のための体制を構築し直す必要があり，その際には，非軍事的な国際貢献のあり方こそが，とりわけ日本に対して強く求められるであろう。

---

56) J. Rawls, The Law of Peoples, Harvard University Press, 1999. J．ロールズ「万民の法」（中島吉弘・松田まゆみ訳）『人権について』（みすず書房，1998年）51頁以下。

# 3 今日の改憲論と
## そこで問われていないこと

馬奈木厳太郎

"戦争の理念が国家の強制原理としてあるとき、それに対決し、抗する道は、より高次の人類の普遍原理に依拠することだろう"

——小田実『「難死」の思想』

## 1　はじめに

9.11以降,「世界には大きな2つの潮流がある」と称されることがある。こうした言説は,次の潮流の存在を意識している。すなわち,1つはブッシュ政権に代表されるような潮流であり,いま1つはイラク戦争の際に大きく立ち表れたグローバルなNGO（非政府組織）の潮流である。

ブッシュ政権に代表される潮流は,ブッシュ・ドクトリンにも端的に示されているように,経済面では新自由主義と特徴づけられ,また安全保障面では単独行動主義（ユニラテラリズム）と称される,いわばアメリカを頂点とした世界的なヘゲモニーを追求する勢力と要約することができるだろう。こうした潮流に関しては,多くの文献や論評が,邦語に限ってみてもすでに多数示されているところである。

他方,グローバルなNGOは,毎年1月に開催される「世界社会フォーラム」（World Social Forum）などに結集し,経済面では現在進行するグローバリゼーションの矛盾・問題点を明らかにしつつ「より公正な社会」を目指し,ま

た安全保障面では多国間主義を基調とした紛争予防を重視するといった傾向にある[1]。日本においては，こうしたグローバルなNGOの存在や取り組みについては，なお広範に共有されるには至っていないが，しかし国内のNGOの多くは，こうしたもう1つの潮流に強い関心を抱き，積極的にコミットしている。

ところで，本書の主題である改憲をめぐる議論についても，こうした2つの潮流と無縁ではない。何より，改憲を必要とする議論の多くは，ブッシュ政権に代表される潮流にコミットしているか，そこまで旗幟鮮明とはいかないまでも，日本の軍事力を海外に展開させることが不可欠との前提には与している。そして，そうした潮流に改憲志向が規定されているがゆえに，「国際貢献」や「人道的支援」などをも改憲のための根拠として喧伝している割に，実際の改憲論は，国際社会の動向を一面的にしかとらえないものとなっている。

そこで本章では，今日の改憲論のうちでも，とくに外交・安全保障の分野に範囲を限定したうえで，その改憲論がむしろ問わない論点を浮き彫りにさせることによって，今日の改憲論の傾向を問うことにしたい。

## 2　今日の改憲論の特徴

この節では，今日主張されている改憲論の背景を概括的に紹介する。もっとも，この点についての検討は，すでに多くの論者によってなされている。したがって，詳細についてはそれらの個々の専門的検討に委ね，ここでは次節以降の検討のために必要な前提を確認するにとどめる[2]。

---

1) さしあたり，*See*, SUSAN GEORGE, ANOTHER WORLD IS POSSIBLE IF… (2004)。また，邦語としては，ウィリアム・F.フィッシャー／トーマス・ポニア編〔加藤哲郎監修〕『もうひとつの世界は可能だ』（日本経済評論社，2003年）参照。
2) さしあたり，山内敏弘編『有事法制を検証する――「9.11以後」を平和憲法の視座から問い直す』（法律文化社，2002年），憲法再生フォーラム編『有事法制批判』（岩波書店，2003年），渡辺治・後藤道夫編『講座戦争と現代1　「新しい戦争」の時代と日本』（大月書店，2003年），同『講座戦争と現代5　平和秩序　形成の課題』（大月書店，2004年），憲法再生フォーラム編『改憲は必要か』（岩波書店，2004年），「特集　国際社会と憲法九条の役割」法律時報76巻7号（2004年），赤根谷達雄・落合浩太郎編『日本の安全保障』（有斐閣，2004年）など参照。

## 湾岸戦争と安全保障観の変化

　今日議論されているような改憲論については，その内容が形成される直接的な契機を湾岸戦争の際の日本政府の対応にまで遡って求める必要がある。イラク政府がクウェートに軍事侵攻し，それを受けた多国籍軍によるイラクへの武力行使に際して，日本政府は，総額130億ドル（1兆8000万円）の資金を拠出したものの，アメリカ政府などからの評価は芳しくなかった。アメリカ政府としては，国際社会の結束した意思を表すためにも艦船などの派遣を日本側に要請したが，日本政府は，1980年に，武力行使にかかわる場合には国連による活動への参加も憲法上許されないという原則を確認していたこともあり（1980年10月28日付，政府答弁書），結局，「カネをだす」という態度にとどまった。こうした姿勢は，「人もカネも」というアメリカ政府の要求に応えるものではなく，国際社会のなかで経済大国に相応しい責任ある行動ではないという不満の声が，日本国内からも起きた。俗に「湾岸トラウマ」，「湾岸ショック」と呼ばれるものであり，「まさしく日本の『敗北』であった」とされるものである。[3]

　こうした「湾岸ショック」が，日本政府の安全保障観を転換させる大きな契機となった。従来，日本政府としては，冷戦という状況下で，基本的には自国の防衛についてのみ集中しておけばよく，あとは米軍に対して基地を貸与し財政援助を行えば，アメリカの「核の傘」のなかで日本の安全を確保できるという発想に立ってきた。こうした発想と政策自体が，アメリカ政府の世界戦略に基地貸与や財政支援という形でコミットしてきたことを意味するが，日本政府は「自由主義陣営」に属するという建前のもと，戦後一貫してこの路線を踏襲してきた。しかし，こうした路線は，日本の経済大国化が進むとともに，アメリカ政府によって，さらなる役割の負担とより積極的な支援を求められることにもなった。また，1980年代後半からの日本企業の「洪水のような」海外進出と多国籍企業化という経過のなかでは，財界からも海外における邦人企業の権益保護といった観点から，同様の要求は強まっていった。こうして湾岸戦争

---

3）　五百旗頭真編『戦後日本外交史』（有斐閣，1999年）230頁〔五百旗頭真〕。

は，冷戦の「終結」という事態とあいまって，日本政府に対し，より明確な態度変更を求めることになった。すなわち，自衛隊の海外派遣という「人をだす・顔の見える」対応が求められたのである。

　湾岸戦争を経て，日本政府の安全保障観は，アメリカ政府の主導する「国際秩序」の形成にどの程度まで積極的に関与するのかという点に比重が変化した。そして，この"積極"性という意味は，地理的な観点と内容的な観点から，具体的には，どの範囲においていかなる形態で関与するのかという点から把握された。もっとも，とくに対アジア政策においては，日本政府がアメリカ政府に完全に同調していたと評価するのは不正確であり，従来から，たとえば1989年の天安門事件のときがそうであったように，1990年代もASEAN（東南アジア諸国連合）やミャンマー（ビルマ）などに対するかかわり方など，独自のスタンスをとってきた点は看過されるべきではない。

　この時期の法的整備・大綱的政策の経過を列挙すると，後掲の年表にもあるように，1990年代においては，PKO等協力法（「国際連合平和維持活動等に対する協力に関する法律」）の制定，政府開発援助大綱（ODA大綱）の閣議決定，ARF（ASEAN地域フォーラム）の発足，日米安保再定義（日米安全保障宣言「21世紀に向けての同盟」），周辺事態法（新ガイドライン関連法）などの一連の立法あるいは政策決定が重要なものであり，また9.11以降においては，「テロ」特措法，「有事」関連三法，イラク特措法，「有事」関連七法＋三条約などがすでに制定・承認されており，さらに今日では，海外派遣恒久法や弾道ミサイル防衛，トランスフォーメーション（米軍再編），「極東条項」の見直し（安保再定義），常任理事国入りなどが議論されている状況にある。

### 加速する「日米同盟」

　もっとも，上述したような安全保障観の変化といっても，あくまでもアメリカ政府の主導する「国際秩序」形成にどの程度まで関与するのかといった枠内でのものにすぎないという点は重視されるべきである。そしてそうした条件に規定されつつ，日米安保再定義以降，日本政府は，上述したような地理的・内

容的という 2 つの観点から，事実上の対米協力をさらに促進させ，「新たな同盟関係」の段階に入っている。

　まず，地理的という観点では，日本政府は，自衛隊を米軍の後方支援の形で日本領土外に出し，国外における米軍の活動に自衛隊を協力させるという方向を追求してきた。具体的には，周辺事態法において，派遣先については地理的概念ではないとされつつも，なお日本の安全に影響を及ぼす「周辺地域」に制限され，かつ非戦闘地域に限るという縛りが付されていたが，9.11 以降の「テロ」特措法においては，周辺事態法の際の「周辺地域」という制約が取り払われ，「我が国が国際的なテロリズムの防止及び根絶のための国際社会の取組に積極的かつ主体的に寄与」し，「我が国を含む国際社会の平和及び安全の確保に資する」（1 条）ことを名目に，「公海及びその上空」と「外国の領域」にまで派遣先を拡張し（2 条 3 号），同法を根拠に今日もインド洋に自衛隊艦船を派遣し，米軍艦船などに燃料補給などを行っている。加えて，イラク特措法においては，「イラクの国家の再建を通じて我が国を含む国際社会の平和及び安全の確保に資することを目的とする」（1 条）との名目のもと，派遣先を「外国の領域」と「公海及びその上空」として「テロ」特措法の際の派遣先の優先順位を変更し，「外国の領域」を優位させたうえで（2 条 3 号），非戦闘地域という法律上の限定にもかかわらず（2 条 3 号），実質的にはなお戦闘状態にあるイラク領土に自衛隊を派遣している。しかも，「安全確保支援活動」（3 条 3 項）という実施措置項目を策定し，輸送や保管など米軍の後方支援を担える枠組みが盛り込まれている。また，2004 年 6 月の暫定政権への「主権」移譲後は，1980 年来の政府答弁を覆し，「わが国として武力行使を行わず，また，わが国の活動が他国の武力の行使と一体化しないことが確保されている場合には，武力の行使を伴う任務と，武力の行使を伴わない任務と両方が与えられる多国籍軍に参加することは憲法上問題ない」（2004 年 6 月 1 日，秋山収内閣法制局長官，参院イラク有事特別委員会）とし，「統一された指揮権は現状では米国の指揮である」（米国・ロドマン国防次官補，下院軍事委員会，2004 年 6 月 16 日）とされる多国籍軍に参加するに至った。

次に，内容的という観点では，日本政府は，1つには自衛隊の派遣のみならず，民間も含む協力確保という人的な側面での内容拡大を追求してきた[4]。たとえば，PKO等協力法において，「国以外の者に協力を求めることができる」（26条1項）とし，また周辺事態法においては，「国以外の者に対し，必要な協力を依頼することができる」（9条2項）とし，人や物資の輸送，廃棄物の処理，傷病兵の受け入れ，物品・施設の貸与，船舶・航空会社の協力，自治体による給水などを協力内容として想定していたが，この段階ではなお「依頼」とあるように法的義務のない"お願い"にとどまるものであった。しかし，「有事」関連三法においては，「国民は，……必要な協力をするよう努めるとする」（武力攻撃事態法8条）との規定のほか，「自衛隊の任務遂行上特に必要があると認めるときは，……医療，土木建築工事又は輸送を業とする者に対して，……従事することを命ずることができる」（自衛隊法103条2項）とし，都道府県知事や防衛庁長官から発せられる保管命令に違反した者には，「6月以下の懲役又は30万円以下の罰金に処する」（自衛隊法125条）との規定も設けている。また，公益的事業を営む法人に対しては，政令によって「指定公共機関」（武力攻撃事態法2条6号）との指定を受けると，「国民の保護のための措置を実施する責務を有する」（国民保護法3条3項）こととされ，政府に協力することが義務づけられている。そして現在，政令により，日本赤十字社やNHK，日本銀行，ガス会社，電力会社，交通機関などが指定公共機関として定められている。それから2つには，日本政府は，物品や役務，装備など提供の側面でも内容拡充を進めてきた。日米物品役務相互提供協定（ACSA）によって，輸送や基地支援，施設利用，空港・港湾業務，弾薬などについて，自衛隊と米軍との間での相互提供が定められているが，「有事」関連三法の成立などを受け，2004年2月には，その適用範囲を従来のPKOや周辺事態に加え「有事」にも拡大するとともに，アフガニスタンやイラクも適用対象とするなど，さらに自衛隊と米軍の運用面での一体化を進めている。また，弾道ミサイル防衛に関する共同

---

4） この点については，さしあたり，水島朝穂編著『知らないと危ない「有事法制」』（現代人文社，2002年）23頁以下〔馬奈木厳太郎〕参照。

研究など，装備・技術面での一体化も進んでおり，現在も，弾道ミサイル防衛のほか，航空機搭載の電子機器やソフトウェア無線機などに関して日米共同の研究プロジェクトを実施し，これらを「武器輸出三原則」の例外として扱っている。

### アメリカの要請

以上のように加速する「日米同盟」ではあるが，しかしこうした方向性も，基本的にはアメリカ政府によって，要請されあるいは強く影響されたものであることは重要である。

9.11以降，アメリカ政府は，アフガニスタンへの空爆を行い，続けてブッシュ・ドクトリンと称される「国家安全保障戦略」を公表した[5]。この「国家安全保障戦略」は，経済・軍事の両側面からアメリカの安全保障を論じたものであるが，同「戦略」によれば，その目的は「市場と民主主義のグローバル化」にあるとされる。これは，俗耳に入りやすいスローガンではあるが，要するに新自由主義的なグローバル化であり，世界規模で市場原理を浸透させるとともに，その担い手としての多国籍企業の活動の保障を貫徹させるものといえる。そしてその際，こうした新自由主義的グローバル化を妨害する勢力に対しては，軍事力でこれを取り除くことが謳われている。具体的には，そうした脅威として，「グローバル規模のテロリスト」と「ならず者国家」が挙げられているが，それらに対してはアメリカ単独による先制攻撃も辞さないことが明らかにされている。もっとも，こうしたアメリカ政府の世界戦略は，ブッシュ政権の登場に伴って具体化したものではなく，経済戦略に適合的な軍事戦略という意味では，基本的には1990年代のクリントン政権にまで遡ることのできるものである。ただし，単独行動主義や国際法の著しい軽視などは，とくにブッシュ政権において特徴的な現象ともいえる。そして実際，ブッシュ政権は，イラク戦争

---

5) ブッシュ・ドクトリンについては，別稿においてすでに検討したことがある。馬奈木厳太郎「9.11後のJUST WAR DOCTRINE」水島朝穂編著『世界の「有事法制」を診る』（法律文化社，2003年）36～52頁参照。

を 9.11 以後の「テロとの闘い」の延長線上に位置づけ，大量破壊兵器の存在を"大義"に，このブッシュ・ドクトリンを初めて実戦に応用するという行為にでた。

現在，大量破壊兵器の存在というアメリカ政府自身が掲げた"大義"は，そのアメリカ自身の調査団報告によって否定されている。そしてこうした開戦の"大義"が揺らぐなか，スペインやニュージーランド，フィリピンなどの諸国がすでにイラクから撤退したほか，アナン国連事務総長も「イラク戦争は国連憲章に違反している」と発言し，改めて開戦の正当性が問われている状況にある。もっとも，ブッシュ大統領自身は，調査結果公表後においても，「フセインなき世界は，以前よりも安全になった」と発言し，イラク戦争は正当だったとの立場を変えておらず，今後も「テロとの闘い」を敢行すると言明している。

ところで，この「テロとの闘い」においては，アメリカ政府は，とくに朝鮮半島からインドを経て中東に至る地域を「不安定の弧」として重視する姿勢を示している。加えて，2003 年 11 月には，ブッシュ大統領が，「全地球規模での軍事態勢の見直し」に関する声明を発表し，こうした地域に機動的に対処するためのトランスフォーメーション（米軍再編）が，現在日本政府も交え協議されている。[6] このトランスフォーメーションでは，東北アジアにおいては，在韓米軍の削減などが確定しているが，在日米軍についての削減はほとんどなく，むしろ米軍の機能統合・機能強化がポイントの 1 つになっている。とくに，アメリカ陸軍第一軍団司令部のキャンプ座間への移転が取り上げられているが，第一軍団の任務範囲がアジア・太平洋からアフリカ東岸までを含むものであることから，安保条約の「極東条項」に抵触するので見直すべきなのではないかという議論もなされている現状である。

このように米軍再編問題においては，在日米軍の機能統合・機能強化などに議論は集中しており，アメリカ政府のアジア戦略のなかで，在日米軍がきわめて重要な位置を占めていることがうかがえる。そして，その重要性のなかには，

---

6）「特集　米軍再編と自衛隊再編」世界 734 号（2004 年）参照。

単に地政学的に戦略上重要だということ以上に，財政的な理由が多分に含まれている。現在，日本政府は，在日米軍に対して，駐留経費の名目で年間約 6600 億円（2003 年度予算，SACO 関連経費も含む）を負担しているが，このうちの約 2460 億円は，日米地位協定上も根拠のない「思いやり予算」と呼ばれるものである。米軍は，東アジア地域に約 10 万人の米兵を展開させ，そのうちの約 4 万 5000 人が日本に駐留しているが，この負担額は米兵一人あたり約 1400 万円に相当し，在日米軍の駐留経費総額の約 75％ を日本側で負担していることを意味する。また，他国と比較すると，米国が海外に駐留する 25 カ国のうちでも，日本の負担額はドイツの 5 倍以上，イギリスの 30 倍以上となっており，25 国合計の駐留経費負担総額の約 6 割――すなわち，日本以外の 24 カ国の負担総額を上回る額――を占めているのである。なお，この点についてのアメリカ政府の認識は，「米軍が日本にいるのは何も日本を防衛するためではない。日本は必要とあれば米軍が常に出動できるための前方基地として使われるのだ。しかも，日本は米軍駐留経費の 75％ を負担してくれている。極東に駐留する米海軍は，米国本土から出動するより安いコストで配備されているのだ」（チェイニー国防長官〔当時〕，米国下院軍事委員会，1992 年 3 月 5 日）といったようなものである。こうした"気前のよさ"が，トランスフォーメーションにおいても十分に配慮されているといえよう。

　さらに，アメリカ政府からの要請は，日本の憲法問題にまで及んでいる。比較的近時のものとしては，米国防大学国家戦略研究所（INSS）特別報告『米国と日本　成熟したパートナーシップに向けての前進』（いわゆるアーミテージ報告，2000 年 10 月 11 日）が著名であるが，「日本が集団的自衛権を禁止していることは，同盟協力にとって制約となっている。この禁止事項を取り払うことで，より密接で，効果的な安全保障協力が可能になろう。これは日本国民のみが下せる決定である。アメリカは，これまでも安全保障政策の特徴を形成する日本国内の決定を尊重してきたし，今後もそうすべきである。しかし，アメリカ政府は，より大きな貢献を行い，より対等なパートナーとなろうとする日本を歓迎することを明らかにしなければならない。われわれは，アメリカとイギリス

の間の特別な関係を，米日同盟のモデルと考えている」として，政府解釈によっても憲法上禁止されている集団的自衛権の行使について，これを取り払うべきことを示唆している。また，アーミテージは，最近においては，「私は2000年に『アーミテージ・リポート』という21世紀の日本の安全保障のあり方を記した報告書を発表しました。……そこで憲法九条が（日米同盟や国際社会の安定のために軍事力を用いる点で）邪魔になっている事実を挙げました。連合軍が共同作戦をとる段階で，ひっかからざるを得ないということです」[7]とも述べ，さらにそのトーンを強めている。

## 改憲論の特徴

これまでに紹介してきたようなアメリカ政府の戦略や，それを受けた日本政府の安全保障観の変化は，従来，日本政府なりに憲法を意識した結果として採用してきた「集団的自衛権は保持しているが行使できない」や「極東条項」（日米安保条約6条），「専守防衛」，「武器輸出三原則」といった政治的な縛りを障害とみなすようになっていった。そしてこうした変化は，「国際社会のなかで経済大国に相応しい役割を果たすべき」から「これ以上の憲法と現実の乖離は避けるべき」といったものまでの様々な根拠を理由に，改憲の必要性を主張するという流れへと向かうこととなった。すなわち，自衛隊を軍として憲法上も正当化し，集団的自衛権の行使などによる海外派兵を条文上も可能にすることが目指されたのである。なおその際，こうした主張は，北朝鮮脅威論や「テロ」対策といった言説がメディアなどで広く流布されているという状況をとらえ，セキュリティを渇望する国民の素朴な心情に巧みに便乗する形で行われており，さらに日本政府などが差し迫ったものとみなす内容については，改憲の必要性を主張しながらも，あわせて個別の立法を先行させるといった従来の「解釈改憲」の手法を引き続き採用するという，いわば二本立ての戦略となっているのが特徴である。

---

7) リチャード・アーミテージ「憲法9条は日米同盟の邪魔物だ」文芸春秋2004年3月号，131～132頁。

ところで，改憲の必要性は，これまでになく熱心に主張されているが，その改憲内容については，なお改憲を主張する勢力のなかでも，必ずしも見解の一致をみているわけではない。とくに，小泉政権のもとで，ブッシュ・ドクトリンを掲げ単独行動主義とも称されるブッシュ政権への距離感は，他の国々に比しても接近したものとなっているが，こうしたアメリカ政府に比重をおき集団的自衛権の行使に道を開くのか，それとも国連安保理の枠組みにこだわりアメリカ政府を相対化するのかで，改憲の方向性も分かれうる。具体的には，自民党などの主張には前者の傾向が強く，たとえば，自民党憲法改正プロジェクトチームの「論点整理」（2004年6月10日）によれば，「個別的・集団的自衛権の行使に関する規定を盛り込むべきである」，「国際協力（国際貢献）に関する規定を盛り込むべきである」とされているが[8]，他方で民主党などの主張には後者の傾向が強く，たとえば，民主党憲法調査会の「中間報告」（2004年6月22日）によれば，「憲法の中に，国連の集団安全保障活動を明確に位置づける」，「国連安保理もしくは国連総会の決議による正統性を有する集団安全保障活動には，これに関与できる」，「『武力の行使』については最大限抑制的であることの宣言を書き入れる」とされている[9]。なおその際，後者の立場に関して，国連安保理の枠組みにこだわり，武力行使の可能性をあくまでもラストオプションとしてしか認めないのであれば，国内的な改憲の是非はともかく，国際社会の動向についての認識としては，一見するとイラク戦争の際のフランス政府やドイツ政府などヨーロッパ諸国の主張に接近するようにもみえるが，しかし民主党の主張は現時点では必ずしも明確ではなく，そうでないのであれば，自民党の立場と実態においては大差がないことになる。

　このように，今日の安全保障に関する改憲論の中身は，自衛隊を軍として憲法上も正当化することを前提としたうえで，その軍を海外に派兵しようとする際の派兵要件をめぐるものに論点としては絞られているといえる。上記のよう

---

8）　自民党憲法改正プロジェクトチーム「論点整理」の全文は，以下のサイトで入手可能である。http://www.jimin.jp/jimin/main/seisaku.html
9）　民主党憲法調査会「中間報告」の全文は，以下のサイトで入手可能である。http://www.dpj.or.jp/seisaku/sogo/image/BOX_SG 0058.pdf

に，自民党などは，必ずしも安保理決議を必要としないという見解が多く，アメリカ政府との「同盟」関係をより重視する立場であり，民主党などの主張は，安保理決議を必要とする見解が多く，多国間主義をより重視する立場といえる。そしてこの立場の違いが，憲法条文としてどう規定するのかという点での差異につながっているのである。

### 3 改憲論議で問われていないこと

以上，これまでは安全保障観の変化や改憲論の特徴などをみてきた。そこで以下では，近時の改憲論がほとんど議論していない論点をいくつか取り上げ，これらの諸点の検討を通じて，近時の改憲論の傾向と問題点を明らかにしていきたい。

**外交・安全保障の担い手は政府だけか？**

近時の改憲論の議論に共通してみられる1つの特徴は，外交・安全保障の担い手として政府だけを想定している点である。もちろん，政府が重要なアクターであることは間違いない。しかし，ここで問題にしたいのは，政府以外のアクターはありえないのかという点である。

たとえば，地方自治体では，中国や韓国などの都市と姉妹都市の関係を有しているところがかなりあるが，そうしたなかには相互の都市を訪問するといった程度にとどまらない交流を結んでいるところも少なくない。北海道や新潟県，富山県，石川県，鳥取県といった日本海に面した自治体では，環日本海交流を推進しており，極東ロシアやモンゴル，朝鮮民主主義人民共和国（北朝鮮），韓国などとの経済や環境保護などの分野で交流を強めている。また，福岡県などの九州地方では，中国や韓国との交流が各分野で盛んであり，とくに長崎県は，被爆地ということもあって平和交流にも取り組んでいる。さらに，沖縄県では，中国（台湾含む）や東南アジアなどとの経済・文化交流を行っており，歴史的に海外への移住が多いことから，移住先の南米などとの交流も歴史が深

い。こうした交流は，とくに経済分野においては，確かに自由貿易協定（FTA）に伴う問題点などを孕むものではあるが，しかし，地理的な位置関係をも加味した地域的な交流圏の構想自体は，全的に否定されるべきものではないだろう。

　また，NGOやCSO（Civil Society Organization）においても，近時は国境を越えた取り組みを行っているグループが少なくない。[10] その分野も，国際交流を内容とするものから，開発途上国での農業支援や生活改善に取り組むもの，さらには政府開発援助（ODA）をチェックするものなど，実に多様である。現在の日本においては，欧米に比較しても，シヴィル・ソサエティーという観念は発展途上にあり，そのためもあって人的にも財政的にも運営が容易ではないグループが多いが，しかし近年は，国内外のNGOやCSOのネットワーキングも強まる傾向にあり，現地に事務所を開設し，国連などの国際機関と何らかのパートナーシップを有するグループも増えてきている。さらに，国際的には，近時では，1992年の「地球環境サミット」や1997年の対人地雷禁止条約[11]，1999年のハーグ平和市民会議[12]，1998年から2000年にかけての「ジュビリー2000[13]」などのグローバル・キャンペーンが著名であるが，2001年からは，毎年1月に「世界社会フォーラム」が開催され，年々参加するNGOや市民の数も増え

10) NGOなどの取り組みについては，さしあたり，参照，髙柳彰夫／ロニー・アレキサンダー編『グローバル時代の平和学4　私たちの平和をつくる——環境・開発・人権・ジェンダー』（法律文化社，2004年），目加田説子『国境を超える市民ネットワーク』（東洋経済新報社，2003年）。

11) NGO連合体である「地雷禁止国際キャンペーン」（ICBL）などが，カナダやスウェーデン，ノルウェー，オランダ，デンマーク，ベルギーなどの政府に働きかけ，1997年にカナダのオタワで対人地雷禁止条約が締結された。1998年，ICBLとそのコーディネーターであったジョディ・ウィリアムズは，ノーベル平和賞を受賞した。

12) ハーグ平和市民会議は，1999年に世界約100カ国から1万人のNGOや市民が参加した国際会議。戦争の廃絶や平和文化の創造などについてワークショップが催され，会議で採択されたハーグ・アジェンダの第1項では，「各国議会は，日本国憲法第9条にあるような，政府が戦争をすることを禁止する決議を採択すべきである」とされた。

13) 「ジュビリー2000」とは，最貧国の債務帳消しを求めたNGOのキャンペーンであり，各国の労働組合や市民団体，女性組織などが参加し，ローマ法王も支持した。1999年にドイツ・ケルンで開催されたG7サミットの際には，約1720万人分の署名が提出され，G7は700億ドルの債務について，債権の放棄を発表した。2002年には，日本政府も総額9086億円にのぼる「重債務最貧国に対する債権の全面放棄」を発表した。

ている。また,現在は,国連と学者・NGO の共同プロジェクトである「武力紛争予防のためのグローバル・パートナーシップ」(GPPAC) も進行しており,2005 年 7 月には,グローバル・アジェンダをまとめる予定になっている。

このように自治体や NGO,さらには企業やメディア,政党(野党),学術団体,法曹界など,多様なアクターが現在は国境を越えて様々なレベルでの活動を行っているのであり,こうしたアクターによってもたらされる影響力は,次第にその度合いを増している現状にある。

さらに,そもそも現行憲法の前文は,「政府の行為によつて再び戦争の惨禍が起こることのないやうにする」とした一方で,「平和を愛する諸国民の公正と信義に信頼して,われらの安全と生存を保持しようと決意した」としているが(傍点筆者),この点に対しては,「他力本願である」とか「敗北主義である」といった批判も強い。しかし,そうした批判は,現行憲法の前提,すなわち現行憲法にいう「信頼」が自明のごとく横たわっているものなのではなく,そうした関係を構築していく姿勢と自覚を促しているという点を決定的に見誤っている。むしろ現行憲法としては,そうした「他力本願」を排したうえで,上記のような姿勢と自覚を喚起しているのであり,いわば国境を越えた多様なアクターが意図されているという点こそが注目されるべきなのである。確かに,様々な分野における多様なアクターの活動によって,新たな問題が生み出されるおそれもありうるだろう。しかしながら,それにもかかわらず,多様なアクターが相互補完的な影響力を行使できる状況は,それらのアクターが必ずしも政府と同一の見解を有しているわけではないという現実ともあいまって,より

---

14) 第 1 回フォーラム(ブラジル・ポルトアレグレ)では,参加者は約 16000 人だったが,2004 年 1 月の第 4 回フォーラム(インド・ムンバイ)では,参加者は約 11 万になった。
15) GPPAC は,国連安保理の要請に応えたアナン国連事務総長の勧告(2001 年 6 月 7 日)に基づくものである。世界を 15 の地域に分け,まずは各地域において,紛争予防のための NGO の役割や国連・政府との連携の可能性について地域アジェンダをまとめ,その後,各地域のアジェンダをまとめる国際会議が,ニューヨークの国連本部で 2005 年 7 月に開催される予定になっている。日本は,中国や韓国などとともに東北アジア地域に含まれているが,東北アジアのアジェンダにおいて,日本国憲法の平和主義が基調となる可能性が高い(2004 年 11 月現在)。GPPAC プロセス全体については,参照,http://www.gppac.net/index.html,東北アジア地域の動向については,参照,http://www.peaceboat.org/info/gppac/index.html。

重層的な，したがってまた対立ないし緊張関係をより分散・縮減させる方向での対外関係の形成に資するものと解されるのである。

「国際貢献」や「人道的支援」が必要なのはポスト・コンフリクトだけか？
　近時の改憲論は，改憲の根拠として，「国際貢献」や「人道復興」，「人道的支援」，さらにはそれらのことをより積極的に果たすための安保理常任理事国入りといったことを挙げている。しかしながら，過去の政府のいう「国際貢献」などの実例をみると，その時期としては，カンボジアやルワンダにしても，あるいはアフガニスタンやイラクにしても，戦時かあるいはポスト・コンフリクト（紛争後）がほとんどであり，憲法調査会における議論にしても，これらの時期を前提にしたものばかりが圧倒的に目につく。そして，そうした現状の反面として，紛争勃発を未然に防ぐという紛争予防の発想は，きわめて低い位置づけにあることが判明する。
　紛争予防という言いまわしは，確かに時代とともに変遷しており，たとえばハマーショルド国連事務総長とガリ事務総長とでは，同じ国連事務総長であっても，その内容は異なっている。さらに，ソマリアや旧ユーゴスラビアで失敗したガリ事務総長の「平和執行」強調型の時代とも異なり，現在の紛争予防は，従来の政府間同士の外交予防のみならず，NGOなども含めたより多元的な概念となっており，時期的にも紛争「前」の予防行動に比重は移り，また内容的にも非軍事的なものに焦点はあたりつつある。この間の経験でいえば，たとえば，中東和平プロセスにおいては，1993年のオスロ合意の背景で，ノルウェーの研究機関が大きな役割を果たし，また今日のスリランカにおいても，紆余曲折はありながらも，ノルウェー政府が，紛争当事者に対して断続的に和平仲介を行うといった予防外交を展開している。さらに，対人地雷禁止条約の締結に際して，カナダ政府やスウェーデン政府などがNGOと並んで果たした役割も，ここに含めることができるだろう。
　こうした世界の先進的な取り組みと比較すると，日本は，確かにODA——それについても多くの問題点は指摘されているが——や国際協力事業団

(JICA)を通じた平和構築支援などを行っており、また小泉首相も、2002年の国連演説の際には、日本が貢献できる分野の1つとして、「平和の定着と構築」に言及しているものの、その例としては東ティモールやアフガニスタン、アフリカなどを挙げるなど、依然として紛争「後」を主眼とするものとなっており、紛争「前」の観点はなお弱い現状にある。しかし、今後、NGOとも連携しつつ行われる紛争予防においては、紛争「前」がますます重要になってくることは間違いなく（もちろん、その際にも、紛争「前」を強調するあまり、「先制的介入」に走るような傾向は避けられなければならないが）、米軍が攻撃を加え多数の死者が出た後で、「人道」や「復興」を唱えるといったような発想からの転換が求められている。

### 軍事だけが国際貢献か？

最後に、国際貢献についてであるが、これも過去の実績を振り返れば、その多くが自衛隊を要員として想定しているものである。また、「人道復興」と銘打ったものであっても、たとえば、イラク特措法がそうであるように、輸送や保管などの面での軍事協力を可能とする法的枠組みが確保されている。このように、主体の面でも、また内容の面でも、この間の「国際貢献」は、軍事的色彩の強いものが主流となっている。

もっとも、より広く世界的に課題とされているものをみると、たとえば、2000年の国連ミレニアム総会への国連事務総長「ミレニアム報告書」では、貧困や水、教育、感染病などの健康、債務、環境、軍縮、小火器の兵器コントロールなどが課題とされており、これ以外でも、民主化や女性・子ども、人権、難民、食糧、人口などの分野で多くの課題が存している。そして、こうした課題は、いずれも非軍事的な対応を基本とするものばかりである。[16]

ところで、日本国内でのこうした課題に対する取り組みをみてみると、国際

---

16) 非軍事的な対応を基本とするとしたが、基本としている以上、例外がありうる。人道的介入と呼ばれるものが、ここでは例外として想定されうるが、この点については、その悩ましさとともに、最上敏樹『人道的介入』（岩波書店、2001年）参照。

会議などの開催や財政的援助には比較的熱心ではあるが，個別の分野では，たとえば，国際法の領域においては，自由権規約や人種差別撤廃条約，女性差別撤廃条約などについて，個人が国内制度を行使したうえでなお救済されないときに，条約機関に訴えることができることを定めた個人通報制度を受諾することもなく，また国際刑事裁判所（ICC）規定や移住労働者・家族権利保護条約など，重要と一般に解されているにもかかわらず締結・批准していないものも少なくない。

さらに，難民保護の領域においても，日本の難民受け入れは，年間 10 人〜20 人台で推移しており，他の先進国と比べて受入数でも認定率でも著しく低い（2003 年度の難民認定数は，日本—10 人，アメリカ—2 万 4036 人，フランス—1 万 3167 人，イギリス—1 万 9711 人，ドイツ—3136 人である）。アフガニスタンやイラクに対する「人道」を謳うのであれば，国内で，しかも法務大臣の権限で行いうる難民保護などは，もっとも身近な人道政策だと解されるが，実態としてはむしろその逆で，難民申請者を長期にわたり不必要に収容し，適切な医療措置をとらないなど，「第 2 の迫害」と称されるような状況にある。なかには，あまりにも非人道的な待遇のために，収容所で自殺未遂を行う難民申請者も存する。迫害をおそれて母国から逃れてきた者が，保護を求めてきたその地で，戒律に反してまで自殺未遂を行うという現状は，「難民鎖国」と非難される日本政府の難民保護に関する姿勢を象徴しているだろう。[17]

日本政府は，目下のところ，「テロとの闘い」を最重要の課題と位置づけ，そうしたなかでアメリカ政府を支持している。しかし，こうした姿勢は，「テロ」の構造，すなわち，上述したような貧困や人権，債務など「テロ」の背景にある要因を直視していないものである。そして実際，武力行使は，「テロ」

---

[17] この点については，難民問題研究フォーラム『難民と人権——新世紀の視座』（現代人文社，2001 年），難民の受入れのあり方を考えるネットワーク準備会編『難民鎖国日本を変えよう！——日本の難民政策 FAQ』（現代人文社，2002 年）参照。また，難民認定手続に関する私見については，馬奈木厳太郎「入管法改定法案についての検討」法学セミナー 583 号（2003 年）68〜71 頁，同「難民申請者に対する収容をめぐる憲法問題」早稲田大学大学院法研論集 108 号（2003 年）289〜310 頁参照。

の解決策になるどころか，かえって「テロ」の拡散をもたらし，新たな「テロリスト」を生みだしている。なるほど確かに，武力行使は，短期的には一定の効果をもたらすかもしれないし，勇ましくも聞こえるものなのかもしれない。それに対して，「テロ」の背景にある要因を1つひとつ解決していくという選択肢は，根気もいるし時間のかかることである。しかし，結局，軍事力というものは，一定の破壊はできたとしても，人々に「生活の糧」や「生き方」を与えるものではない。そして，いま世界が直面している根本的な課題というのは，貧困や難民，環境，人権といった問題なのである。とするならば，軍事力でこれらの問題を解決することができるとするのは，あまりにも楽観的であろう。

## 4 国際社会の動向を大きな視野から診る

　世界は，長い時間をかけて，「法の支配」を確立してきた。戦争の違法化や多国間主義，人権といったものも，そうした成果の1つである。そして，そうしたこの間の到達からするならば，それらの成果を根底から覆すかのようなブッシュ政権に代表される潮流こそが，まさに"脅威"ともいえる状況である。もっとも，大勢を眺めるならば，たとえば，地球温暖化防止に関する京都議定書からの離脱や国際刑事裁判所の敵視，対人地雷禁止条約の未批准など，世界で課題とされている多くの分野で，アメリカ政府はいまや少数派になりつつある。そしてその意味では，アメリカ政府をどのようにして相対化するのかというのが，国際的には大きな課題ともいえる。にもかかわらず，そのようなアメリカ政府の方向性に追随するため，日本では改憲が議論されているのである。
　もちろん，アメリカ政府を相対化するのが大きな課題だとはいっても，それは「反米」であることを意味するものではない。アメリカと一口にいっても，多様な見解と立場は存するのであり，単純にアメリカを排除すれば良しとするのは，現実的でも合理的でもない。同様に，国連に過大な期待を抱くことにも戒めが必要である。国連は，主権国家が並存する状況のなかでは，きわめて重要な国際組織の1つであることには間違いないが，しかし主権国家の代表が，

それぞれの国益をも顧慮しつつバーゲニングする場であることもまた事実なのである。国連総会や経済社会理事会などの機能強化、そしてまた安全保障理事会へのNGOの関与や国連憲章7章の克服など、国連改革も追求されなければならない[18]。[19]

いずれにせよ、世界では、ブッシュ政権に代表されるような潮流に替わる対抗軸も、徐々にではあるが明確になってきた[20]。そしてそこでは、外交・安全保障の分野において、国際政治の非軍事化が焦点となっており、日本国憲法の平和主義が先駆的なものとして注目されつつある。2004年のアメリカ大統領選挙の際、大統領の世界に対する影響力の大きさから、世界各国の人々に選挙権を与えるべきだという議論があったが、同様のことは、外交・安全保障についてはアメリカ大統領の対極にある日本国憲法についてもいえるかもしれない。幸か不幸か、日本国憲法の改正権者は、日本国民のみであり、そして憲法を変えるか否かは、確かに日本国民の権限でもある。とするならば、世界のなかで日本国憲法がどのように評価されているのかについても、私たちは知っておくべきであるし、また改憲論議の帰趨が与える効果についても考慮に入れておくべき責任はあるだろう。今日、世界は、ようやく日本国憲法の平和主義に追いつきつつあるのである[21]。

---

18) 君島東彦「『武力によらない平和』の構想と実践」法律時報76巻7号（2004年）79～84頁、同「NGOの平和構築が憲法の平和主義を具体化する」論座2004年12月号、242頁参照。
19) 国連改革全体については、さしあたり、馬橋憲男『国連とNGO――市民参加の歴史と課題』（有信堂、1999年）、臼井久和・馬橋憲男編『新しい国連――冷戦から21世紀へ』（有信堂、2004年）、杉浦功一『国際連合と民主化――民主的世界秩序をめぐって』（法律文化社、2004年）参照。
20) とくに、日本に関していえば、東アジアや北東アジアを枠組みとする地域構想がいくつか提案されてきていることは重要である。金子勝・藤原帰一・山口二郎編『東アジアで生きよう！――経済構想・共生社会・歴史認識』（岩波書店、2003年）、武者小路公秀監修『東北アジア時代への提言――戦争の危機から平和の構築へ』（平凡社、2003年）、「特集 北東アジアにおける立憲主義と平和主義」法律時報75巻7号（2003年）、「特集 北東アジアに平和を築くために」世界719号（2003年）参照。
21) 馬奈木厳太郎「にもかかわらず護らなければならないこと」憲法理論研究会編『憲法と自治』（敬文堂、2003年）223～235頁参照。

年表　最近の主な法的整備・大綱的政策の流れ

| | |
|---|---|
| 1990 年 8 月 | イラク軍がクウェート侵攻（湾岸危機） |
| 1991 年 1 月 | 多国籍軍がイラクを爆撃。湾岸戦争始まる |
| 　　　 12 月 | ソ連最高会議共和国会議，ソ連消滅を宣言 |
| 1992 年 6 月 | PKO 等協力法成立 |
| 　　　　6 月 | 政府開発援助大綱（ODA 大綱） |
| 1994 年 7 月 | アセアン地域フォーラム（ARF）第 1 回閣僚会合 |
| 1996 年 4 月 | 橋本首相・クリントン大統領会談，「日米安全保障宣言」に署名（日米安保再定義） |
| 1997 年 9 月 | 日米，「日米防衛協力のための指針」に合意（新ガイドライン） |
| 1999 年 3 月 | 北朝鮮の不審船に対して初の海上警備行動発令 |
| 　　　　5 月 | 周辺事態法（新ガイドライン関連法）成立 |
| 2000 年 6 月 | 韓国・北朝鮮，南北首脳会談 |
| 2001 年 9 月 | ニューヨークとワシントンで大規模同時「テロ」（9.11 事件） |
| 　　　 10 月 | アメリカ軍によるアフガニスタン爆撃始まる |
| 　　　 10 月 | 「テロ」対策特別措置法成立（「テロ」特措法） |
| 2002 年 9 月 | 小泉首相訪朝，初の日朝首脳会談，平壌宣言発表 |
| 2003 年 3 月 | イラク戦争始まる |
| 　　　　6 月 | 「有事」関連三法成立（「有事法制」） |
| 　　　　7 月 | イラク特別措置法成立（イラク特措法） |
| 2004 年 6 月 | 「有事」関連七法＋三条約成立 |

# II

改憲論を診る

# 4

## 改憲動向を診る
――改憲手続と憲法裁判所設置論を中心に――

植 松 健 一

### 1 はじめに

　本章では，現在の改憲動向を診断する切り口として，改憲手続（手続緩和論と国民投票法制定論）と違憲審査制（とくに憲法裁判所設置論）をめぐる議論状況に焦点を当てる。この2つの論点はともに，多くの憲法教科書で「憲法の保障」というテーマの中で扱われ，憲法条文変更の手続規定それ自体に憲法体制の保障の機能があり，他方，違憲審査制にも個人の権利保障のみならず憲法体制保障の側面があると説明されてきた。実際，裁判所による違憲審査権の発動と国民による憲法改定権の発動とは，動態的な連関性もある。それゆえ，この両論点への向き合い方から，改憲論の基本姿勢もみえてくることだろう。

### 2 1990年代以降の改憲論の特徴

　はじめに90年代以降の改憲論の背景と特徴を確認しておく。戦後日本の改憲動向に鋭い診断を下してきた渡辺治は，90年代以降を「現代改憲の時代」と位置づけ，50～60年代の改憲論昂揚期との差異を強調する[1]。渡辺の分析枠組みを借りれば，とくに90年代末からの本格的な改憲論の昂揚とは，グロー

---

1) 渡辺治編著『憲法「改正」の争点――資料で読む改憲論の歴史』（旬報社，2002年）のみを挙げておく。

バル化を背景とした日本の軍事大国化（要求①）と，新自由主義的国家改編の総仕上げ（要求②）という支配層の2つの要求が合流し，かつ小選挙区制の効果として成立した二大改憲政党制という条件に支えられて表面化した現象である。このような背景を持つがゆえに，現在の改憲論は，自衛隊海外派遣と集団的自衛権行使を可能にするための9条改定を主眼としつつも，同時に，「新しい人権」，憲法裁判所設置，道州制などを盛り込んだ全面的改憲論のかたちをとるのである。このような改憲案の内容を見れば，天皇元首化や義務規定創設に比重を置き，旧憲法への復古指向の強いかつての改憲論に比べて，確かに「新しい」側面が目につく。しかし，道州制や首相公選制など一見口当たりのよい要素も，上記要求①との関係では，国民の平和意識と緊張関係に立つ9条改憲を隠蔽する「包帯」とみることができるし，他方，要求②との関係では，新自由主義的国家改編を迅速に貫徹するための手段そのものと捉えることができる。

　90年代の日本は，こうした明文改憲要求の高まりと同時進行的に，「政治改革」，「行政改革」，「地方分権改革」，「司法改革」などのスローガンの下，憲法構造の大規模な改編が矢継ぎ早に断行されてきたことも見逃してはならない。基本的に新自由主義的路線を指向するこれら一連の「改革」は，明文改憲の成否とは別に，日本国憲法の基本的価値をまがりなりにも体現してきた諸制度を実質的に掘り崩すものであった。[2)]

## 3　改憲手続の意義

**改定条項が国民の意思表示を妨げる？**

　改憲が政治日程として可視化しつつある現状では，改憲を不可避と考える読者も多いだろう。だが，話はそう単純ではない。改憲推進勢力も現状を嘆いて

---

2)　詳しくは小沢隆一『現代日本の法──「改革」を問う』（法律文化社，2000年），渡辺治・和田進編『講座戦争と現代5　平和秩序形成の課題』（大月書店，2004年）「総論」，などを参照。

いる。改憲派の劇作家・山崎正和は次のような危惧を懐く[3]。

①政党やメディアにおいて改憲論は日増しに高まり，世論調査でも改憲支持が多数となったにもかかわらず，政府が改憲に取り組む様子はなく，改憲を求める国民の署名やデモもみられない。②改憲論議は，防衛力保持，日米安保堅持，国際的平和維持活動などの障害である９条の改定という一点にしぼるべきだ。③ところが，世の改憲論は抽象的・理念的で，改定案の内容も包括的にすぎるため，国民のコンセンサス形成を妨げている。

改憲推進勢力が直面する困難を率直に吐露する山崎の認識は，護憲派からの改憲論批判（たとえば，「『新しい人権』挿入や首相公選制はつけ足しで本命は９条改悪だ」，「今の『改憲ブーム』はメディアや政党の演出によるもので国民の『下からの改憲運動』ではない」など）を改憲論者が自ら裏書するものとして興味深い。だが，本章とのかかわりで注視すべきは，この閉塞状況の抜け道として主張される改憲手続の緩和だ。改憲手続緩和自体は月並みな提案だが，看過できないのは，山崎が，憲法改定国民投票の発議に国会議員の３分の２の賛成を要求する憲法96条を「国会議員のわずか３分の１の反対が，国民全体の意思表示を奪っている」と読み替えている点，また，そこから「国民投票の発議を妨げるためには，少なくとも国会議員の過半数を必要とするのが当然」という結論を引出している点である。これは，「多数決でも決めてはいけないことがある」という近代立憲主義のイロハを熟知した上での巧妙なレトリックなのか[4]。それとも，とくに50〜60年代の憲法学が当時の改憲論議を背景にして積み重ねてきた改憲手続についての議論が[5]，2000年代の改憲論議では忘却されていることだけのことなのか。後者だとすれば，「なぜ憲法改定手続は慎重なのか」，

---

[3] 山崎正和「集約されぬ改憲論議」読売新聞2004年9月26日朝刊。
[4] 山崎の主張は政治学者・御厨貴の議論（御厨貴「日本のダイナミズムを解き放つ憲法改正への道筋を示せ」WEDGE 2004年8号6〜7頁）に示唆を受けている。このような数字のレトリックを用いて現行憲法の正当性を奪おうとする試みは，ワイマール憲法崩壊期に公法学者カール・シュミットが用いた現行憲法体制批判の手法［カール・シュミット（田中浩・原田武雄訳）『合法性と正当性』（未来社，1983年）］を想起させる。
[5] 当時の代表的な文献は，長谷川正安・森英樹編『文献選集日本国憲法13 憲法改正論』（三省堂，1977年）に所収されている。

「なぜ憲法改定の国民投票は必要なのか」というイロハの確認が必要になる。

### なぜ憲法の改定はハードルが高いのか

　憲法典に改定手続が定められていても，政治の世界の話としては，当該手続を無視して憲法条項が改廃されてしまうこともあろう。だが，手続を踏まない憲法条項の改廃は，法の問題としてはあくまで無効な行為と評価され，「違憲の憲法改定」もしくは「クーデター」という負のレッテルが貼られてしまう。手続無視の「改定」行為から正当性を剥奪することで，これに歯止めをかけることを立憲主義憲法はねらっているのだ。しかも，多くの憲法典は憲法改定に一般の法律改定よりも高い要件を課している。本来，民主主義は，慎重な審議を尽くしてなお全員一致が不可能な場合，多数決による決定を原則とする。それゆえ，通常の法律が議会の多数決で成立することはこの民主主義の原則に適っているし，国民（住民）投票においても多数決原則は当てはまる。ところが，憲法の改定の際には単純な多数決の原則は当てはまらない。立憲主義憲法において規律されている事項には，その時々の多数派の意見に反しても変えてはいけない価値が含まれているのだという了解があるからである。あまりに「時代の変化に迅速に対応できる」憲法では，立憲主義の憲法たる意味がない。もちろん，憲法条文の変更を一切認めないというのでは，社会の変動に憲法典が対応できず，憲法の規範力は低下し，ついには憲法体制自体の崩壊をまねくおそれもあろう。改定条項が憲法体制の保障装置として評価されているのは，こうした危険を回避する機能を期待されているからである。しかし，やみくもに改定要件を緩和すれば社会が安定するというものでもない。とくに国論が分裂するような論点の場合，要件を緩和して国民過半数の不同意のままに改憲を実現しても，当該問題に対する政治的緊張はむしろ高まりかねない（日本の憲法政治上，とくに9条についてはその可能性が高い）。

---

　6）　芦部信喜『憲法制定権力』（東京大学出版会，1983年）76～80頁。

**改憲手続緩和論**

　現憲法の改定は「各議院の総議員の3分の2以上の賛成で，国会が，これを発議し，国民に提案してその承認を経なければならない。この承認には，特別の国民投票又は国会の定める選挙の際行はれる投票において，その過半数の賛成を必要とする」(96条1項) から，衆参各院の過半数の賛成で成立する通常の法律に比べてハードルは高い。諸外国の憲法に目を向ければ，国会の特別多数のみで改定が可能であったり，国民投票の発議を国会の単純多数に委ねるなど，日本国憲法に比べて改定要件の緩い場合も多い。このことから，日本国憲法は改定の困難な「硬性」度の強い憲法と評され，96条は「立憲主義のダイナミズム」を阻害する壁として改憲論者から敵視されている[7]。だが，何をもって憲法の「硬性」度を判断するのかは，その実益も含めて，あまり定かでない。手続上の改憲の難易度と政治的・社会的な改憲の難易度との間に明確な因果関係は認められていないからである[8]。たとえば，議会の3分の2の賛成で改定可能なワイマール憲法下でも，当時のドイツの政治状況はこの要件を満たすことを容易には許さなかった。そもそも，仮に「日本国憲法は諸外国に比べて改憲の手続ハードルが高い」という命題が成立しえたとしても，この命題から「だから日本も改定手続を緩和すべきだ」という結論を導き出すことはできない。

**「不磨の大典」?**

　「憲法は『不磨の大典』ではなく，時代の変化に対応して見直されるべきものだ」[9]という改憲論者の常套句がある。この「不磨の大典」という言葉は，明治憲法（大日本帝国憲法）の告文の中で「朕…大権ニ拠リ現在及将来ノ臣民ニ対シ此ノ不磨ノ大典ヲ宣布ス」というかたちで登場する。もとより，明治憲法が一言一句の変更も許さないという意味での「不磨の大典」だったわけではなく，（発議権者が天皇のみであるとはいえ）改定条項は存在した。また，1938年

---

[7] 日本経済調査協議会「憲法問題を解く」正論 2004 年 11 月号 96 頁以下。
[8] 芦部・前掲書（注6）62 頁以下は，豊富な実例を挙げ，このことを立証している。
[9] 経済同友会憲法問題調査会意見書（2003 年）10 頁。

以降の国家総動員法体制は明治憲法の枠内を越えた憲法体制の実質的変更であったと解することもできる。だとすれば、「明治憲法が不磨の大典だ」という命題は、「万世一系の天皇主権など、明治憲法の基本原則に変更を及ぼす改憲は許されない」という「憲法改定の限界」説の主張として読み替えた方がよい。この点、現在の憲法学の通説は憲法の改定に内容上の限界を認めている。日本国憲法の場合、国民主権、基本的人権の尊重、非武装平和主義を中核とする憲法の核心部分についての改廃は、改定規定上の制約がなくとも許されないと考えられている。そのような意味であれば、日本国憲法は、その基本原理について「不磨」であると断言しても差し支えない。

## 4　憲法改定国民投票

### なぜ、国民投票が必要なのか

読売新聞の改憲試案は、現行型の国民投票の道を残しつつ、改憲案への各議院の3分の2以上の賛成を条件に国民投票による承認を必要としない道を置いている。[10] 国民投票の設け方は、国民投票による承認を原則必要とする強制投票制と、特定の機関（政府、一定数の国会議員、国民請願など）の要求により実施される任意投票制とに整理できるが、読売試案は両者の中間に位置する「限定された強制投票」と呼ばれるものである。憲法改定について任意投票制を採用する諸外国の事例にもかかわらず、日本の憲法学は、このような「限定された強制投票」制を日本国憲法下で採用することすら厳しく批判してきた。それは次のような理由による。憲法96条に基づいて発動される憲法改定権は、「制度化された制憲権（憲法制定権力）」として、通常の立法権とは区別される。それゆえ、このような性格を持つ憲法改定行為を議会の特別多数だけに委ねることは、制憲権者と通常の立法権者を同一視するもので、「西欧民主主義の憲法思想には背馳する」行為なのである。[11]

---

10) 読売新聞社編『憲法改正　読売試案2004年』中央公論新社（2004年）270頁参照。
11) 芦部・前掲書（注6）76頁以下参照。

このような意義を持つからこそ，憲法改定国民投票がその趣旨に合致した機能を発揮できるよう，制度上の担保に加えて，一定の社会的条件を整える必要がある。かかる諸条件を満たさない状況下で国民投票を万能視することには危険が伴う。時の権力担当者が自己の政治的地位を正当化するために国民投票を悪用してきた事例は枚挙に暇がない。国民投票の悪用を防ぐためには，「知る権利」を含む表現の自由や投票の自由の実質的な保障はもちろんのこと，発議から国民投票までの間の十分な期日の確保などにより，国民が熟慮に基づく主体的な判断が下せるような制度設計が最低限必要である。

**国民投票法をめぐる議論**

　憲法96条の条文だけからは，国会各議院の「総議員」の意味も，国民投票の「過半数」の意味も明らかではない。改憲を具体的に進めるためには，こうした対立点の明確化に加え，投票権者の範囲，投票の期日，投票の方法，効力に関する争訟手続などの詳細を規律する法律や施行規則が必要となる。手続規定というレールの敷設は改憲という機関車を走らせるための前提事業なのである。しかし，旧自治庁が策定した「日本国憲法改正国民投票法案」(1953年) が政治的配慮から国会上程を見送られた後，手続法制定の動きは長らく表面化しなかった。この点を国会の怠慢だとして激しく非難するのも，最近の改憲論の特徴である。たとえば，超党派の国会議員から成る憲法調査推進議員連盟（以下，憲法議連と略す）が2001年に発表した「日本国憲法改正国民投票法案提案理由」では，改定手続により憲法が「迅速に時代の変化に対応しうることを期している」のに国会が改憲手続の立法化を講じないのは「憲法第96条の趣旨から導かれる国会の立法義務に違反する『不作為』とでもいうべき状態」だと断罪されている。しかし，本来，「立法の不作為」という言葉は，国会が法律の制定または改廃を怠ることで憲法が保障する国民の基本的人権が侵害されているような状態の違憲性を争う場面で用いられてきた。国会が憲法改定の発議を行った段階でなお国民投票の実施法律を整備しないという想定しにくい事態を別にすれば，このような意味での作為義務違反を認めることは難しい。

むしろ，国民投票法が制定されてこなかったのは，消極的理由にせよ積極的理由にせよ，明文改憲の必要性を国会および国民多数派が感じなかったから，という説明で十分であろう。そもそも，憲法が「迅速に時代の変化に対応しうることを期している」という「提案理由」の考え方自体，迅速な時代の変化への対応は立憲主義憲法にとって至上価値ではない以上，一面的な見方といえよう。

　自民党は，憲法議連の国会法改定案と国民投票法案（以下，併せて議連案と略す）を下敷きにした手続法の整備を第 159 国会（2004 年）において目指した。政治日程の都合から法案の上程は見送られたが，同会期中に「国民投票法に関する与党協議会」が設置され，第 162 国会における法案提出に向けた協議が重ねられている（2004 年 11 月現在）。

　議連案は以下のような内容を持つ。①改憲案の発議・修正動議は衆議院の 100 人，参議院の 50 人以上の議員の賛成を必要とする（改定国会法案 68 条の 2 及び 3）。②投票権者を満 20 歳以上とする（国民投票法案 7 条）。③国民投票は国会の発議から 60 日以後 90 日以内に行う。ただし，総選挙や通常選挙などと同日に実施する旨の国会の議決がある場合はそれに従う（同 31 条）。④投票日の 20 日前に国民投票の期日並びに改定案を公示する（同 32 条）。⑤改定への承認は有効投票総数の 2 分の 1 の多数により成立する（同 54 条）。⑥国民投票の効力への異議は告示の日から 30 日以内に東京高裁に提訴できる（同 55 条）。⑦国民投票運動に一定の規制を設ける（同 63 条以下）。

　議連案の重要な問題点だけを指摘しておく。第 1 に，議連案は「過半数」の意味について有効投票とする解釈を採用し，成立を極めて容易にしている。第 2 に，投票について一括方式か，個別方式かという改憲の成否にかかるきわめて重要な対立点（9 条改定と環境権規定挿入を抱き合わせで提示するような一括方式の方が改憲は実現しやすい）についての規律を回避し，その時々の国会の判断に委ねてしまっている。第 3 に，改定発議と投票日との最短 60 日の間隔を国

---

12) 詳細な検討は，隅野隆徳『「憲法改正国民投票法案」の問題点』憲法運動 328 号（2004 年）を参照。

13) 国民投票の「過半数の賛成」の意味については，①投票権者総数の過半数説，②投票総数の過半数説，③有効投票の過半数説の三説がある。③説がもっとも改定を容易にする機能を持つ。

会の議決によって短縮できる道を確保している。第4に，国民投票運動（「国民投票に関して憲法改定の賛成又は反対の目的をもってする運動」）が著しく制約されている。第4の点は詳しく触れておきたい。公務員や学校教育法上の教員などはその地位を利用した投票運動が禁止され（国民投票法案64—65条），外国人も投票運動から排除されている（同66条）。また，「何人も，国民投票に関し，その結果を予想する投票の経過又は結果を公表してはならない」（同68条）という規定も，インターネット規制も射程に入るきわめて広範な規制である。メディアに対する規制も厳しく，新聞・雑誌や放送が「虚偽の事項」や「事実をゆがめ」た記載・報道をすることはもちろん（同69条），新聞・雑誌の編集者・経営者や放送事業者が「国民投票の結果に影響を及ぼす目的をもって」報道・評論を掲載することも「不法利用」として罰則付きで禁止される。条文からは何をもって虚偽記載や不法利用に該当するのかが読み取り難く，濫用のおそれは払拭できない。現行公職選挙法の過度な運動規制も「べからず選挙」と呼ばれ不評であるが，ましてや制憲権者の意思表示たる憲法改定国民投票に必要以上の規制を設けることは国民主権の根幹を揺るがしかねない。

### 今井一の「国民投票法反対運動」批判

　議連案が上述のような問題点を抱え，しかも改憲のレール敷設の意味を持つがゆえに，護憲派が同案に強い拒否反応を示したのは当然といえる。だが，他方で，護憲派の国民投票法反対運動のあり方に批判的な見方も，基本的に護憲に与する論者から出されている。ジャーナリストの今井一は以下のように言う。[14]

　①国民投票法制定反対運動は，国民投票での問題の決着を回避し，結果として現在の解釈改憲の状況を容認している。改憲が政治日程化しつつある現状では，国民投票法制定に反対を唱えても，圧倒的な宣伝力と政治力で押切られるだけだ。それならば，むしろ護憲派にとって理想的な国民投票法案を積極的に提示することで，憲法議連案のような筋の悪い提案を排除しつつ，よりましな

---

14)　今井一『「憲法9条」国民投票』（集英社，2003年）。

国民投票制度の下で改憲案を否決するための運動に力を傾けるべきではないか。②改憲案を発議する国会は，国民投票の実施に先立って，当該改憲案が否決された場合の具体的な代替政策を提示すべきだ。たとえば，9条改定案が国民投票で否定された場合，安保条約・自衛隊を段階的に解消するという「約束」を事前に提示することを義務付けるといった制度が考えられる。③国民投票を契機として，国民が職場や家庭において平和と安全保障の問題を日常的に議論する土壌の形成が期待できる。

　近年活性化した自治体レベルでの住民投票運動の動きを追い，住民の直接投票の力と意義を肌で知る今井が，改憲の成否を決する場を国民投票に求めるのは自然なことであり，民主主義のあり方を考える上で傾聴すべき点も多い。また，国民投票の否決の効果を「規範と現実との乖離」の規範優位の方向での解消と連動させることで改憲派を牽制しつつ，護憲派にも「捨て身」の緊張感を持たせようとする戦略と解することもできる。だが，今井の戦略に対しては状況認識の甘さを指摘する声も強い[15]。また，そうした運動論的批判とは別に，「国民投票で決着を」という毅然たる言説に潜む「決断主義」にも注意が必要だ。これは，世論を二分するような重大な憲法問題の解決を，その時々の有権者の決断を唯一の解決基準に置くことで，当該問題への疑義を遮断してしまう加藤典洋の「選び直し論」や御厨貴の「立憲主義のダイナミズム」論にも通低する発想である[16]。このような「決断主義」的発想を疑問視する声に対して，「護憲派は主権者国民の判断力を信用していないのか」と難ずるのは妥当ではない。国民の判断を信頼し有権者が直接に政治の決定権を持つしくみを拡充することと，にもかかわらず，有権者の判断を万能視せず，これをコントロールするしくみも整えておくことは，立憲主義憲法の下では両立するはずだ。

---

15) たとえば，今井一編『対論！戦争，軍隊，この国の行方』（青木書店，2004年）56頁以下の渡辺治の発言。
16) 加藤典洋「敗戦後論」群像1995年1月号252頁以下，御厨・前掲論文（注4）6～7頁。

## 5 憲法裁判所設置論

　改憲手続緩和論が50～60年代改憲論を踏襲するのに対して，憲法裁判所設置論は現在の改憲論に特有の議論である。1994年の第1次読売改憲試案を先駆けに，経済同友会憲法問題調査会（2003年），自民党憲法改正プロジェクトチーム（2004年），民主党憲法問題調査会（2004年）などが憲法裁設置を提案してきた。そこには以下のような共通項が認められる。

　第1の特徴は，現在の「最高裁の司法消極主義」を批判しながらも，人権救済の実効化という発想ではなく，もっぱら「迅速な事件処理」という観点から制度設計が検討されている点である。憲法裁設置論者は，「最高裁判所の負担→裁判の長期化→国民の裁判を受ける権利の侵害」という図式で，憲法問題の審理を憲法裁に専属させようとする。しかし，その関心は，国民の裁判を受ける権利の実効化ではなく，「迅速な事件処理」にある点は注意が必要である。新自由主義的国家改編という要請を背負うがゆえに現在の改憲論は，「迅速な事件処理」を裁判所に期待する。「自立した個人」が裁判を通じて自己の私権を主張するという新自由主義が想定する紛争処理モデルにとって，「迅速な事件処理」を行う裁判所が不可欠だからである。とりわけ，憲法裁には，新自由主義的国家改編推進のための立法や行政行為に対して必ずや生ずる国民の憲法上の権利との衝突の際に，憲法判断に対する「迅速な事件処理」によって，当該立法ないし行政行為に法的なお墨付きを与えることで，改革の障壁を除去することが期待されている。ここには，国民の「裁判を受ける権利」の保障だとか，裁判を通じての社会的問題提起といった観点の入り込む余地はない。逆に，自衛隊海外派兵差止め訴訟や靖国違憲訴訟のような国の違憲的行為の是正を目的とする訴訟の提起は，「乱訴」として過度に警戒される[17]。他方，通常裁判所とりわけ下級裁判所による違憲審査権を奪うことは，下級審の判決が個人の権

---

17) 読売新聞社編・前掲書（注10）235頁。

利保障に少なからぬ役割を果たしてきた日本の違憲審査制の運用状況を鑑みるとき，権利救済の点でリスクの多い選択である[18]。

憲法裁設置論の第2の特徴として，集団的自衛権の行使は憲法上認められないとする内閣法制局の9条解釈への改憲派からの攻撃との連動を指摘できる[19]。かつて憲法9条と自衛隊・安保体制との矛盾の糊塗に貢献してきた内閣法制局の憲法解釈は，「新ガイドライン」以降の「グローバル安保体制」の構築にとって，もはや障壁でしかないようだ。

第3の特徴は，憲法裁設置論が，違憲判決の活性化は憲法改定も活性化させるという図式を描き，これを「国民主権のダイナミズム」，「立憲主義のダイナミズム」などと賞賛している点である（ここでは内閣法制局解釈や護憲派は静態＝停滞の象徴として描かれる）[20]。国民主権を援用するこの議論は，「国民多数は9条改定を問う国民投票でも賛成票を投ずるはずだ」という安心感で成り立っている。憲法裁が違憲判断を下した場合でも，改憲という「国民主権のダイナミズム」を通じて安保・自衛隊を憲法上正当化できると考えているのだろう。実際，「国民主権のダイナミズム」が発現する場は，国民投票での投票行為に限定され，それ以外の場面では，最高裁裁判官国民審査の廃止（読売試案）にみられるように，国民主権の具体化とは逆の方向が目指されている。

## 6　むすびにかえて

憲法学者・芦部信喜が「憲法改正国民投票制に関する若干の考察」という論稿を発表したのは，政府憲法調査会の設置が決まった1956年のことであった[21]。この論文は，国民投票の方式とくに承認成立の基準数が実は憲法改定の成否に決定的に重要であることを明らかにした点に功績があるが，同時に，最終的に

---

18)　戦後日本の違憲審査制の制度的・動態的分析の著である小林武『憲法判例論』（三省堂，2002年）は，憲法裁設置論への向き合い方について示唆を与えてくれる。
19)　中央公論2003年9月号の特集「"憲法の番人"内閣法制局を解剖する」の諸論稿など。
20)　五十嵐敬喜『市民の憲法』（早川書房，2002年）193頁以下など参照。
21)　後に芦部・前掲書（注6）62頁以下に所収。

改憲の成否を決めるものは制度ではなく，国民の意識であることを鋭く指摘していた点も見落としてはならない。戦後憲法学を代表する碩学の洞察は40年近い時間を経てなお賞味期限を過ぎていないようだ。

# 5

# 憲法調査会における改憲論議

馬奈木厳太郎

"軍国主義は四五年に死んだ。国家至上主義は死んでいない。それは常に潜在的であったし，今でもある。ただそれを顕在化させない力が，戦後日本の社会に育ってきているということだ"　　　――加藤周一『雑種文化』

## 1　はじめに

　本章では，国会に設置された憲法調査会における委員の発言を取り上げる。憲法調査会は，1999年の第145回国会において，国会法が改正され，衆参の両議院に設置されることになり，2000年1月20日，第147回国会の召集日に発足した。発足以降，両議院の憲法調査会は，憲法とは何かといった根源的な問題から，基本的人権や統治機構のあり方まで，広範囲にわたるテーマを取り上げ，参考人を招くなどして議論を重ねてきた。そしてそこでは，法律上，「日本国憲法について広範かつ総合的に調査を行う」ことを目的とし（調査期間は2005年までの5年），改憲のための機関とは位置づけられていないにもかかわらず，実際には改憲を志向する発言がかなり散見されている。
　そこで本稿では，憲法調査会における多様な議論のなかでも，とくに特徴的だと解される平和主義と国家観にかかわる論点に絞って，その内容を紹介し，あわせて問題点を検討することにしたい。

## 2　改憲の目標をどこに見出すか

　戦後，憲法改正は度々議論されてきた。その意味で，「憲法改正議論はタブーだった」という主張は単純な事実に反する。では，今回の改正議論の焦点はどこにあるのだろうか。憲法調査会での議論を検討する前に，まずはこの点を確認しておくべきだろう。

　私見によれば，今回の改正論議の焦点とは，自衛隊を軍として正当化し，集団的自衛権の行使などによる海外派兵を条文上も可能にすることとあわせて，国家と個人の関係を再設定すること，この２点に今回の改憲目標は見出せる[1]。

　前者については，たとえば，自民党の憲法改正プロジェクトチームが，2004年６月10日に公表した「論点整理」では，「自衛のための戦力の保持を明記すること」，「個別的・集団的自衛権の行使に関する規定を盛り込むべきである」，「非常事態全般（有事，治安的緊急事態（テロ，大規模暴動など），自然災害）に関する規定を盛り込むべきである」とし[2]，また民主党も，2004年６月22日に発表した「中間報告」において，自民党よりは慎重な表現ながら，「制約された自衛権」を明記し，国連安保理決議などに基づく武力行使活動への参加を謳っている[3]。さらに，2004年５月３日に出された読売改憲試案（第三次試案）においても，「日本国は，確立された国際的機構の活動，その他の国際の平和と安全の維持及び回復並びに人道的支援のための国際的な共同活動に，積極的に協力する。必要な場合には，公務員を派遣し，軍隊の一部を国会の承認を得て協力させることができる」などとしている。

　後者については，たとえば，自民党の「論点整理」では，「現憲法の制定時，

---

1) 今回の改正論議の焦点を，自衛隊の位置づけ・海外派兵と，国家と個人の関係の再設定という点に見出すことについては，すでに別稿でも検討したことがある。参照，馬奈木厳太郎「改憲論議を診る視点」月刊東京2004年７＝８号，２～５頁。
2) 自民党の「論点整理」は，http://www.jimin.jp/jimin/kenpou/finish13.html で入手可能である。
3) 民主党の「中間報告」は，http://www.dpj.or.jp/seisaku/sogo/image/BOX_SG0058.pdf で入手可能である。

連合国最高司令官総司令部の占領下において置き去りにされた歴史，伝統，文化に根ざしたわが国固有の価値（すなわち『国柄』）や，日本人が元来有してきた道徳心など健全な常識に基づいたものでなければならない」，「天皇の祭祀等の行為を『公的行為』と位置づける明文の規定を置くべきである」，「国の防衛及び非常事態における国民の協力義務の規定を設けるべきである」，「婚姻・家族における両性平等の規定（現憲法24条）は，家族や共同体の価値を重視する観点から見直すべきである」としている。また，読売改憲試案でも，「日本国民は，民族の長い歴史と伝統を受け継ぎ，美しい国土や文化的遺産を守り，これらを未来に活かして，文化及び学術の向上を図り，創造力豊かな国づくりに取り組む」，「この憲法は，日本国の最高法規であり，国民はこれを遵守しなければならない」（傍点筆者）といった内容が盛り込まれている。

### 3　どうして改憲なのか

ところで，こうした平和主義や国家観の見直しは，具体的にはどのような問題意識に支えられており，またいかなる理由づけをもって正当化されようとしているのだろうか。これらの点については，本章が取り扱う憲法調査会での発言に，しばしば本音と思われる内容を確認することができる。そこで，いよいよ憲法調査会の発言を見ていくことにしよう[4]。

まず，平和主義ないし安全保障にかかわる論点であるが，この点については，「国が，国家固有の権利として，集団的であれ個別的であれ自衛権を有し，それが行使できる，それは国家固有の権利であるというふうに信じておる」（石破茂，衆議院憲法調査会，2000年4月27日），「集団的自衛権は，権利としてはあるけれども行使できないというのは極めておかしな理論であって，……まさに我が国が禁治産者であるということを宣言するような極めて恥ずかしい政府

---

4) 憲法調査会の議事録は，http://www.shugiin.go.jp/index.nsf/html/index_kaigiroku.htm（衆議院）と，http://www.sangiin.go.jp/japanese/kenpou/keika/keika_g.htm（参議院）で入手可能である。

見解ではないか，このように私は思います」(安倍晋三，衆議院憲法調査会，2000年5月11日)といったように自衛権を国家の自然権として位置づける主張が多い。そのうえで，「この憲法，現憲法が制定されました状況の我が国の立場，あるいはその後の我が国を取り巻く世界の環境がどんどん変わっていったと，それによって憲法，現憲法，特に九条にいろいろ問題というか矛盾が生じてきた。……現行の，9条を含めこれまでの憲法のままでいいかというと，これはいろいろ大きな障害が既に惹起している。……憲法の解釈でいろいろつじつま合わせを，合わせるということはもう限界に来ておる」(藤野公孝，参議院憲法調査会，2004年4月7日)といった規範と現実の乖離を根拠に改正を正当化しようとするのが典型である。

　また，現状について，「我が国の安全と生存を諸国民の公正と信義にゆだねるという他人任せを日本国憲法が宣言したというところは，これはいかにもまずい」(塩田晋，衆議院憲法調査会，2001年6月14日)，「みずからの国を守る自衛隊というもの，みずからの国を守る軍隊を憲法上違憲だという位置づけをして訴訟する，そんな国が世界じゅうどこにありましょうや。みずからの国の存立の根源にかかわる，言うならば，それを違憲だ合憲だということを議論すること自体が道義上の退廃につながり得る，私はそう思っております」(野田毅，衆議院憲法調査会，2000年8月3日)といった根拠のない感情的な批判も少なくない。

　次に，国家と個人の関係の再設定についてであるが，この点については，「最近遺伝子，DNAの研究というのが長足の進歩を遂げておりますけれども，私は，これは一人の個人の人間のみならず，国家，国民，民族にもDNAがあると思います。したがって，国家の基本法であります憲法はその国のDNAに合ったものでなければいけない，その観点から大いに検証すべきであろう」(小山孝雄，参議院憲法調査会，2000年1月20日)，「憲法三原則を守るというのも1つの立場でもあろうかと思いますけれども，我が国の歴史，伝統は守らなくていいのでしょうか。21世紀は国民のアイデンティティーが問われる世紀になると言われておりますけれども，この憲法は余りにもこの問題に無理解で

はなかろうかと思います。21世紀の国の形を論ずる，これは大変大事なことであると思いますけれども，それは空中に楼閣を築くようなものであってはならないと思います。歴史，伝統の護持，継承を離れてそれは成らないということもあわせて強く申し上げておきたいと思います」（鴻池祥肇，参議院憲法調査会，2000年3月3日），「激増する少年犯罪とその残虐性を見るとき，現行憲法が日本人の心の中の深い部分にマイナスに作用した面があることは否定しがたいように思えます」（葉梨信行，衆議院憲法調査会，2002年5月11日），「より良い社会を実現するためには，国や社会の問題を自分自身の問題として考え，そのために積極的に行動するという公共心が重要であります。自分だけが良ければ良しとするミーイズムを排し，公共の精神，社会規範を尊重する意識や態度を育成することが重要であります。このような理想を実現するため，国の教育権も憲法上積極的な位置付けをもって規定されるべきと考えます」（松山政司，参議院憲法調査会，2003年4月16日）などといった問題意識が散見される。

　また，「憲法はあくまでも国家と国民の関係を律するものであり，現行憲法でも，国民の幸福追求の権利とともに公共の福祉の尊重がうたわれていますが，公共とは国と同義であり，公共の福祉とは国家社会全体の最大公約数的利益を指している」（山崎拓，衆議院憲法調査会，2000年5月11日）として「国」＝「公共」とする主張や，「私は，日本人の国民意識というもの，第二次大戦前は非常に日本人はいい国民だった，そういう意味で国家意識の非常に強いいい国民だった。しかし，現在の国民はどうなんだろうといいますと，……日本国民でない日本人というような形に逆に置きかえてもいいぐらい国家意識が薄い。よその国に行きますと，大体，祝日でもないのにちゃんと国旗を立てている国が多い。それに対して我が日本は，この国会の先生方も，自分の事務所に国旗を立てていらっしゃる先生は何人おいでになるのかというぐらい，本当に何か薄いような感じがしておるわけです」（藤島正之，衆議院憲法調査会，2001年3月22日）として，国家意識の強い＝いい国民といった主観的評価を前提に，国家意識の強度を旗の掲揚に結びつけるような見解も存する。

## 4 改憲でどのような国を目指そうとしているのか

　以上のような問題意識のもとで，改憲を通じてどのような国を目指そうとしているのだろうか。この点については，今日起きていることからその方向性を伺うことはできる。すなわち，イラク多国籍軍への参加や海外派兵恒久法制定の動き，あるいは教育基本法の改定や「君が代」に関する都立学校での処分など，すでに「現場での改憲」とでもいうべき事態は条文改憲に先行して進行している。

　こうした方向性のなかで，憲法の一義的な目的である権力抑制という原理は，改憲によって放棄されようとしている。ここでいう権力抑制原理とは，国民主権の下で，国民の権利や自由を守るために，憲法上明記された人権カタログを権力担当者に押しつけることを指しているが，今回の改憲議論では，上述したような教育や少年犯罪，権利意識の過剰などを根拠に，個人を主体として権力担当者に守らせるべきものとしての憲法から，国家が前面に登場して社会や個人に対して守らせるべきものとしての「憲法」への変容が企図されている。

　その結果，一方の安全保障の分野では，先の侵略戦争に対する深刻な反省と，広島・長崎の被爆体験を通じて創設された軍事力によらない平和を追求する様々な制度的手当が，根本的に否定されることになり，軍事力の行使や海外派兵がまさに「憲法」の名において正当化され，政府の積極的な海外展開活動が承認されることになる。しかも，すでにイラクに自衛隊は派遣されているが，こうした海外展開が積極的に行われる結果，日本の武力行使によって再び戦争犠牲者を出しかねないということにもなるのである。戦前の天皇主権とは異なり，今日は国民主権の時代である。また戦前とは異なり，今日は情報も多様にあり，投票のみならず様々な表現を通じて議会に影響力を行使できる。そうしたなかで，私たちは，外国の地で再び戦争犠牲者を生み出すという事態に突入することになるのかもしれない。

　また他方で，国家と個人の関係が「国家の前面化」という形で再設定される

ことにより，価値観をめぐる領域において国家の指導性が強調されることになる。とくに，上述のような国家や国民の"DNA"という言いまわしを用いることで，実際には特定の哲学あるいは世界観を他のものに優越させることが予想される。"DNA"の内容は必ずしも明確ではないが，いずれにせよ議員と幸運にも同じ内容の"DNA"を有している人はともかく，そうでない人々は，同じ"DNA"をもたされるような社会的圧力にさらされるおそれがあり，さらには"DNA"を共有しない人々＝「非国民」として排除されることにもなりかねない。しかも"DNA"の内容は，「公共」＝「国」という乱暴な議論によって国が確定するものとされ，それへのコミットが国家意識の有無として評価され，旗や歌への態度といった特定の作為の要求を通じて計測されることにもなりかねない。そしてその際は，教育現場や家族などが，そうした"DNA"を「遺伝」させ，それとは異なる価値観を抑圧するための装置として位置づけられていることも看過されるべきではないだろう。こうした異質のものに対する「不寛容」な態度が，半ば国家によって，半ば社会のなかから醸成されていくことが懸念される[5]。

## 5　憲法調査会というところ

　憲法調査会は，2005年5月には最終報告書をまとめる予定となっている。当初は，初の国会レベルでの憲法調査会の設置ということもあり，マスコミなどで大きく取り上げられることもあったが，最近はマスコミの扱いも地味であり，憲法調査会での議論が国民の間で関心を呼ぶこともなければ[6]，国民に広く

---

[5]　こうした方向での国家と個人の関係の再設定は，すでに「有事法制」において一定現実のものとなっている。この点についての私見は，水島朝穂編著『知らないと危ない「有事法制」』（現代人文社，2002年）60頁以下〔馬奈木厳太郎〕参照。馬奈木厳太郎「社会に『不寛容』を蔓延させる『有事』という発想」MUSIC MAGAZINE 35巻9号（2003年）193頁。

[6]　国民の関心を集めていないことは，憲法調査会の傍聴者の少なさからも伺える。一方で，そうしたなか憲法調査会を頻繁に傍聴し，そこでの議論の問題点を紹介しようとする人々も，若干ながら存在する。たとえば，朝日新聞の本田雅和記者や，「許すな！　憲法改悪・市民連絡会」の髙田健氏などは，そうした数少ない常連傍聴者の1人である。

知られるという状況にもなっていない。もっとも，そうした国民から遠く離れた「密室」的な環境にあっても，改憲のための前提として「議論を尽くした」という状況結果を残したいのか，かなりの頻度で調査会は今日も開催されている。

しかし，開催回数が多い反面で，本会議や予算委員会などのようにテレビ中継がなされることもないためか，委員の態度は，「日本国憲法について広範かつ総合的に調査を行う」という調査会の使命を真摯に実行しようとするものからはほど遠い。筆者は，何度か憲法調査会を傍聴したことがあるが，委員の欠席・遅刻は珍しくなく，開始時間の時点で委員が半分ほどしか出席していないこともあった。また，出席している委員にしても，居眠りし，委員会室で携帯電話を鳴らすといった始末である（もっとも，こうした態度は，とくに憲法調査会にのみ特徴的というわけでないことには留意する必要があるが）。

さらに，これまた国民的に注目されていないこともあってか，憲法調査会は議案提出権を有さず，調査のための機関であるにもかかわらず，改憲志向の運営がかなり強引になされている。たとえば，2002年11月にまとめられた衆議院憲法調査会の「中間報告」において，護憲派を自認する小林武（南山大学教授・憲法学）の参考人としての発言が，改憲を容認する発言として分類されたことなどはその一例であるが，とくに近時では，委員の改憲志向の発言が増えてきていることが注目されるべきだろう。この点については，一度議員辞職をし，再び返り咲いた田中眞紀子が，「1年2ヶ月前に私がいたときと比べ，ずいぶん改憲の方向にシフトした」（田中眞紀子，衆議院憲法調査会，2004年2月5日）と述べているのが興味深い。

ところで，憲法調査会の議論が，国民から注目されず，メディアからも大きな扱いを受けないのには，その議論の質が関係していると解される。そもそも委員は，すでに抱いている自らの信条を述べることに性急で，それ以外の論点には関心がないか，あるとしてもあまりに不勉強である（しかも，自らの信条とて，憲法解釈の作法に則ったものであるという保証はない）。参考人を招致し，専門的な意見を聴取した際に，あまりにも一般的な質問をする委員は少なくな

く，その後の自由討議の場でも，「今日の話は難しくて」となり，何の討論もなく散会することがあるくらいである。しかし，こうした傾向は，委員の給源やバックグラウンド，さらには国会の実態などもふまえれば，格別不思議なことではない。長谷部恭男は，「政治家が，通常の法律について実質的決定の大部分を官僚層に委ねてこざるを得なかった理由の一端は，彼らの大部分が法的議論に習熟していないことにある。憲法についてだけは，法的な議論の仕方をわきまえなくとも実質的決定ができると思い込むのは，あまりにも楽観的である」と述べているが，[7]この指摘は正当であろう。実際，法学を研究する者からすれば，憲法調査会の議事録には概念の誤用から憲法に対する無理解まで，読み進めるのが苦痛になるほど憲法というものについて作法を知らない発言が多いのである。もちろん，憲法は"密教"であるべきではないし，その解釈を心得ている者が特権的地位に立つものでもない。しかし，それにしても，井戸端会議や居酒屋談義ではなく，国民代表として本気で憲法を論議しようとするのであれば，その作法を心得ることは最低限の条件であろう。この点，すでに紹介したように，国家意識の強い＝いい国民と説く藤島正之が，「このままでは憲法調査会は五年間の憲法放談会に終わってしまうのではないかという危惧を述べる方がおられましたけれども，まさにそういうことのないように私どもはやっていかなければならない，こういうふうに考えておる次第でございます」（藤島正之，衆議院憲法調査会，2001年6月14日）と自戒を込めて述べているのは，適切な情勢認識であると同時に，何とも示唆的である。

## 6 おわりに――何が問われているのか――

　憲法調査会のあり方を別にすれば，筆者が本稿で強調したかったのは，今回の改憲論議が，1つには国際社会に日本がどう向き合うのか，もう1つには自律した存在として個人を扱うのかといった場面を磁場として行われているとい

---

7) 長谷部恭男「民主主義国家は生きる意味を教えない」紙谷雅子編『日本国憲法を読み直す』（日本経済新聞社，2000年）58頁。

うことであった。前者は，侵略戦争を経て，西欧的な「普通の国」をも越える先駆的な内容にかかわるものであり，後者は，個人を自律・自立したものとしてみなす西欧的な「普通の国」と理念的には同質の内容にかかわるものである。そうしたことをふまえると，今回の改憲議論は，現行憲法が西欧的な「普通の国」とねじれている部分を「普通の国」に戻すのみならず，これまで「普通の国」であった部分を逆のねじれにしようとするものでもあることが明らかになる。しかし，この逆のねじれは，いったん制度化されてしまうと可逆性が低いため，内部からのさらなる制度変更は著しく困難となる。たとえば，イラク戦争の際，ヨーロッパを中心に戦争反対の声が大きくなったが，それを可能としたのは，彼の地が軍事的にだけではなく，国家と個人の関係においても「普通の国」であったからこそである。国家と個人の関係について「普通の国」とは異なる国となった日本において，そうした自由は，今日と同じ程度においてさえ保障される保証はない。

　なるほど憲法というものは，日々の生活のなかで実感することは乏しいであろうし，連日にわたって憲法を意識するというのも通常な状態ではないだろう。その意味で，国民の多くが，憲法にかかわる問題に当事者意識をもって接することができないのは，やむをえない側面もある。しかし，憲法は国家の将来に対する「針路」にかかわるものであり，また国家の構成員という意味において，1人ひとりの「生き方」にかかわるということも事実である。そして，現在のあり方を変更させたいという勢力は確実に存在し，すでにタイムスケジュールも定め，変更内容を具体化する段階に入っているというのが現状である。とするならば，いま求められているのは，改憲問題について無関心を決め込んだり，政党やメディアによって作られた「なんとなく改憲」といった気分に浸ることでもなく，冷静な「思考の連鎖」をつなぎ，日本国憲法の今日的価値を改めて検討することなのではないだろうか。改憲は，それからでも決して遅くはないはずである。

# 6 改憲動向としての教育（基本法）改革とナショナリズム

西原 博史

## 1 国家―国民関係の転換――改憲論の深い狙い――

　憲法「改正」に向けた雰囲気作りが進んでいる。そして，改憲勢力が狙っているものも，時とともに明らかになりつつある。そこには，1つの国家像が垣間見えてきた。

　事は単に，9条改正を通じた平和主義からの脱却に留まらない。日本国憲法が採用した基本的人権の尊重と，人権論的に構成された民主主義論に対しても，改憲論は明確に敵意を見せている。ただその場合，50年代の改憲構想とは異なって，現在の改憲論は，直接に大日本帝国憲法下の支配構造――そしてその中核的要素としての皇祖皇宗の意思に基づく天皇親政という正統性原理――の再生を狙っているようにも見えない。日本国憲法下で2世代，60年の民主主義を経験した日本人は，ある程度の市民的成熟性を獲得しているという評価が成り立つであろう。その条件下での改憲論はあくまで，「国民主権の実質化」[1]を名目として標榜しようとする。

　「国民主権の実質化」を追求するからといって，改憲論が危険でなくなるわけではない。というのも，立憲主義の基本的な狙いは，民主主義の実現とは別な方向を向いているからである。立憲主義――すなわち，国家権力を構成する

---

1) 御厨貴「日本のダイナミズムを解き放つ憲法改正への道筋を示せ」ウェッジ2004年8月号6頁。

にあたって国家機関に権限を付与する明文化されたルールに頼り，そのことを通じて国家権力を制限しようとする考え方——は，権力コントロールを最優先課題とする。たとえ国民の名によって正統化される権力であろうと，何でもしていいはずはない。とくに，民主主義が必然的に多数決という形で実現され，少数派の利益を踏みにじる危険を帯びていることを考えれば，民主主義の中でも，憲法を手がかりにした，多数派に対する権力コントロールは必要であり続ける。

改憲論は，まさにその権力コントロールの規範枠組を掘り崩そうとしているようにみえる。読売新聞の憲法改正2004年試案に対して向けられた，「権力にやさしい憲法」だとする批判は，改憲論の全般的な空気を見抜いた適切な指摘だった。[2]

ここで問題になるのは，「国民主権の実質化」が狙う具体的な国家構想である。今唱えられている改憲論は，憲法を通じて制限されている政策選択の幅を拡大して，何を実現しようとしているのか。一般論としては，政治の中で国民多数派の意思が実現されることは，悪いことではない。しかし，ここで問われるのは，一般名詞としての憲法改正ではなく，今現在推進されようとしている改憲論が狙っている先であり，多数意思の名の下にそこで実現されていくであろう政策的な方向性である。

そして，憲法改正を経て実現されるべきものと位置づけられている国家構想は，今現在で進んでいる動きと連続性を持ったものでしかありえない。実際には，1990年代後半以降の様々な改革を通じて1つの新しい国家のあり方がみえてきており，そうした国家のあり方を実現していく上で現行憲法——あるいは，現行憲法の中に読み込まれてきた基本的な理念体系——が妨害要素として意識され始めている。だとすれば，憲法改正問題に対してどう立ち向かうかという問いは，これまでの憲法構造とは相容れないものとされる新しい国家構想を，国民としての選択をもって受け入れるかどうかという点にかかわる。

---

2) 水島朝穂「『読売憲法試案』の目指すもの」論座2004年7月号42頁。

新しい国家構想との連続性をもつ90年代以降の改革という点に関しては，経済・労働・社会保障・治安など，様々な分野における立法・行政の動向を分析する必要がある。そうした課題の中から，本稿では，教育を特に取り上げ，具体的には教育基本法改正を目指す動きとして展開している改革構想のもつ憲法政策的な含意を探り出し，個人の基本的人権というものの位置や国家―国民の関係をめぐって何が問われているのかを浮き彫りにしていきたい。

## 2　道具でなく人格として——教育基本法における国家―国民関係の理解——

　教育にかかわる場面では，状況は見えやすい。1990年代以降進んできた教育改革の流れは，一つの段階の総仕上げとして，そして次の段階でさらに強力な変革を行うための基礎固めとして，教育基本法改正という明確なターゲットを見据えている。教育基本法の「見直しが必要」であるとする2003年3月20日の中央教育審議会答申をもって最終的に始動した教育基本法改正の動きは，2004年6月16日の与党教育基本法改正検討会の中間報告を経て，法案提出に向けて最後のステップに踏み出そうとしている。
　ところがこの教育基本法は，日本国憲法の下で基本的人権の理念に合致する教育を実現する上で，重要な役割を果たしている。それ以前において教育を支配していたのは，「爾（なんじ）臣民」に向けて天皇が忠義の示し方を説く教育勅語であった。「天壌無窮の皇運を扶翼」することを最終的な価値として「億兆心を一に」することを求めるこの教育勅語の下では，子どもは，よき臣民の材料でしかなかった。教育を通じて天皇のための便利な道具になることによって，初めて日本人としての価値が認められる秩序。そこでは，子ども1人ひとりに価値があるとする発想は最初から無縁であった。戦争という状況の中で，この教育勅語下の道具的子ども観が，戦場で美しく散ることこそが日本人の務めであることを洗脳する軍国主義に陥っていったのは，構造上，必然的なことであった。
　このように，子どもを国家のための道具と位置づける考え方は，結局，子ど

もを生かすための教育ではなく，子どもを死なせるための教育につながっていった。これは，あらゆる意味で教育の名に値する営みとは言えない。日本国憲法の下では，この点を反省した，教育の再出発が必要であった。そしてその日本国憲法は，個人を基本的人権の主体，国民を主権者と位置づけている。この位置づけは，大日本帝国憲法・教育勅語体制の道具的な国民観・子ども観と，根本的に相容れない。

　1947年時点で教育基本法が必要だったのは，この反省に基づく再出発にあたって，国会における基本法制定を通じた国民の決断として，新たな理念の設定が必要だったからにほかならない。その意味では，「教育は，人格の完成をめざして行われなければならない」という1条の教育目的の規定に，強い思いが込められている。子どもは人格の担い手，少なくとも独立の人格へと育っていく主体であり，誰かに便利なように作り変えていい道具の材料ではない。教育とは，子ども自身が持っている発達する力を大切に育み，必要な支援を与えることにほかならない。そうした教育の理解を明示することを通じて，子どもの道具化という過ちを防ぐ点に，教育基本法の基本的な意義がある。

　そして今，その教育基本法を改正しようという話になっている。この歯止めを作り直した時，再び道具的子ども観に陥ってしまう恐れはないのだろうか。

## 3　教育において挫折する自己責任——市場至上主義的教育観の落とし穴——

　教育基本法改正論は，「個性の尊重」，「創造性の涵養」など，美しい言葉で彩られている。しかし，たとえば中央教育審議会の答申で「個性の尊重」と呼ばれているものは，決して1人ひとりで異なった子どもたちの個性をまるごと尊重し，伸ばしていこうという発想ではない。むしろ，落ちこぼれることも1つの個性として認め，能力を示さない子どもに対する支援を切り捨てる発想が，「個性の尊重」の下で語られている。

　そうした理念的転換の背景には，社会状況の変化に対応した教育のあり方の変化を求め，その中で創造性をもった天才を育てることにエネルギーをかける

よう要求する，経済界からの強い圧力がある。この社会状況認識を踏まえた説明によれば，欧米先進国という先頭ランナーの背中を見て走ることのできた明治維新以来のキャッチアップ型社会においては，生産性の高い工場労働者を産み出す必要性から，底辺の底上げを図る平等主義教育に意味があった。しかし，1980年代以降，日本は世界のトップに躍り出たのであって，トップランナーとして新しい市場を切り開いていかなければならないフロンティア型社会にあっては，一部の天才が創造性をもって全体を引っ張っていけるようにしなくてはならない。そのためには，底辺層の底上げなどに無駄な資金とエネルギーを投入している余裕はない，とされる。

こうしたフロンティア型社会に対応したエリート教育という観点から導き出されるのは，教育にかかわる資源配分を効率化するために，競争を学校に持ち込み，勝ち負けのはっきりする教育体制を作り上げようとする方向性である。公立エリート中高一貫校の設置，学区の緩和や撤廃による学校選択の自由化，習熟度別クラス編成など，競争的秩序の導入は，1990年代以降，かなりの範囲ですでに現実のものとなっている。この段階で教育基本法改正が必要だとされる背景に，今後エリート主義に転じた公教育制度が各所で弱者に対して痛みを発生させることが予想され，その痛みを納得してもらうために教育基本法改正という形で現れた「国民の決断」を利用しようとする思惑が見え隠れする。

学校が競争秩序で組み立てられるようになる時，そこでは必然的に，はっきりとした敗者が現れる。「個性の尊重」を謳う教育改革は，この敗者の存在を「自己責任」の問題として片付けようとしている。「学ぶ意欲が尊重される」学校教育の中では，「学ぶ意欲」を示そうとしない層を支援する必要はない，底辺層がおちぶれていくのは「自己責任の問題」だ，と。

そうした傾向が最もはっきりと読み取れるのは，学校選択自由化の流れであろう。校長の指導力の下に学校ごとで特色ある教育が行われ，保護者が自らの教育観に基づいて学校選択を行うことによって家庭と学校における教育の連続性が確保される，と好いことずくめのように語られる学校選択制だが，子どものために最適な学校を選択するには，親の側の様々な能力が前提となる。現時

点でエリート向け小中一貫校の設置が検討されているが，今後，人気校への入学にあたって選抜が行われるようになれば，学校で受ける教育の内容に質的な差があることが当然のこととされていく。

　その際，実際に分断が生ずる時の基準になるのは，必ずしも子どもの能力ではなく，むしろ親による教育支援の多寡である。「ゆとり」と「生きる力」を売り物にした新しい教育理念の下──最も典型的には2002年4月の学校完全週5日制実施以降──時間数削減や拡大される総合学習の影響で，教科教育の基本に関わる反復トレーニングを学校で消化する余裕は失われている。そうした中，教科教育の基本部分は家庭学習へとアウトソーシングされる傾向が強まり，子どもの勉強をきちんと見ることのできる家庭とできない家庭との間で明確な学力差が現れ始めている。学年が上がるに従って，塾に通わせる余裕があるかどうかで，学校での学習に対する理解度に大きな差が出る状況となる。

　義務教育制度はそもそも，子どもの教育を親による私事と考えるのでは不十分だから導入されたはずである。子どもが社会に対して権利として要求できる教育支援を確保し，公正な社会参加の機会を開くために，教育保障責任を国家が引き受けている。ところが今，親の教育支援によって子どもの受けられる教育に差が生じようとしている。これは，国民の階級的分断の名にふさわしい政策と言える。そして，そこで拾い上げられたエリートも，結局は，国民全体を引っ張るために能力を利用されようとしている。どちらに転んでも，自分らしい生き方を模索できる環境とは違う所に向かう。市場至上主義の中において新たな形で子どもの道具化が生じようとしているのではないか，慎重な吟味が必要だろう。

## 4　強制される国民共通の意識──「心の教育」の行き着く先──

　学校が階級的に分断され，非エリート層に対して「社会はおまえを必要としない」というメッセージが突きつけられる時，学校に居場所を求められなくなった子どもたちは，反社会的な行動によってしか自らをこの世につなぎとめら

れなくなる。これは，産業構造の転換によって熟練型の職種が縮小していく中，1980年代以降にいくつもの先進国で実証ずみの過程である。日本で今進んでいる教育基本法改正論の中で規範教育が重視されるのも，そうした危惧と無関係ではない。
　エリート重視の教育システムの中で切り捨てられた非エリート層を反社会的存在にならないようにつなぎ止め，同時にエリート層にも支援に見合っただけの見返りを確保するために国家に尽くす精神を身につけさせる。「心の教育」がこうした狙いで作動していく。そのため，「心の教育」が手がかりとなる価値原理として「愛国心」を重視するのも，論理必然的なことと言えよう。国のため，社会のために役に立つ人間になる，という原理を源泉に，すべての具体的な場面で「国のために役に立つ」ためにどう行動するかが問いかけられ，1人ひとりが同じ基準に基づいて道徳的な判断を行える体制が作り上げられる。
　ただ，「心の教育」は，価値観の押しつけにほかならない。そして，社会には様々な考え方がある。道徳的な「正しさ」を測る超越的な価値についての社会的コンセンサスが存在していない中で，国家が国民の価値観を一元化しようとするならば，権力がテレビを支配し，秘密警察が国民の心の中まで監視してもまだ足りないだろう。安易に国家が道徳的な権威になれると信じ，国民道徳に対する不可能な支配を作動させるならば，そこには，国家が個人の思想を常に監視し，逸脱する思想の持ち主に向けて強制的な「再教育」が行われるような，暴力的な権力行使を日常的に容認する結果にならざるをえない。
　これは，決して絵空事ではない。1999年国旗・国歌法の制定は，こうした〈愛国心の専制〉の序曲に過ぎなかった。当初は地域的に点在した形で，そして2003年度以降は東京都教育委員会を震源地として，学校における「君が代」強制の嵐が吹き荒れている。卒業式・入学式等の国歌斉唱時に起立・斉唱を行わなかった教師は処分され，この処分の違法性を争う不服申立手続のさ中に「非違行為」の再発を防止するための研修に被処分教員たちが集められた。繰り返せば懲戒免職，という脅しが不気味な圧力となって働いている。
　さらには，強制の矛先は明らかに子どもたちに向き始めている。2004年6

月には，国歌斉唱時に生徒の不起立が目立った学校において，管理職や担任等の教員が「不適切な発言」や「指導不足」の責めを負わされて厳重注意を受けている。仮に学習指導要領に法的な意義を認めたとしても，指導要領は国歌斉唱に関して，指導する責務を設定するだけで，結果責任を負わせていない。それにもかかわらずの結果責任による指導措置であった。

　事柄は，君が代という特定の歌にかかわるだけではない。2002年度には福岡市の69の小学校において6年生の通知表の中で「我が国の歴史や伝統を大切にし国を愛する心情をもつとともに，平和を願う世界の中での日本人としての自覚をもとうとする」かどうかが社会科に関する評価項目の1つに設定された。2003年度には，11府県172校以上で，愛国心に言及する類似の評価項目が設定されている。[3] 特定の型にはめた信条を子どもが形成しようとしているかどうかが教師によって評価され，点数をつけられ，受験の資料にされようとしている。

　そして，「愛国心」と「日本人としての自覚」という2つの呪文を咬ませることによって，すべての領域における国民精神の統制が可能になる。たとえば，福岡市の通知表に登場する平和。ここで問題になるのは評価の基準であり，評価基準は一元化されていなければ意味がない。そして，「愛国心」については，すでに教育委員会の指導の下で基準は一元化されている。日本を愛するがゆえに天皇の治世を讃える歌を拒否する信条は，すでに日本の学校では「愛国心」とは呼ばれていない。「平和を願う世界の中の日本人としての自覚」についても，同じような形で意識の一元化が生ずる危険は十分に認められる。

　時あたかも，政府は——おそらく「平和を願う世界の中の日本人としての自覚」をもって——米英軍によるイラク戦争を「支持する」立場を取っている。小泉首相その人は，イラクからの自衛隊撤退を求める署名を集めた高校生に対し，自衛隊がイラクに行かなければならない複雑な事情を「学校できちんと教えてほしい」とコメントし，政府の決定に反対するのは不勉強な愚か者と切っ

---

3）　朝日新聞2003年5月3日。

て捨てた（2004年2月）。こうした意識を踏まえれば，イラク戦争こそが世界平和を作る道と子どもに納得させることを平和教育の目標に設定する動きは，非現実的なものではない。

　イラク攻撃の必要性を子どもにうまく説いて聞かせるのがいい先生。罪もないイラク人民の上に降り注ぐ爆弾に思いを馳せ，イラク戦争が本当に正義の戦争だと言えるかどうかを子どもに考えさせるのは，政府や教育委員会が決めた教育目標から外れた教育を行おうとする「指導力不足」の「不適格教員」。

　こういった教育観が現実のものになることを妨げてきたのが，「人格の完成」を教育の目的とする教育基本法であり，憲法で保障された思想・良心の自由である。ところが，教育基本法を「改正」し，「愛国心の涵養」を基本法上の教育目標に設定すれば，この最後の歯止めは効かなくなる。「愛国心」条項は，思想・良心の自由以前に国民が当然に持っているべき信条を定めたものとして威力を発揮し始めるだろう。

　実際には，思想・良心の自由は例外領域を許容するものではない。マルクス主義的な革命思想を例外としながら名目上保障されていた旧社会主義諸国の思想・良心の自由に対して，我々が偽りの権利とする批判を投げかけてきたとおりである。しかしそれでも，教育基本法の「改正」を通じた「愛国心」の法制化は，国家に対して思想・良心の自由が設定する壁を乗り越えるためのトリックとして利用されようとしている。

## 5　〈個人のための国家〉か〈国家のための人間〉か

　エリート重視の教育において非エリート層に対する教科教育の水準低下が当然に予定されており，規範教育は教科教育に代わる学校教育の本質部分としての比重を獲得しようとしている。小渕首相の下で設置された懇談会「21世紀日本の構想」最終報告書第5章（2000年1月）において，教育の「統治行為としての側面」が強調されているのも，その点と無関係ではない。曰く，「国民を統合し，その利害を調停し，社会の安寧を維持する義務のある国家は，まさ

にそのことのゆえに国民に対して一定限度の共通の知識，あるいは認識能力を持つことを要求する権利を持つ」と。これは，警察や司法機関の権限に近い機能とされる。その結果，義務教育は，国家が国民を支配するための道具となり，「国民が一定の認識能力を身につけることが国家への義務」だとされることになる。

　それを支えるのは，国家像の転換，何のために国家が存在するのかという問いに対する説明原理の転換である。バブル崩壊を味わった1990年代以降の日本では，国家の存在理由は，もはや経済運営を通じた豊かさの保障の中にではなく，治安と国防を通じた「国民生活の安全確保」の中に求められる傾向が強い。そうした「国民生活の安全」に対して意識される脅威が，少年犯罪である。実証的なデータによる裏づけを欠いたまま，「家庭の教育力が低下」した中で育った「キレやすい子どもたち」が危険視される。マスメディアの報道姿勢によって作り上げられた不安が，学校における規範教育に対する社会的な要望へとつながる。犯罪予防の決め手がない中，行政の権力機構を通じて働きかけやすい公立学校で規範教育を強化することは，政府にとって格好のアリバイ証明となる。

　しかし，よく見れば，「国民生活の安全」を標榜した学校の位置づけの変更は，単なる名目上のものでしかない。そもそも，少年犯罪を問題と考えながら，子どもたちの居場所となりうる学校の満足度を意図的に下げるような政策が選択されるのは，理に適った話ではない。教育基本法改正を通じて実現されようとしているのは，実際の所，守られるべき多数者と排除されざるをえない一部の不良少年，という構図ではない。むしろ本当に問われているのは，1人ひとりの子ども，1人ひとりの個人を尊重する社会体制を最終的に断念するかどうかであるように思われる。

　現在の社会体制の中では，現実に国民の中に様々な価値観があり，自分なりの「正しさ」をつかみ取ろうとする個人ごとの自律によってしか社会秩序は維持されていない。これは，国民の中における意識の一元性を目指す方向性が恐怖の支配によってしか実現できないことを知っている，20世紀のファシズム

以降の人類にとって，認めていくほかない共通の前提だったはずである。教育基本法改正の動き，そしてそれと連動して動いている憲法改正の流れは，権力による国民意識の一元化という禁忌を犯そうとしている。出発点においてそれが「国民主権の実質化」に見える瞬間があったとしても，権力による新たな国民意識の一元化は，結局のところ，主権者の意思の独立性を想定しているわけではない。国民が国家を構成するという——これまで，少なくとも建前の上で認められてきた——権力の従属性を放棄した先に，どのような社会が見えるのか。

むしろ，今必要なのは，個人の道徳的な自律性と責任に賭けることによってしか社会秩序を維持する道がないことをもう一度思い出すことであるように思われる。その意味では，個人の道徳的な自律を支援することこそ国家の任務である。自らが道徳的な権威となることによって個人から道徳的な判断能力を奪い取っていくことは国家や学校の仕事ではない。教育に関して言えば，自分で考え，自分で判断できる子どもを育てることこそが，学校の最大の使命となる。これは，国民の繁栄に国家が責任を負えないことを認め，自己責任の原則を出発点とせざるをえない現在の状況で，一層あてはまる。

現在の社会において，確かに混迷は深い。これまでの図式で解決できない多くの難問が，我々の行く手に立ちふさがっている。そうした中で，国民意識を1点に結集して，大きな力で突破を図ろうとする気持ちは理解できないではない。しかし，この意識の結集が，往々にして破滅への道に陥っていくことは，歴史の教えるとおりである。国民個人の側の視点に立てば，国民の意識とエネルギーを結集しようとする戦略は，その実，権力に依存するひ弱な国民を作り，全体のエネルギーを逓減させる結果にしかつながらない。教育基本法「改正」や改憲をめぐる言説を始め，今後の国のあり方に関する議論において国民個人の視点が抜け落ちないようにすることが肝要な所以である。

# 7

# 政党の改憲論を診る

彼谷 環

## 1 はじめに──本格化する憲法改正への動き──

　2004年8月5日の衆議院憲法調査会。憲法改正をめぐり論点整理や提言を出してきた自民，民主，公明の各政党から趣旨説明が行われた[1]。そのなかで，自民党は，新憲法が目指すのは国際社会から尊敬され，国民のなかに自然と「愛国心」が芽生えるような「品格ある国家」だと述べた。日米同盟を一層重視し，自衛のための戦力保持を明記したい自民党は，公明党や民主党の提言と「安全保障の分野をはじめ，おおまかな一致がある」として，早期の憲法改正実現に向けラブコールをおくる[2]。

　三党が「憲法改正」を最大の目標に置いていることは間違いない。問題は，自民党が強調するような「おおまかな一致」が政党間でみられるほど，改正論議は煮詰まってきているだろうか。安全保障政策や自衛権をめぐる各党の見解を診ても，ことはそう単純ではない。

　この章では，自民，民主，公明各党の憲法改正論を手がかりに，それらの内容・特徴を整理しながら，各党が憲法改正を通して何を実現しようとしている

---

1) 衆議院憲法調査会事務局発行「衆議院憲法調査会ニュース」（2004年8月6日）Vol. 80。
2) 衆議院憲法調査会は「日本国憲法について広範かつ総合的な調査を行う」ことを掲げて設置されたものであることから（同調査会規定1条），憲法改正を目的として出された諸政党の論点整理や提言を調査対象とするのは「調査会の目的を逸脱する」（山口富男共産党議員）という批判も出された。

か，ひいては，憲法がどのように理解されているかについて考察してみよう。

## 2　自由民主党の「改憲」論——目指すは「国民しあわせ憲法」？——

　2005年11月に立党50年を迎える自民党は，2003年衆院選において新たな憲法草案の策定を公約した。この方針にのっとり，党憲法調査会憲法改正プロジェクトチーム（PT）がまとめたのが，2004年6月10日発表の「論点整理（案）」（以下，「論点整理」とする）である。

**「品格ある国家」が生み出す「日本人のアイデンティティ」——復古的権威的色合いをもつ概念**
　冒頭でも述べたが，「品格ある国家」を理想像とする自民党の新憲法案は，日本国憲法制定時に「置き去りにされた」日本国固有の価値（＝「国柄」）を基礎とし，「日本国，日本人のアイデンティティ」がその中に見出されるような憲法だとされる。
　それでは，「品格ある国家」や「国柄」とは，具体的にどのようなものを指すのか。自民党が「論点整理」と同時に発行した「憲法改正のポイント——憲法改正に向けての主な論点」のなかでは，憲法の「顔」である前文は「美しい日本語」を用いるべきだとするだけで，この独特の言い回しについて具体的説明はない。憲法とは，基本的に国家機関に対して向けられた授権規範・制限規範であるという立場からすれば，その文言も第一義的に明確であることが求められる。日本語が美しいかどうかは主観的に判断されることであり，それを基準に選ばれる言葉は，権力担当者にとって融通無碍な道具へと変質するだろう。同時に，「愛国心」という言葉も，「日本人のアイデンティティ」から当然のように導出されている。これは，立憲君主制の導入や神道教育の見直しに代表される復古的権威的主張が飛び交ったPTの議論からも窺えるが，国際化が進み多元的価値が浸透してきた現実社会や，在日外国人・滞日外国人の人権状況に

は目を閉ざした内向的な議論だと思われる[3]。

「公共」の基本をなす家族や共同体

「論点整理」は、「家族や共同体の価値」を重視する観点から、「婚姻・家庭における両性平等の規定」（日本国憲法24条）を見直すべきだともいう。「改正のポイント」によれば、「公共」とは「互いに尊重しあう個人のネットワーク」であり、「公共」の一番身近で小さい形態が「家族」、みんなで支える「国家」が「大きな公共」だとする。

1945年以前、日本における「家」は、「政治的権力の下請け」として個人を圧迫する存在であった[4]。そのような「家」制度を解体し、日本国憲法の核心である個人の尊厳と両性の平等をベースに再構築された家族は、家族それ自体だけでなく、家族構成員の権利の促進も重視される。実際、女性は、国際社会の潮流のなかで権利確立に向け歩みを遂げてきている[5]。

「論点整理」の精神を引き継いだ憲法調査会「憲法改正草案大綱」（以下、「草案大綱」とする）では、上記の点に対し市民団体の批判を受けたことと[6]、今日多様な家族が存在することを理由に、「家族」条項を「家庭」条項へ変更した（「国及び地方公共団体は家庭の社会的、経済的及び法的保護を保障するものとする」）。だが、先にみたような「公共」概念が想定されているかぎり、「家

---

[3] 2002年文部科学省発行『心のノート』は「愛国心」について、「郷土を愛する心を広げると、国を愛する心になる」という表現を用いるが、これに影響を与えた教育基本法改定のための中教審への答申「期待される人間像」（1965年）によると、多様な愛国心のあり方を否定し、「正しく愛すること」が国家への忠誠だとされた。参照、入江曜子『教科書が危ない――「心のノート」と公民・歴史』（岩波新書、2004年）207頁以下。なお、PTの議論については自民党HP参照（http://www.jimin.jp/）。

[4] 樋口陽一『憲法 改訂版』（創文社、1999）259～260頁。

[5] 憲法改正フォーラム編『改憲は必要か』（岩波新書、2004年）116頁以下参照（阿部浩紀執筆分）。

[6] 「論点整理」をベースに具体的条文化の作業を行うため、自民党はPTを発展解消し、党憲法調査会の中に起草委員会（座長・中谷元）を設置した。その「成果」が、2004年11月17日発表の「草案大綱」である。「草案大綱」の検証については、植松健一「自民党の改憲案策定の動向」（市民と憲法研究者をむすぶ憲法問題WEBのサイト（http://www.jca.apc.org/~kenpoweb/））参照。

族」が「家庭」に変わっても，個人の尊厳と自由より「公共」が優先されることには大差ない。「論点整理」と「草案大綱」は，旧来の父権主義の復活と家庭内ヒエラルキーの再生をもたらす復古的色彩を帯びたものだといえよう。

### 安全保障の分野——自衛隊を「軍隊」に

次に，自民党「論点整理」と「草案大綱」が示す，主要分野における方針（各論）について眺めてみよう。

（1）まず，安全保障と国際貢献の分野については，自衛のための戦力保持の明記と国際貢献の規定の創設により，「現実の平和」を創造しようとする。具体的には，国際テロや北朝鮮拉致事件等を理由に，憲法9条を改正し，自衛隊を「軍隊」と位置づけ，個別的・集団的自衛権行使を可能にする規定の導入が目指される。また，有事や非常事態（テロ・大規模騒動，自然災害など）の際には「国家権力の円滑な行使」が必要だということから，内閣総理大臣の最高指揮権が明記されるという。これを受け，「草案大綱」ではいちだんと武力行使が自由化されている。9条については，「国際紛争を解決とする手段」としての戦争を禁止する1項は残すものの，戦力不保持と交戦権を否認した2項を削除する。武力行使を最小限にすることや徴兵制を採用しないという制限はあるが，武力行使を認めることの影響ははかりしれない。

こうした動きの背後に，米国政府の圧力があるのは言うまでもない。とくに，「憲法9条が日米同盟関係の妨げの1つになっている」とし，日本の国連常任理事国入りには「軍事力の展開」が必要だとしたアーミテージ前米国務副長官の発言は，米国の積極的介入を示す1つの象徴的事件である。[7]

（2）だが，「草案大綱」作成には，元防衛庁長官である中谷元・起草委員会座長の依頼を受けた陸上自衛隊幹部隊員（陸上幕僚監部防衛部防衛課防衛班付き二等陸佐）が，直接関与したことが判明した。軍隊の設置・権限，国防軍の指揮監督，集団的自衛権に基づく武力行使，国民の国防義務など8項目にわたる

---

[7] 朝日新聞2004年7月22日付夕刊。日本に大きな衝撃を与えたこの発言は8日後に撤回された。

条文の趣旨が，すべて「大綱案」に反映されたという。現職自衛官が憲法改正という政治的課題に直接かかわった行為は，明らかに「公務員の憲法尊重擁護義務」（日本国憲法99条）に抵触する。さらに，この自衛官が属する部署の性格から察するに，問題行為は，将来の自衛隊の運用全般を射程において構想された組織的対応とも診られるため，文民統制の原則にも違反している。しかも参議院の権限縮小を盛り込んだことが参議院自民党内の猛烈な反対を受け，「草案大綱」はお蔵入りとなった。

### 基本的人権の分野──「新しい人権」と新たな義務

「論点整理」では，新たな時代に即した「新しい人権」の必要性も強調される。具体的には，高度情報化社会に対応した「プライバシー権」「知る権利」のほか，生命医療・遺伝子技術，移植医療の発達と生命倫理のほか，犯罪被害者の権利や，環境権・環境保全義務などが挙げられている。

「新しい人権」を憲法に盛り込めば，人権保障のレベルがより高くなるという印象をもちやすい。だが，「プライバシー権」や「知る権利」は判例の積み重ねにより現行憲法下でも十分認められている。さらに「論点整理」が言う，国民に国防や非常事態における協力義務を「公共の責務（義務）」として課すことは，人権の大幅な制限を意味する。「環境権」も，国民の「環境保全義務」と抱き合わせで導入されるならば，住民が行政や企業に対し主張できるはずの権利が，国民をもその規制対象に置くことで，国民生活に対する新たな行政監視システムを生み出すようになるだろう。

### 統治機構の分野──スピード第一の政策決定・執行過程

「論点整理」は，統治機構に関してもラディカルな改正案を提示する。議事の定足数の削減，総理以下の国務大臣の国会への出席義務の緩和，閣議におけ

---

8) なお，小泉首相の私的諮問機関「安全保障と防衛力に関する懇談会」がまとめた報告書「未来への安全保障・防衛力ビジョン」（2004年10月4日発表）によれば，自衛隊は日本の「国益」を旗印に世界中どこでも出動することが可能とされ，米国の政策（先制攻撃を含む）と共同歩調をとるため，「時代に適合した新たな日米安保共同宣言」の策定を要求する。

る総理のリーダーシップの強化といった案から窺えるのは，時間的手続的側面の合理性を重視するかわりに，議論を基本とする民主主義的側面がおざなりになることである。[9]

　政治部門をチェックする裁判所のあり方としては，憲法裁判所の設置，裁判官の身分保障制度の見直し（一定の場合の報酬減額を含む），裁判の迅速化等が挙げられる。ドイツにならった憲法裁判所は，立法・行政に対する事後的な第三者チェック機関としての役割が期待されるが，実際の導入理由は，最高裁による違憲立法審査権行使の現状に「極めて不満」だから，ということである。だが，違憲審査を憲法裁判所にのみ委ねると，場合によっては，人権侵害の可能性ある法律を合憲と判断し，その後の司法的争いをシャットアウトしてしまう弊害が生じる。「改正のポイント」でも，「事後判決に不服があれば，……国会が憲法改正を発議すればよい」と明快に解説されている。これでは，憲法裁判所を設置する積極的意味が見出されないうえ，憲法裁判自体が政治利用される可能性もあり，現在の司法消極主義を一層助長することになるだろう。

### 憲法擁護義務の転換——憲法は国民が守る！？

　（1）「論点整理」は，次章で診る読売新聞社の改憲試案を参考にしている。ゆえに両者の共通点は多いが，特筆すべきは，憲法を権力制限規範にとどめず，「国民の利益ひいては国益を守り，増進させるために<u>公私の役割分担を定め，国家と国民とが協力し合いながら共生社会をつくることを定めたルール</u>（下線部は筆者）」だとする独特の考え方である。くわえて，憲法改正手続きの要件緩和も提案されている。日本国憲法96条1項が「各議院の総議員の3分の2以上の賛成」としているのは厳格すぎるため，「各議院の総議員の過半数」であれば改正の発議ができ，同時に，「各議院の総議員の3分の2以上の賛成」があれば，国民投票を行う必要がないとする。立憲主義においては権力担当者

---

9）　そこでは，「国民の権利利益を適時適切に伸張・擁護することができるかが重要」とされ，議会制民主主義のもとで「議会の同意を得るに至るまでの間にあまりにも多くの時間を要するシステムになっている」ことの見直しが図られている。

にこそ課せられる憲法擁護義務が，国民をもその対象とするのみならず，憲法改正も容易に行われるようになれば，まさに権力担当者にとって「使い勝手の良い憲法」になる。

　以上のような「論点整理」の狙いは，国民に「愛国心」を植えつけることで「公共」のために働く人々を育成し，その結果，「普通の軍隊」を持つ日本が新自由主義的な国家改編や米国中心のグローバリゼーションを追認し正当化することではないだろうか。だが，国民の生き方や価値観に介入するような国に，「住みたいと思う人がどれだけいるだろうか」[10]。権力担当者ではなく，国民にとって縛りとなる憲法は，到底「しあわせ憲法」とはなりえないだろう。

　(2) 「草案大綱」の件で仕切り直しを迫られた自民党は，新憲法制定推進会議（本部長・小泉純一郎）のもと新憲法起草委員会（委員長・森喜朗）を発足させた。そこでは10の小委員会（前文，天皇，安全保障及び非常事態，国民の権利及び義務，国会，内閣，司法，財政，地方自治，改正及び最高法規）が置かれ，首相経験者や党の重要人物が委員長を務める。各小委員会の結論を受けて，2005年4月には委員会としての「試案」をまとめる予定だという。

### 3　民主党の「創憲」論——国民の行動指針となる「宣言」？——

　最大野党である民主党も，2006年までに憲法改正草案を提出するため，2004年6月23日「憲法提言・中間報告——文明史的転換に対応する創憲を」（以下，「中間報告」とする）を発表した。同年12月の定期党大会では，2005年3月を目処に党の「憲法提言」をまとめることが確認されている。

**民主党憲法調査会のこれまでの動き**
　民主党は，1999年から党内に憲法調査会を設置し，時代の変化に対応できる「生きた憲法」を確立するため，「創造的な憲法論議」が必要だと主張して

---

10)　東京新聞 2004年6月18日3面.

きた。その後,「民主党憲法調査会中間報告」(2001年12月18日),「民主党憲法調査会報告」(同年7月29日) が出され,「中間報告」の布石を打ってきたが,とくに安全保障については,「民主党安全保障基本政策」(1999年6月24日) の流れが承継されている。「基本政策」では,「国連安保理決議により正当性が付与された多国籍軍と国連平和維持活動」が高く評価され,これに「参加するという選択肢を日本として持っておくことが重要」だとされたが,これを受けた「中間報告」も,国連の集団安全保障活動に積極的に参加するとともに,「専守防衛に徹した『限定された自衛権』」を置くことを主張する。

 民主党「中間報告」の内容と特徴
 (1)「中間報告」によると,憲法論議は次のような理解に基づいて行うべきだとされる。現代は,国際テロ・民族浄化や新型ウィルスの発生,地球温暖化問題等「新しい共通の脅威」が地球を覆う一方,急激な情報化が進むとともに,国家の枠を超えて保障されるべき「地球的市民価値」が定着してきた。そのような状況下では,「主権の相対化」に向けて邁進する国家の基本法として構想されるべき「新しいタイプの憲法」が必要であり,それは「<u>国民一人ひとりがどのような価値を基本に行動をとるべきなのかを示す</u>（下線部は筆者）一種の『宣言』だとされる」。

 民主党の場合,近代立憲主義原則を尊重しつつも,国民の行動を特定の価値に基づいて方向付ける点,その価値から外れた思想や行動が規制を受けることになりやすく,それは大概の場合マイノリティの存在をおびやかす。このことは,民主党自身が謳う「国際社会の水準に合わせた人権保障」の主張も空虚にする。
 (2) 民主党が目指す「新しいタイプの憲法」は,国民の「精神」「意思」と,国の活動を律する「枠組み」「ルール」の2つの部分からなる。
 第1に,統治機構の分野では,①首相のリーダーシップを強化した議院内閣

---

11) 馬奈木厳太郎「民主党の安全保障政策を検証する」世界2002年12月号, 196頁以下参照。

制，②閣僚以外の議員の行政への関与の制限，③二院制の大幅見直し，④憲法裁判所の設置，⑤政党法の制定，⑥柔軟な憲法改正手続きなどが提示される。細かい部分においては自民党案との違いもみられるが，首相主導型の内閣制度，参議院の権限縮小，違憲審査制度に関する専門的機関の導入とならんで，「柔軟な」憲法改正（各議院の3分の2以上の賛成があれば国民投票を要さない）を可能とする点などは，まさに自民党と同種の問題をはらんでいる。

　第2に，人権保障の分野では，①「新しい人権」としてプライバシー権・名誉権，知る権利，環境権，自己決定権の明記，②独立した第三者機関としての「人権委員会」の設置，③人権侵害につながらないような表現の自由の制約，④永住外国人の地方参政権を含む外国人の人権の明記，⑤子どもの権利の保障，⑥「厳格な」政教分離原則の規定と宗教的人格権の保障などが挙げられている。①以外は，民主党のほうが現代の多岐にわたる人権問題をすくいあげ，憲法を通じて解決を図ろうという意気込みも感じられるが，後述するような安全保障政策の実施により，画期的ともいえる提案も画餅と化すおそれがある。

　第3に，地方分権については，中央集権国家から分権国家への転換を通じて道州制を設置し，地方自治体の立法権限の強化に加え，課税自主権・財政自治権も憲法上保障されるとする。

　第4に，国際・安全保障である。「中間報告」は，日本国憲法と9条の「徹底した平和主義」を引き継ぐべきだとしたうえで，国際協調主義に立った安全保障の枠組みを確立するため，①国連決議による正当性をもった集団安全保障活動には関与できることを明確にすること，②緊急やむをえない場合に限り，国連の集団安全保障活動が作動するまでの間のみ行使できる「制約された自衛権」を明記すること，③「武力の行使」は最大限抑制的であることを宣言する。

　（3）民主党「中間報告」と自民党「論点整理」の違いのひとつは，日本国憲法に対する異なる評価と，それを足がかりにした次に目指す憲法の方向性であろう。GHQ占領下では，歴史・伝統・文化に根ざした日本固有の価値が置き去りにされたという否定的評価からスタートする自民党は，「愛国心」や「公共」という価値を重視し，「国」を守るという発想から，戦力保持と個別

的・集団的自衛権を積極的に認めていく。一方，民主党は，「『はじめにアメリカありき』の外交により，ルールなき自衛隊の海外派兵が繰り返されて，あたかも日米関係が憲法を超えるかのような政治の実態が生まれている」という現状認識に立ち，「立憲政治を建て直し『法の支配』が確立された社会を創り出す」必要性を述べる。また，グローバリゼーションと情報化の流れに対応した「国家主権の相対化」や「アジアとの共生」を打ち出す。だが，表現こそ違えど，「憲法の名宛人は誰か」という根本的問題については，両党とも「国民の規範」であると示した点は重大であろう。[12]

### 4　公明党の「加憲」論──「プラス改憲」から，揺らぐ「9条堅持」──

連立与党・公明党は，2004年6月に党憲法調査会による「論点整理」を発表した。2002年の第4回党大会で，国民主権・恒久平和主義・基本的人権の保障の憲法三原則を堅持したうえで，時代の変化に伴い「新しい人権」を加える「加憲」の立場をとることが確認されたが，2004年第5回党大会でもこれを再確定している。

#### 公明党「論点整理」の内容と特徴

公明党「論点整理」の主な内容は，①前文で国際貢献と日本固有の歴史・伝統・文化の明示，②女性天皇の容認，③環境権，プライバシー権など「新しい人権」の明記，④「権利」と「義務」を基本とする憲法に国の「責任」概念を盛り込むこと，⑤二院制の堅持と参議院の「良識の府」「再考の府」としての位置づけの明確化，⑥首相個人のリーダーシップではなく，合議体としての内閣の機能強化，⑦司法消極主義に傾く現在の最高裁の改善，等である。

公明党「論点整理」では，先の二党の報告と比べ，党内での議論の対立点が

---

[12] 朝日新聞2004年11月2日の特集「憲法・総点検」も，自民党「論点整理」の憲法理解が多党と比べ「突出している」と評価し，民主党「中間報告」の方向性が「自民党と軌を一にしている」とみる。

比較的詳しく紹介されており，日本国憲法の規定を「改正する必要があるか」を基準に検討されている。「新しい人権」を加えることについては，「その行為を社会が認め，他の基本的人権を侵害する恐れがないかなど，慎重に判断すべき」であり，「権利のインフレ」を招くことがないよう配慮すべきだとする。その一方で，「裁判を受ける権利」（32条）を資力に欠ける国民にも利用しやすく強化することや，犯罪被害者の権利を整備することなども提案されている。

なお，自民党や民主党が提案する憲法裁判所や首相公選制，「国民の憲法尊重擁護義務」の導入については消極的である。とくに，違憲審査制については，現在の裁判所制度を維持しつつ，そのあり方を改善することこそ重要だと述べ，「新しければよい」という見解とは一線を画する。公明党「論点整理」からは，様々な改憲論のなかで共通理解がみられるもののみを提示した「最小限度の改憲論」という印象を受ける。

### 日本国憲法9条に対する方向転換

「論点整理」の段階まで「9条堅持」を維持していた公明党も，9条改憲を目指す自民党と与党内での足並みを揃えるためか，第5回党大会「憲法問題への視点」では「自衛隊の存在の明記や，国際貢献のあり方について，『加憲』の論議の対象」とすることが承認され，9条改正の歯止めがはずされた。神崎武法代表は，2005年新春幹部会で，憲法調査会の最終報告書を機に「日本が世界の平和と安定にどう貢献するのかなどを憲法で明確にすることを含め深めていきたい」と語った。現在の憲法改正要件については，事の重要性に鑑み，これを「妥当」とする意見が依然多いものの，9条に対する姿勢のように，公明党が今後いかなる決断を行っていくかが注目される。

## 5　政治家たちの改憲構想

政党が提案する改憲論とは別に，個人として改憲構想を発表し，党内外に影響を与えているものも少なくない。ここでは紙幅の関係上，4人の提言を紹介

し，その特徴について考えてみよう。

### 安倍晋三の憲法論

改憲派の先陣を切る自民党の安倍晋三衆議院議員は，改憲が必要な理由として，①日本国憲法の制定過程に問題があること，②時代にそぐわない条文や，新たな価値観が生まれている中で見直すべき条文があること，③「われわれの手で新しい憲法をつくっていこう」という精神こそ新しい時代を切り開くことができる，という点を挙げる[13]。

権力担当者にとって政策的選択肢を増やす必要性があるとしたうえで，集団的自衛権の行使に道を開き，米国と対等の関係に立つことをめざすという安倍氏の主張からは，いかなる国家ビジョンが描かれ，現状を克服するために「改憲」という選択肢しかありえないのか，等の問題について「説得力ある根拠は何ら提示されていない」[14]。そのうえ，権力担当者に政策的選択肢の幅を広く認めれば，権力の暴走性的傾向に拍車をかけることになり，憲法はあえて権力者に障害を設けたものであるという本来の理解とは正反対のものになってしまう。さらに，国家を個人と同レベルで扱い，自衛権を「自然権」と同一視している点も問題であろう。そもそも自衛権は，その国の憲法によって明示的に根拠を付与されてこそ行使可能になるのであり，国連憲章51条もそのことを確認したにすぎないからである。安倍氏のいう「溌剌とした気分を醸成していくため」に憲法を変えるべきだという理屈は，「あまりに情緒的」なイメージ先行型の案だといえよう。

---

13) 安倍晋三自民党幹事長インタビュー「第三の憲法を白紙からつくりたい」論座2004年2月号参照。朝日新聞2004年8月5日のインタビューでも，安倍氏は「自衛権保持をはっきり書き，自衛隊の存在を明示する」ように9条を改正し，「自衛権の延長線上の交戦権は認めるべきだ」と述べている。

14) 安倍改憲論についての論評として，水島朝穂「理念なき改憲論より高次の現実主義を——『9条改憲論の研究』私はこう読んだ」論座2004年3月号184〜191頁参照。

## 鳩山由紀夫「憲法改正試案」

　1999年の民主党代表選で憲法改正を公約に掲げ，その後の与野党改正論議に一石を投じた鳩山由紀夫元民主党代表は，2004年4月，「国際協調及び平和主義」と「安全保障」に関する憲法改正試案を発表した[15]。鳩山氏の描く憲法改正は，日本国憲法の部分的手直しにとどまらず，「今後50年の日本の国家目標を明らかにしつつ，その実現のための新たな国の仕組みを確立するもの」だという。

　鳩山氏は，日本国憲法が戦後日本の発展に寄与した点は評価するものの，「外国の信頼」を取り戻すには，「憲法条文と政治的現実との乖離」を解消して「現実に保有する軍事力とその制約について規定し」，新たな国際環境の中で「国際協調の再定義」を図る必要を強調する。「再定義」とはいうが，引き続き日米安保を日本外交の基軸としたうえで，「アジア太平洋地域での恒久的な安全保障の創出」についても提言する。また，将来，アジア経済共同体が実現した際には「主権の委譲」を行うとする点や，国連による平和維持と創造のための活動への参加協力等は，民主党「中間報告」にも通じるといえよう。

　2005年2月，鳩山氏は，前文と全16章137条からなる独自の『新憲法試案』を出版した。前文では「現行憲法の国際協調と平和主義を発展的に継承」すると述べ，天皇を国家元首と位置づけ（1条），女性天皇制も容認する（7条）。9条改正をめぐっては，戦争放棄を「侵略戦争の否認」（46条）へ，戦力不保持を「大量破壊兵器の不保持」（53条）へと変更する[16]。

## 岡田克也民主党代表の発言

　民主党の岡田克也代表は，参議院選挙後の2004年7月29日，アメリカにおいて「新しい日本と21世紀の日米関係」と題する講演を行った。そこで，「世界経済の成長センターであるアジア太平洋地域の安定と発展にとって，深い信

---

15) 内容については，産経新聞2004年5月3日3面で掲載された。
16) 鳩山由紀夫メールマガジン「はあとめーる」（2005年6号）では，「試案」の最大の論点を「国家のあり方をどこまで限定するかにある」と言うだけで，集団的自衛権の容認や「自衛軍」保持については一切触れていない。

頼関係に基づく日米同盟はなくてはならない存在」だという基本認識を打ち出したうえで、「憲法を改正して国連安保理の明確な決議がある場合に、日本の海外における武力行使を可能にし、世界の平和維持に日本も積極的に貢献すべき」だと明言した。その後、岡田氏は、多国籍軍等の治安維持活動への自衛隊参加を可能とする「集団安全保障基本法案」を、2005年通常国会に提出することを表明した[17]。

岡田氏の発言は、「その目的・任務が武力行使を伴う場合、自衛隊の参加は憲法上許されない」とする従来の政府解釈を変更するだけでなく、「国連決議の正当性を得た集団安全保障活動にのみ関与できる」(制限された自衛権)という民主党「中間報告」の立場を大きく超えている。安全保障政策に関する党内の意見集約の難しさが窺える[18]。

### 小沢一郎「国連待機部隊」構想

岡田民主党代表の米国での発言に大きな反発を示すのが、小沢一郎前民主党代表代行である[19]。小沢氏は、かねてより自衛隊と別組織の「国連待機部隊構想」を主張してきた。これは、国連決議があれば、日本国憲法下でも多国籍軍への参加や海外での武力行使を可能とするものである。自由党党首時代の著書『日本改造計画』に、そのオリジナルともいえる「国際連合待機軍の保有」が謳われたほか、第156通常国会(2003年)に自由党が提出した「日本一新十一基本法案」でも「国連平和協力隊」の名で登場している[20]。

自衛隊とは別の、しかも国連のための組織からは、戦後日本の対米依存的外交政策を否定するとともに、日米同盟の枠内での集団的自衛権に消極的なスタンスが感じられる。「日本国憲法の理念は国連憲章の理念そのもの」と喝破する小沢氏自身、「日本が名実ともに国連中心主義を実践することは、日本の自

---

17) 2005年1月18日に開催された民主党総合安全保障調査会でもこの点が確認された。
18) 民主党内では、集団的自衛権行使に慎重な若手議員が「リベラルの会」を結成する一方で、集団的自衛権について結論を決めない「創憲を考える一期生の会」も誕生した。
19) 東京新聞2004年8月4日4面。
20) 小沢一郎『日本改造計画』(講談社、1993年) 124頁。

立に不可欠であり，対米カードにもなる」と吐露する。[21] だが，自衛隊によって違憲の疑いが強い海外活動は，「別組織」によっても同様の問題を生じるはずであろう。この点をめぐる憲法理解は，小沢氏の構想に賛同する菅直人前民主党代表からも明確な説明がなされていない。[22]

## 6 おわりに──改憲論議の先にあるもの──

憲法改正を主張する政党・政治家の間で共通に指摘されるのが，自衛権の承認，自衛隊による国際貢献，国際テロに対応する新たな安全保障体制の整備である。また，「新しい人権」の導入や統治機構の効率性迅速性も同様に強調されている。だが，「日本人としてのアイデンティティ」を憲法に明記し，憲法擁護義務を国民に課すという案からは，「公共」の名目でこれまでより一層国民が統制されやすくなり，その結果，憲法で保障される国民の自由と権利も制限されやすくなる，と容易に想像できよう。[23] 今後，各政党が「憲法改正」という目標に向かってどのように歩調を合わせていくのかが注目される。[24] すでに緊急事態に関しては，自公民3党は，政府の基本方針を定める緊急事態基本法案の概要を固めた（2005年1月10日）。これによれば，首相の権限を強化し，迅速な意思決定を可能にするため，情報を一元的に分析・評価する組織として閣僚レベルの「統合情報会議」を新設する。

2004年末に発生したスマトラ沖大地震と津波による被災では，政府は国際緊急援助隊法に基づき陸海空3自衛隊をインドネシア・スマトラ島北部に派遣

---

21)「本田勝一の憂国ニッポン　小沢一郎（上）・現行憲法の下で『無血革命』を目指す」週刊金曜日540号（2005年）18～19頁。
22) 2004年1月13日の民主党定期党大会本会議で，菅代表（当時）は「国際協力を目的に海外で活動する組織を自衛隊とは別に『国連待機部隊』といった形で設けることを検討したい」と挨拶している。
23) 2004年12月14日，政府は「武力攻撃事態」に際し，住民の避難や救援方法を定めた「国民保護基本指針」を発表したが，その第1章では，「国民の自由と権利への制限は最小限のもの」とされている。
24) 共同通信社が2004年9月4日，衆参両院議員全員を対象に実施したアンケートでは，改憲を容認する議員が84.5％を占めており，この数字は国民の支持率を上回る。

した。同年12月の防衛計画大綱で,自衛隊の海外任務の「本務化」が打ち出されたが,自衛隊の海外出動をめぐる事実は,こうした改憲論議を後押しする役割を果たしている。

〔追記〕 本稿脱稿後,自民党新憲法起草委員会の各小委員会による素案や,「世界平和研究所」(会長・中曽根康弘)の憲法改正試案が発表された。時間の関係上,最新の動きについて検証できなかったことをご了承願いたい。

---

25) 被災地域が米国のいう「不安定の弧」に位置していたため,米国の求めに応じた「迅速な」派遣であったが,その活動形態はまさに「在日米軍再編後の日米同盟のあり方を先取りしたもの」だと評されている(毎日新聞2005年1月5日電子版)。

# 8 メディアの改憲論を診る

彼谷　環

## 1　はじめに——憲法をめぐる世論調査から——

**憲法改正への抵抗なくなる？**

　朝日新聞社は，2004年4月11・12日に憲法に関する世論調査を実施したが，憲法を「改正する必要がある」と答えた人は53％（「改正に反対」は35％）を占め，1955年の調査以来はじめて5割を超えた。改正理由の一位は，プライバシー権や環境権など「新しい権利や制度を盛り込むべきだから」（26％），であった。同社の分析によると，改憲支持が過半数を占めた背景として，対外的には9.11テロや北朝鮮の核開発，拉致問題など国民の安全保障観を揺さぶる出来事が続いたこと，対内的には改憲の必要性を力説する小泉政権の続投や，野党第一党の民主党も9条改正を議論の俎上に載せたこと等が挙げられる。ただし，「9条を変えない方がよい」と回答する人は，なお60％を数える。

　一方，読売新聞社が2004年3月に実施した「憲法に関する読売全国世論調査」では，「今の憲法を改正する方がよい」（65.0％）が，「改正しない方がよい」（22.7％）を大きく上回る。ここでは，「国際貢献など今の憲法では対応で

---

1）　調査は，有権者3000人を対象に面接方式で実施（朝日新聞2004年5月1日朝刊1面）。
2）　調査は2004年3月20・21日，全国の有権者3000人を無作為抽出し個別の面接聴取によって行われた（有効回収率60.8％，男性48.1％，女性51.9％）。読売新聞社編『憲法改正　読売試案2004年』（中央公論新社，2004年）448～453頁参照。

きない新たな問題が生じているから」（52％）が改正理由第一位であり[3]，朝日の結果とは異なる。だが，アンケート回答者は「憲法改正の問題」（18.7％）よりも，「環境問題」（29.0％）や「プライバシー保護の問題」（28.5％），「生存権，社会福祉の問題」（23.0％）に関心を示している。

　世論調査が設問の仕方によって回答を左右することはよく知られている。例えば，読売の調査では，イラクやアフガニスタンへの自衛隊派遣を例にとって「日本がこうした国際的な平和協力活動に参加する場合，今の憲法で，十分な役割を果たせると思いますか」という質問をしているが，「国際的な平和協力活動」に「自衛隊が参加する」ことが当然のように示されており，現行憲法上で自衛隊派遣が無理だという回答を引き出す効果を生む。これに対し，朝日の調査で「自衛隊の今後の活動範囲」が問われた際，「カンボジアPKOまで認める」「イラクのような戦闘が続いている国での復興支援も認める」「日本の国益にとって必要なら武力行使も認める」「海外での活動は一切すべきでない」「その他」と幅広く選択肢を用意している。

　ところで，上記二紙に共通するのが，世論調査の結果から国民の憲法意識が変化していると解する点である。「改憲か護憲かの宗教争い」的対立時代は終わり，改憲論の中身が多様になったと『朝日新聞』は指摘するが[4]，最大の争点が，自衛隊の存在とその活動を憲法に定めるのか，それとの関係で日本国憲法9条をどうするのかであることに変わりはない。

**メディアが描く国家像**

「『新憲法』を政治日程に乗せよ」と題する2004年5月3日の『読売新聞』

---

3）　二位以下の理由は，「憲法の解釈や運用だけで対応すると混乱するから」（34.9％），「アメリカに押し付けられた憲法だから」（32.5％），「国の自衛権を明記し，自衛隊の存在を明文化するため」（27.3％）など。

4）　朝日新聞2004年5月3日社説。なお，日本高等学校教職員組合が全国27道府県4政令指定市106校の高校生9001名を対象に行った2004年度「高校生憲法意識調査」によれば，憲法9条を「変えない方がよい」（44％）が「変えた方がよい」（12％）を上回ったが，憲法の条文を読んだことも学んだこともない高校生が「わからない」と答えた比率は78％を占めるという深刻な結果も出ている。

社説は，上の調査結果を引き合いに出して，次のように断言する。集団的自衛権を行使できないとしてきた政府の憲法解釈こそ，「自衛隊を活用した国際平和協力活動を制約」し，国際情勢や日本の安全保障環境が大きく変化している現状において，「日本の国益を守ることはできない」。また，新しい権利概念の登場や，家族や町内会など「社会の共同性を支える基盤」の喪失を理由に，憲法改正の必要性を強調する。その「国民的議論のたたき台」として提示されたのが，同日朝刊に発表された「読売新聞社憲法改正2004年試案」である。同社が打ち出す改憲案として3度目にあたるそれは，何を狙いとし，どのような国家像を描こうというのか。

　この章では，読売2004年改憲試案（以下，「第三次試案」とする）の検証を中心に，メディア（特に新聞）本来の役割と責任を確認しながら，メディアが憲法改正案を提示することの意味を考えてみる。

## 2　読売新聞社憲法改正試案——3つの「試案」から見えてくるもの——

### 読売憲法問題研究会の役割と活動

　読売新聞社は，1992年，社外の有識者12名からなる憲法問題調査会（会長・猪木正道）を設置した。同年末には「第一次提言」が発表されるが，それは集団的自衛権についての解釈を変更し，安全保障基本法を作ることで安保問題に決着をつけようとした「ミニマム改正案」（北岡伸一）であった[5]。そこで翌年，社内のプロジェクトチームとして読売新聞憲法問題研究会が発足し，改正試案の作成に取り組むこととなった。その成果が，「二十一世紀にふさわしい憲法」を問う第一次試案（1994年），第一次試案に軸足を置きつつ新自由主義型国家としての性格を一層強めた第二次試案（2000年），そして同研究会が「10年越しの完成稿」と自画自賛する第三次試案の発表である[6]。とくに第三

---

5)　読売新聞社編・前掲書（注2）299頁。
6)　水島朝穂「『読売改憲試案』の目指すもの——その憲法哲学を検証する」論座2004年7月42～49頁。

次試案の狙いは，第1に「自立した国家の理念，基本的価値を明確化し，国際平和の活動に能動的主体的に対応すること」，第2に「国際的な安全保障環境の変容，少子高齢化や社会不安の増大，生命科学の進展や高度情報化社会の到来など内外の情勢の変化に対応すること」だとされる。[7]

第三次試案の特徴と問題点

第三次試案は，第一次，第二次試案を基盤に積み上げられたものであるため，新たな提言と従来からの内容とが混在する。以下，第三次試案の特徴と問題点について検証するが，前章の自民党「論点整理」に多大な影響を与えていることから，ここでは特に留意すべき点のみを取り上げる。

（1）現状にあわせた9条見直し　（i）読売改憲試案の最大の狙いは，「自衛隊の『軍』としての正統性確保と集団的自衛権の行使」にあるとされる。[8]それは，「戦争放棄」（日本国憲法第二章）から「安全保障」（試案第三章）への置換，「自衛のための軍隊」保持の明記と併せて，日本国憲法9条2項の戦力不保持，交戦権否認規定の前面削除に反映されている。なお，「軍隊」は存在するが，徴兵制を否定する理由として，兵器のハイテク化が進む現代では，志願制による精鋭のプロ集団に任せる方が効果的だからだという。もっとも，緊急事態における軍隊の活動に対しては「有事法制にのっとり，国民レベルで協力することは当然」[9]と考えられており，内閣総理大臣の裁量の幅を広く認める緊急事態条項（試案89〜91条）も用意されていることから，ますます行政サイドの合理性が追求されやすくなると同時に，日本国憲法18条の「意に反する苦役」も削除されることから，個人の自由は大幅に制限される。

大量破壊兵器についても，「製造・保有・使用を禁止」してはいるが，非核三原則のうち「持ち込ませず」は外されている。このことは，米軍の核持ち込みを許容する根拠を与えるだけでなく，「非核二原則の憲法規範化を実質的に

---

7）読売新聞社編・前掲書（注2）29頁。
8）水島朝穂「理念なき改憲論よりも高次の現実主義を──『9条改憲論の研究』私はこう読んだ」論座2004年3月184〜191頁。
9）読売新聞社編・前掲書（注2）77頁。

目指すもの」だとする指摘もある。

　(ⅱ)「安全保障」とは別に,「国際協力」に関する章が独立して置かれる点にも注意したい（試案第四章）。第一次試案では, 多国籍軍のような「確立された国際的機構の活動」への参加が想定されていたが, それだけでは「国際平和協力活動の実態を網羅したことにならない」という理由から, 第三次試案で軍事的紛争や国際テロリズムを含む「国際的な共同活動」にも軍隊を派遣できるようにした。これにより国際法違反のイラク戦争はもとより, 将来にわたる米軍への協調行動はすべて正当化されることになろう。

　(2)「国家」と「個人」の新たな関係　(ⅰ) 読売試案は, 憲法をめぐる国家と個人の関係についても独自の理論で再編を行い, 私的領域への介入を試みる。前文では,「民族の長い歴史と伝統を受け継ぎ, ……創造力豊かな国づくりに取り組む」ことが目指されているが, 単一民族国家ではない日本で「民族」という言葉が何の前置きもなく用いられており, 在日・滞日外国人に対する配慮が感じられないうえ, 今日の多元的価値を否定する向きも見受けられる。

　(ⅱ)「家族条項」も新設される（試案27条）。憲法によって家族を「社会の基礎として保護」する狙いは,「家族の崩壊」が著しい現在, 家族の重要性を再確認し, その再構築を図ることにある。だが,「児童虐待や老老介護による悲劇, 少年問題の深刻化」といった犯罪と, 離婚率や独身者の増加, 高齢現象等が一括りに「家族の崩壊」とみなされていること, また, ひとくちに「家族」と言っても様々な形があり, 一義的に扱われるべきでないということ等が問題点として指摘できる。

　読売試案の解説によれば,「家族条項」は個人が「家族的結びつき」を実現する権利であり, それが具体的に可能となる法的・社会的保護の必要性を謳っ

---

10) 水島・前掲論文（注6）。自民党や経団連から, 非核三原則自体の見直し要求が高まるなか, 米海軍のクラーク作戦部長は, 横須賀基地を母港とする第七艦隊所属の通常空母キティホークの後継艦に原子力空母を配備する方針を示した（2005年2月10日）。
11) 水島・前掲論文（注6）90〜91頁。
12) 読売新聞社編・前掲書（注2）130〜134頁。

た規定だという[13]。だが，この点については，生存権条項（試案28条）の変質とあわせて慎重に考察する必要があろう。試案では，従来の生存権規定に新たに第3項が置かれ，国民の「自己の努力」と「相互の協力」により社会福祉，社会保障の向上を図るとする。社会保障制度審議会の「社会保障体制の再構築に関する勧告」（1995年）を基にして打ち出された新たな生存権概念は，「強い／自律した個人」と「小さな国家」という関係を前提とする。そこでは，育児・介護も個人が最終的に責任を負うべき問題とされ，その受け皿としての「家族の重要性」が主張されているにすぎないのではなかろうか。

　（ⅲ）さらに政党に関する規定が導入される（試案3条）。ドイツ基本法の政党条項をモデルとするかのように，「国民は，その政治的意思形成に資するため，自由に政党を結成することができる」と定めるものの，試案と同時に発表された「読売新聞社政党法案大綱」では，「政党として最低限守ってほしい規律」として厳しい「しばり」がかけられている。政党の成立には「政党委員会」（学識経験者6名，衆参議員各2名により構成）による登録申請が必要とされ，同委員会へは年1回の活動報告が義務付けられる（3年以上怠れば登録抹消）。また，政党組織は民主的に構成されねばならないうえ，選挙の際にはその支持する首相候補者を明示する必要もある。憲法上「自由に」結成できるはずの政党も，上記要件を満たさなければ活動の余地はなく[14]，特定争点についてのみ活動するワン・イシュー・パーティーの存在等は許されなくなるだろう。

　（3）統治構造の大転換　　（ⅰ）読売試案では，前文の最後に「この憲法は，日本国の最高法規であり，<u>国民はこれを遵守しなければならない</u>」（下線部は筆者）という一文を置く一方，「公務員の憲法尊重擁護義務」をまるごと削除する。本来，近代的立憲的意味の憲法は，国家権力を抑制し国民の自由を確保しようとするものである以上，憲法尊重擁護も「憲法破壊を行わない義務」として[15]，国家権力を担当する公務員に対して「国民の側から課される性質のも

---

13）読売新聞社編・前掲書（注2）140頁。
14）上脇博之「『政党の憲法上の地位』論・再論」神戸学院法学34巻1号（2004年）81頁参照。
15）浦田賢治・大須賀明編『新・判例コンメンタール日本国憲法3』（三省堂，1994年）277頁。

の」である。他方，憲法制定権力の担い手である国民は，究極的な「憲法の番人」となり，日本国憲法も12条で「国民の不断の努力」による権利自由の保持を謳っている。だが，試案が示す憲法尊重擁護概念の大転換によって，権力担当者は国民に対し「国の安全」「公の秩序」「公共の利益」（試案17条）というカードをいつでも切ることができるようになり，国民の自由ではなく国家の利益を優先できるのである。

　（ⅱ）また，国会を活性化し議院内閣制を再生させるという名目で，国会の役割として「国政の適正な運営」を明記するとともに（試案52条2項），内閣の国会議事への関与を可能にする（試案75条）。その狙いは，「とくに安保・外交政策では，与野党とも党利党略を排し国益を重視した行動が要求される」[17]と解説が示すように，政党間の駆け引きを牽制し，内閣の国政運営をスムーズに行うことである。換言すれば，「国会多数党の執行部」としての役割が期待される内閣に限りなく比重を置いた「日本型議院内閣制」を誕生させることである。

　「国権の最高機関」の性格が否定される国会については，二院制の見直しと称して，衆議院に大きな権能が与えられる。具体的には，参議院を「衆院の審議で不足した点を補い，質の高い審議を行う場」にするため，衆議院における法案の再議決要件緩和が定められる（試案70条2，5項）。だが，その根底には，「仮に与党が参院で過半数を占めていなくても，衆院で多数を占めていれば，十分安定した政権運営ができる」という思想がある。「数の政治」がもたらす危険性については，どのように考えられているのだろうか。

　試案が提示する「日本型議院内閣制」の下では，即応性機動性ある決断が首相に求められる。そこでは，首相は「同輩中の首席」から「国務大臣を統率」（78条2項）する地位に変わり，「行政各部を統括する」（85条）強力な指導力が付与される。大規模テロや大震災等の緊急事態だけでなく，金融危機，エネルギー危機等にも対応できる「強い首相」には，連立の組み替えや政策転換を

---

16）樋口陽一『憲法』（創文社，1999年）。
17）読売新聞社編・前掲書（注2）179頁。

も容易にするため衆議院解散権が付与され（81条），指揮命令権の集中が予定されている（89〜91条）。

（ⅲ）第三次試案では，改正条項の大幅な緩和も示されている。改正案は，①各議院の総議員の3分の2以上の出席で，出席議員の過半数が賛成し，国民の過半数が賛成すれば成立，②各議院の総議員の3分の2以上の出席で，出席議員の3分の2が賛成すれば成立，という2通りが認められる（116条）。さらに，憲法改正案は，国会だけでなく内閣からも提案できる。改正要件のハードルを下げることで，「過去半世紀以上，一度も改正されていない」状態に終止符を打ちたい構えだが，憲法改正それ自体が「目的」化しており，「何のための改正か」はいまだ不明確なままである。内閣中心，首相中心の統治構造を掲げての憲法改正要件の緩和は，結局，現実政治を「素早く」「簡単に」追認するための手段でしかないだろう。

## 3 「メディアの役割」をあらためて考える

### メディアの公共性

メディアの取材・報道の自由は，憲法上の「表現の自由」から派生した国民の「知る権利」から導出される。情報化社会が到来し，情報の「送り手」と「受け手」が分離固定化され国民が単なる情報の消費者と化したとき，表現の自由を「受け手」側にも自由として保障されるよう再構築する必要が生じたためである。最高裁も，報道機関の報道は「知る権利」に奉仕するものであり，取材の自由は「憲法21条の精神に照らし，十分尊重に値する」と認めている[18]。ゆえに，メディアは国民の側に寄り添いながら，「権力を絶えず監視し多角的に批判」し，「市民の意見を広く吸収して代弁」するという役割が期待されることになり，メディアの公共性が主張される[19]。

18) 博多駅TVフィルム提出命令事件（最大決1969.11.26）。
19) 以下，鈴木健二『ナショナリズムとメディア——日本近代化過程における新聞の功罪』（岩波書店，1997年）268頁。

だが，メディアは，こうした公共性と同時に，「資本の論理」に基づく一般的商品性という相矛盾する性格をあわせ持つ。情報の担い手として集中寡占化し，自らが権力化するなかで，国家を支配する階層の特殊利益を一般利益にすり替える現象も多くみられる[20]。実際，広義の「有事法制」として指摘される「住基ネット」や「Ｎシステム」，通信傍受法，全国での設置稼動が著しい監視カメラなど，個人のプライバシーを脅かし有事の際に利用される危険性をはらんだ諸制度の実体について，メディアはこれまでほとんど独自取材報道をしてこなかった，という批判もある[21]。

　2002年7月24日，衆議院有事法制特別委員会で示された政府見解によれば，有事において日本国憲法21条2項が保障する「検閲の禁止」は侵害されず，「テレビ，新聞等のメディアに対し報道の規制など言論の自由を制限することはまったく考えていない」という。しかし，有事の際にとられる措置は，報道の直接規制よりも，自衛隊の組織・編成・装備・作戦活動など防衛上の秘密保護を理由とした情報の秘匿であり，それを通して行なわれる世論操作だと言われる[22]。実際，2004年3月11日，防衛庁と報道各社との間で合意された「イラク取材ルール」では，現地情報は「報道しても支障のない情報」と「安全確保等に影響し得る情報」とに二分され，後者について22項目もの内容が規制対象と例示された[23]。

### 地方紙の視線・読売改憲試案の「責任」

　民主政治におけるメディアの役割と責任が，主権者国民に対して，政府の政

---

20) 鈴木・前掲書（注19）294頁以下。
21) 斎藤貴男「人間の自由や尊厳を奪う本質に迫れ」新聞研究614号（2002年9月）参照。
22) 右崎正博「有事体制と市民的自由」山内敏弘編『有事法制を検証する――「9.11以後」を平和憲法の視座から問い直す』（法律文化社，2002年）。防衛情報は，国の安全や国民の生命・身体・財産の保護のため，「秘密」とされる可能性も高い。だが，防衛情報の範囲が拡大されていくにつれ，外部からのコントロールは不可能となり，ひいては国民が国家の行動を選択・決定・統制する途を閉ざすことにつながる（田島泰彦「テロに乗じた国家秘密法の制定」マスコミ市民394号（2001年11月）参照）。
23) 詳細は，彼谷環「自衛隊イラク派遣をめぐるメディアの報道」『季刊　女も男も』（2004年春号）9～10頁。

策を判断するための材料を提示することであるとするならば，権力機関の暴走を監視するという本来の役割を，メディアは忘れてはならない。まさに，「徹底的に民衆の側に立つ。ことの結果でなく原因を追う」(むのたけじ) 姿勢が問われてくる。

　このような立場を貫き，住民に寄り添ったきめ細かな取材で活動を続ける地方紙の役割は大きい。[24] 憲法の平和主義に基づき米軍基地の整理縮小を訴えてきた『沖縄タイムス』『琉球新報』は、憲法と安保の矛盾が集約される土地柄の中で，県民の暮らしを守る視点は揺るがない。イラク自衛隊派遣で復興支援第一次，第二次隊のいずれも主力を送り出した北海道では，『北海道新聞』が一貫して派遣に反対してきた。ほかにも、編集局内で「憲法問題研究会」を発足させ，シリーズ社説「憲法を考える」と「9条問題」の現実を探るルポ連載に結実させた『西日本新聞』，連載シリーズ「憲法って？」で全国の自衛隊派遣違憲訴訟や反戦平和活動に絡む異例の逮捕起訴を検証する『神奈川新聞』等など，いずれも市民の目線や現場にこだわったブロック紙・地方紙ならではの気概が感じられる。

　『読売新聞』は，『朝日新聞』社説とを比較して次のように言う。「読売新聞は，時代の大きな変化を見据え，歴史的な転換期を乗り切る指針となる新憲法を目指す。どちらが責任ある姿勢であるかは，自ずから明らかであろう」(2004年5月3日付け)。だが，上で検証した読売改憲試案は，立憲主義の意味を取り違えているうえ，自らが行使するはずの「表現／報道／取材の自由」を，結果的に自ら制約する提案を政府に先んじて行うものである。メディアの自滅にほかならないこうした姿勢は，はたして，メディアとして「責任ある姿勢」といえるのだろうか。

---

24)　山口「改憲派全国紙に対抗する地方紙」週刊金曜日 541号（2005年）53頁。山口は、各紙の新年社説を比較し，「権力の広報化した改憲派全国紙」に対して，憲法の意義を再確認する地方紙の横顔を紹介する。

# 9

# 文化人の改憲論を診る

砂 田 礼 子

## 1 はじめに

　近時，憲法改正についての議論が至るところで聞かれるようになった。各種の雑誌で憲法特集が組まれ，その専門分野にとらわれない様々な立場からの意見が紹介されている。いかなる憲法を有するべきかという問題は，当然のことながら，憲法の専門家のみに独占されるものではない。ときに歯切れのよい言葉で語られる「文化人」の主張は，改憲ブームを盛りあげる追い風ともなっている。「論壇」は，憲法について日常的に考察する機会をもたない多くの人々に，憲法改正を考える際の視座を提供するものとして機能する。その意味では，憲法改正の世論形成に，一定の役割を果たしているといえよう。
　そこで本章では，「論壇」に登場する「文化人」の憲法理解を取り上げる。各々「文化人」は，独自の現状認識を基に，その是とする国家のあり方を具体化すべく憲法改正を論じているが，彼らの有する「憲法観」は，必ずしも一様ではない。そもそも憲法とはいかなる法であるかという憲法そのものに対する理解なくして，そこに盛りこまれるべき内容についての議論も行えないはずである。しかしながら，今日の憲法改正をめぐる議論状況を見る限り，近代以降共有されてきた憲法理解を共有している論者は，そう多くはない。近代立憲主義の原則を核心とした憲法観に根本的にのれない人たちは，国民としてそれらを放棄する自由をも有している。最終的には，現憲法が，つまり私たちが選

択してきた価値観に対する「愛着と信頼」が問われているといえるだろう。本章では紙幅の関係上，筆者が擁護されるべきと考える立憲主義的憲法観そのものを議論の俎上にのせる余裕はないが，それらを前提として，「文化人」の憲法理解に照らし合わせ，検討してゆきたい。

## 2　道具にすぎない憲法？

　国のあり方について精力的に発言する石原慎太郎は，憲法を，政治家の政策遂行の手段と位置づける。「国難は，憲法を超える」と題する佐々淳行との座談会で，石原は，「……政治家は一々，そこ（法制局）にお伺いを立てて，その解釈に拘束されているけれども，私が首相なら，自分の憲法解釈を優先しますよ。例えば，集団的自衛権は合憲か否かというときに，国会で首相と法制局の長官の答弁とが食い違ったら，『私はこう解釈する。その解釈に従わないのなら君が辞めなさい』といえばいいんだ」と述べた。「国家存亡の危機」に際し，内閣総理大臣が憲法に拘束されることの非合理性を説くこの主張は，近代立憲主義の歴史に照らしたとき，その危うさが浮き彫りになる。そもそも，行政権担当者が，その行為の準拠規範として憲法により拘束されることは，憲法の第一義的な目的であり，三権分立が保障された所以でもある。石原のいう「自分の憲法解釈」に何ら縛りがかけられないとすれば，立憲主義や憲法尊重擁護義務といった，いわゆる法の支配の原則に依らない政治が行われることになる。つまり，いかに民主的な選挙によって正当に選ばれようとも，ひとたびその地位についた権力担当者によって恣意的な政策遂行がなされる限り，それは独裁者による政治と大差ないといえるであろう。

---

1)　石原慎太郎・佐々淳行「国難は，憲法を超える」諸君！（2004年2月号）33頁。石原は，「法律に縛られるとしても，いざという時には超法規的対応をせざるをえないことだって現実の政治にはある」として，大島三原山の噴火の例を出し，「イラクの場合も三原山の時と同様に臨機応変にてきぱきと，つまり『超法規』的に行動しなくてはいけない事態も出てくるでしょうね。そのためにも，いいかげんに『平和憲法』のトラウマに囚われるのも止めたらいい」と語った。

また，小林節の言葉に端的に表される，「憲法などはそもそも私たち主権者・国民が幸福に暮らすためのサーヴィス機能としての国家を運営するためのいわばマニュアルにすぎず……」といった類の見解も，しばしば見受けられる。この憲法観の特徴は，国家と個人をあたかも対等であるかのように扱う点にある。国家はすべての個人にとって善き行いしかしないという「国家性善説」に立脚したうえで，憲法とは効率的な国家運営の方法を定めるための法ととらえることは，「国家」もしくは「権力」に対して否定的イメージをもたない一定層にとっては，受け入れやすい考え方かもしれない。しかし，これもまた，立憲主義という歴史的な緊張感を過度に軽視しているという点で，適切とはいえない。憲法の歴史を振り返ると，憲法を統治の手段とみるか国民の自由の保障体系とみるかで揺れた近代憲法史を経て，現在では，国家権力の規制と人権の保障にその理念を見出されることが確認されている。そもそも憲法とは，国家が権力的に個人の自律性を奪うことを許さないという考え方をその核心に据えており，国家と個人の緊張関係を前提としていることを忘れてはならない。

## 3　憲法に書き込まれるべきもの――国民の義務，伝統の明記？――

　改憲を主張する主要な理由として，「憲法にもっと義務を規定すべき」という意見がある。櫻井よし子は，日本国憲法第三章「国民の権利及び義務」のなかに，権利，自由という言葉が16回と9回登場するのに対して，責任と義務は各々4回と3回しか登場しないことを比較し，「権利と自由の主張がいかに，責任と義務に勝っているかを示すものだ。となれば，日本国憲法に描かれている国民のあるべき姿は，皆が皆，子どものような状態でいて宜しいということである」という。このような懸念は，いわゆる「新しい権利」を憲法に規定し複雑化する社会問題に対応しようとする人権インフレ化への批判とは，文脈を

---

2）　小林節「二十一世紀への責任として」中西輝政編『憲法改正』（中央公論社，2000年）41頁。
3）　櫻井よし子「子供の状態からの脱却を」中西・前掲書（注2）53頁。
4）　小林節・遠藤浩一・宮崎哲弥座談会「永田町『改憲』マップ」諸君！（2004年5月号）42頁参照。宮崎哲弥は同座談会で，「人権を無定見に増やしていくと一種のインフレ状態になって

異にする。櫻井の主張の根底には，権利意識ばかりが過剰で公共精神に欠如している日本人に対する不満がある。櫻井は，現在の日本社会の税制，教育，安全保障体制を題材とし，これらの「現象の背後にある要素はひとつやふたつではない」としながらも，「国家の枠組みである憲法が自らの安全や安寧を他に依存する精神構造によってつくられていることの異常さは認めなければなら」ず，憲法には責任と義務を「きっちりと」書き込むべしと，その不満の矛先を現行憲法に向ける。そして，それを基にした教育基本法改正により教育に国家観を取り戻し，愛国心を育てることが重要と説く。[5)]

たしかに，言説空間においても具体的訴訟においても権利をはき違えている事例は散見される。権利と義務は，表裏一体の関係にある。自由や権利を主張する以上，必然的に責任や義務が伴うことについて，何ら異論の余地はない。しかし，ここでいま一度確認しておくべきは，憲法に書き込むということの意味だ。憲法は，人権を保障することによって，無限の権力を有しうる政府に義務を課すことを，その本質としている。現憲法の義務規定（教育の義務，勤労の義務，納税の義務）は，国家が国家として機能するために必要な，最低限の義務を規定したものであり，その担い手を明らかにするものとして位置づけられているにすぎない。国民に強制する意図をもって，個人が遵守すべき義務を過度に規定することは，国家や政府が，権力的立場から個人の行動を制約することになりかねない。それは，多様な価値観の存在を尊重する寛容の精神とは相容れないものとなろう。

さらに，より詳細な国民の行為規範を憲法にもたせ，かくあるべきという国民の理想像を憲法に描くことによって，個人と国家の関係を逆転させる危険性をも多分に孕んでいることを指摘しなければならない。そこにあるのは，個人のために国家を建設するのではなく，国家のために個人を存在させるという逆

---

　　＼しまい，むしろ統治権力を規制するという憲法の本義を薄めてしまう虞もあります」と指摘し，人権のインフレーションに懸念を示している。
　5)　櫻井よし子・山谷えり子対談「教育に国家観を取り戻せ！」正論（2004年4月号）88頁。改憲動向と教育基本法改正の関連性については，本書6章「改憲動向としての教育（基本法）改革とナショナリズム（西原博史論文）」参照。

転の発想である。憲法に書き込まれた国民の行為規範に基づき，国民生活に直接かかわる諸法律が改正されてゆけば，憲法に書き込まれた「理想の国民像」は，現実の強制力をもって私たちの生活を統制するものになる可能性があることを，看過すべきではなかろう。

また，現憲法を「人権主義としてのサヨク憲法」と批判する西部邁は，「権利とは『法によってなすことを許されている自由の可能性』のことであり，そして法の源はその国の歴史——といっても外国との交流を含んだ——の英知としての国柄にある。……この歴史的良識を確認するのが憲法における権利条項である」という。そして，「……国防に参加する責任，税金を納める責任，子どもを教育する責任そして法の秩序に従う責任という四種の基本の責任を我が国の歴史は析出してきたのである。それを確認するのが憲法における義務条項でなければならない[6]」とする。権利や義務を，日本の歴史，伝統，文化に無理やり接合しようする発想は，近時の憲法改正論の特徴の1つである。そこに垣間見られる憲法観とは，「日本の歴史という土壌のなかにみずからの精神を生育させる人民」が，「おのれらの欲望を国柄にもとづいて自己規制するという精神の回路」を確保するものだという理解である。このように，日本の伝統や文化という側面を強調し，「国柄」を憲法に書き込むべきという意見は根強い。以下，詳細にみてゆきたい。

## 4　現状が悪いのは憲法のせい？

「昨今の日本の衰弱，自己中心的な若者の増加の原因は，『憲法』に起因するのではないか!?[7]」「お仕着せ憲法最大の弊害はアイデンティティーの喪失である[8]」。これらの批判は，現行憲法が，西欧で生まれ発展した諸価値を押しつけるものだという点に向けられている。

---

6）　西部邁「わが『廃憲』論」諸君！1997年6月号58頁。
7）　細川珠生「日本国憲法サン，60歳定年ですよ」諸君！2004年5月号65頁。
8）　英正道『憲法前文試案』（小学館，2001年）78頁。

英正道は，以下のように述べる。「……戦後の平和が『平和憲法』で守られたとか，個人の権利は絶対である，というような非常識な考えが，現行憲法の下で『常識』として，多くの人の間にどっかと腰を下ろしてしまったのではないかという気持ちを拭いきれない。その意味では現行憲法には多くの非常識を生み出す基になったという責任があると思う」[9]「現行憲法は天皇制を温存したことを除けば，一般的普遍的な理念と制度を日本に植えつけるもので，そのために国家意識や日本の伝統的な価値観が希薄となった。その最大の弊害は日本のアイデンティティーの喪失をもたらしたことである」[10]。細川珠生もまた，「日本の伝統や文化が何たるかも理解できず，何よりも自己の生活，つまり自分だけが大事で大切だ，何でも自分の思いどおりにすることが正しいんだと思い込む，それが今の普通の『日本人』の姿であり，ふと考えてみれば，まさに『日本国憲法』の精神に『のっとった』国民ばかりになっただけともいえるのかもしれない」[11]と指摘する。

　要約すると，現在の日本人は利己的で，日本独自の伝統や文化を尊重せず，そのアイデンティティーをどこに見出してよいかわからずさまよっているが，それらはすべて，現行憲法による弊害だということになる。そして，それを戦後60年間も無批判に受け入れてきた日本社会の歪みを是正するために新憲法が必要であり，そこには日本古来の伝統，文化が明記されなくてはならないという論へとつながる。

　具体的には以下のように表現されている。「本来，憲法とは，その国の特徴や国民性，伝統や価値観を表し，その国に生まれてきたからには守るべき規範や国民としての自覚を促すためのものでなければならない」[12]「我らの憲法には，国民とは何ぞや，それは日本も歴史という土壌のなかにみずからの精神を生育させる人民のことである，ということが仄めかされてすらいない」[13]「私は今私

9)　英・前掲書（注8）37頁。
10)　英・前掲書（注8）81頁。
11)　細川・前掲論文（注7）65頁。
12)　細川・前掲論文（注7）65頁。
13)　西部・前掲論文（注6）57頁。

たちが『独自性と普遍性を併せ有する日本のアイデンティティー』をとことんまで議論し，国民的な合意を形成する絶好の機会が訪れていると思う。この日本のアイデンティティーを明快に示す場所が憲法前文であると考える[14]」「現在の日本人が公然とまたは暗黙に受け入れている価値観が何であるかを探り，更に理想とする価値観についても思いをめぐらせることにより，日本のアイデンティティーと考えられるものは浮かび上がってくると思う。文化人類学者の誰かが，ベネディクトのような手法で，現在の日本人の精神生活を分析してくれないものだろうか[15]」。これらはすべて，類似の憲法観を有しているといえよう。

　ここでは，憲法論に入る以前の問題として，ふたつの根本的な疑問が生じる。まず，アイデンティティーは議論のなかから生まれるのかという点，そして，憲法に規定されたからといって国民のアイデンティティーが定まるのかという点である。彼らのいう日本人独自の価値観とは，忠や孝の精神，花鳥風月を愛する日本人の心，「和」の精神といった漠然としたものを指していることが多いが，それらは総じて人々の内心にかかわり，道徳や宗教的な色彩の濃いものばかりである。諸外国の憲法規定と比較して，「国柄」を書き込む必要性を説くものもあるが，諸外国の憲法に明記されている歴史や価値観は，あくまでも国家を支える理念として，その基本的性格にかかわる事項であると一般的には理解されている。

　そもそも，特定の「日本的」価値観を合意のうえに成り立たせることが可能であるとは思われないが，仮にそれが可能だとしても，その議論自体は，「みんなで決めたことなのだから」と，それを共有しない国民にも押しつけるプロセスにすぎなくなるだろう。さらに，日本の文化や伝統を，特定の内容に限定して憲法に書き込むことは，憲法の本来の役割ではないばかりか，上記のような押しつけに一定の正統性を与えるものとなる可能性がある。近代以前，確かに法と道徳・宗教は一体のものであった。しかし，近代以降の国家は，個人の精神的な価値の担い手であってはならないということをその立脚点の1つとし

---

14)　英・前掲書（注8）101頁。
15)　英・前掲書（注8）111頁。

ている。繰り返しになるが，憲法に記されるべき国家像とは，憲法的なレベルでの国家の基本的性格であり，他国の憲法をみてもそれは一目瞭然なのである。

さらに，本来，伝統や文化とは，国民のなかから自然に生まれてくるものである。外側から教えられたアイデンティティーを鵜呑みにしてありがたがるような大量生産された国民，つまり，自分たちの日々の生活のなかから自分なりに日本的な価値観や伝統，文化を見出すことのできない国民によって成り立つ国家は，論者が理想とする国家像でさえないはずである。論者は，生きる指針として人間の内部に深く入り込む，聖書のような機能を，憲法にもたせようと考えているのかもしれないが，そのような憲法は歴史的に定義された意味での憲法とはいえない。

## 5　憲法か，経典か？

「平成九年，神戸で起こったサカキバラ事件の背後にあるものも現行憲法の欺瞞だ。憲法に謡われた理想が逆に国民を蝕んでいるのである」とする佐藤欣子は，「現行憲法の大きな欠陥は，我が国の歴史・文化・伝統・精神など日本人が大切にしてきた諸々の価値を否定し，それを基本的人権の尊重，民主主義，平等主義，平和主義等々の新しいアピーリングな原則の下に沈黙させたことである[16]」という。また，小山常美は，日本が日本人拉致事件や瀋陽事件などで自国民や他国民の人権を守れなかったのは，「『日本国憲法』という欠陥憲法を日本国が持ち続けているために生じた事項である[17]」という。続けて小山は，以下のように主張する。「今日，米国がふりかざすグローバリズムなるものに日本の政治もまったく抵抗できないのは，『人類普遍の原理』という視点しか存在しない『日本国憲法』を信奉している限り，当然すぎることなのである。諸外国に対する日本国民，日本国家の卑屈さとは，第九条以上に『人類普遍の原

---

16) 佐藤欣子「誤魔化しと奇麗事で半世紀 ──欺瞞憲法風化の絶望的光景」『正論』編集部編『憲法の論点』(2004 年) 250 頁。
17) 小山常実「戦後日本の"拘束具"としての『日本国憲法』」『正論』編集部編・前掲書(注16) 199 頁。

理』に対する妄信に由来するもの」だ。世界的にみて，「国民主権または人民主権の思想は，暴民を生み出して国家を混乱に陥れるか，極めて専制的・抑圧的な体制を生み出すことが強いことは歴史的事実」であり，「このような国民主権の思想の危うさに歯止めをかけるもの」が，「欧米では神であり，アジアでは民族の歴史」[18]なのである。

　両者の指摘する「現行憲法の欺瞞」には微妙な違いがあるが，「人類普遍の原理」という名のもとに，日本の歴史と文化，伝統と精神が憲法の基礎に置かれていないことが諸悪の根源だという点で共通している。そして，国民の精神的拠り所として歴史，伝統への憲法への明記が必要という以上に，日本が独自に形成してきた価値観は「人類普遍の原理」とは異なるもので，憲法では前者を上位に置かなければならないと主張する点にその特徴を見出せる。

　近代憲法の核となる「人類普遍の原理」は，封建社会を倒した市民革命の所産として生まれたものである。確かに，欧米で生まれた「人類普遍の原理」とされるものが，真に普遍的なものか否かについては議論の余地がある[19]。しかしながらここでは，それが絶対的なものではないことを理解したうえで，にもかかわらず私たちはそこに守るべき価値を見出せるかどうかいう点が，国民に問われるべきであろう。

　なお，諸外国の憲法には，確かに「神」や「歴史」に言及しているものもあるが，それらにおいてさえ，個人の精神内部にかかわるような文化や民族についての事細かな定義をしているものは見当たらないし，濃淡はあるにせよ，政教分離原則を採用するのが一般的だということを確認しておきたい。

## 6　憲法の役割は変遷したか

　憲法はもともと，国家権力の暴走に対し，国家権力に縛りをかけるためにコ

---

18)　小山・前掲論文（注17）210頁以下。
19)　人権という観念を所与のものとする過度の信奉化に対して，それが普遍的なものではないという批判を加えようと試みたものとして，宮崎哲弥編『人権を疑え』（洋泉社，2000年）参照。

ンスティテュート（制定）されたものである。しかし，上記でみてきたように，そのような憲法の第一義的意味をそもそも理解していないと思われる「文化人」がいる一方，現代においては変遷したとみる「文化人」もいる。西部邁は，「憲法は国民の暴走を制限するものである[20]」と断言する。西部は，憲法はたしかに，王の専制を抑える，あるいは政府の暴走を押しとどめるという歴史的背景のなかでできたとしながらも，ただしそれはデモクラシーがまだない，もしくは未熟だった段階の話であるという。ひとたびデモクラシーの時代になった現在においては，国民自身が選んだ議会や政府が存在している以上，「憲法というものは政府の暴走を咎めるものというより，国民各位の暴走を制限するものだと考えなければいけない。……憲法は政府を取り締まるためのものなどという戯言がまだ平然といわれている。私はそれが不思議でならない[21]」と，時代の変化によって憲法の役割も変化したことを強調する。

　ここには民主主義という名の最大の落とし穴がある[22]。民主主義は，高度に合理的な政治制度として多くの国でその価値を尊重され，機能している。しかし同時に，それを補完する制度も兼ね備えているのを忘れてはならない[23]。民主主義の本質は多数者主義である。日本国憲法における現在の司法制度のもとでは，多数決原理に委ねて即座の解決が期待される問題領域ではない事態が起こったとき，国民は憲法訴訟という手段により，裁判所に救済を求めることができる。そこでは，多数決原理を機軸とする民主主義社会では救い上げられなかった，少数者の保護すべき基本的人権を救済するという意味において，憲法が重要な

---

20)　中曽根康弘・西部邁＋松本健一『憲法改正大討論』（ビジネス社，2004年）195頁。
21)　中曽根・前掲書（注20）195頁。
22)　もっとも，西部の多数者理解にもまた注意が必要である。西部の論文中には，「一般に，多数者は社会構造の下層をなしており，それゆえに弱者を自認することができる。つまり，論理的にいえば，人権主義者はかならずや民主主義者であり，かつ（弱者にたいする）保護主義者である。さらに論理的にいうと人権主義者には，人間であることを権利の法源としているため，自分らが強者と認定する少数者を人に非ざる人とみなす根強い傾向が生まれる」というくだりがある。ここでは，「一般に」と断ってはいるものの，民主主義によっても救済されえないような少数者かつ弱者である存在が想定されていないように思われる。しかし，どのような社会にもそのような人々は存在してきたし，現在も存在するということを忘れてはならないだろう。西部邁「わが『廃憲』論」諸君！1997年6月号59頁。
23)　違憲審査制度などがそれに当たる。

根拠となることはいうまでもない。「切り札としての人権」という言い方がなされるのは，まさにそのためである。

　もちろん，西部は基本的人権を保障しないような憲法を制定するということを意図しているわけではないだろう。しかし，憲法の本質を，「国民各位の暴走を制限するもの」と置き換えてしまうことにより波及する効果は，はかり知れない。国家と個人のあり方を根本から覆してしまうことによって，国家権力の恣意から個人を守るという最も根本的かつ最後の砦を失ってしまうことの意味を，いま一度立ち止まって考えてみる必要がある。「国家の基本法」である憲法は，国民に対する統制を直接規定することによってではなく，国家権力が国民に統制を及ぼす際に最低限守らなければならないルールを規定することで成り立ってきた。憲法によってしか担えないその役割を核心に据えることで，憲法は，憲法であり続けることができるのである。

## 7　おわりに

　憲法を論じること，それは国民の主権者としての責任であろう。その際，憲法とは何かという歴史的営みが忘れ去られてはいけないということを，本章では確認してきた。

　本来，立憲主義でいう憲法は，あらゆる側面において一国内の価値観が単一ではないことを前提としており，したがって，誰もが少数者になりうることを前提としている。それを理解しない論者は，誰もが何らかの場面において少数者になる可能性がある今日において，自分が少数者になることを想像できないという点では，社会の諸事象を一面的にしかとらえていないし，結局のところ，自分の理想とする日本という国家像や国民像を，道具としての憲法を通じて実現させようとしているにすぎない。そのような憲法は，多数者の側に身を置く者が，少数者の存在を自覚しないまま，あるいは無視したまま，自らの価値観を正統なものだとして少数者におしつける「おしつけ憲法」になる可能性がある。しかしそれは，断じて本来の憲法ではないのである。最近の「論壇」で議

論されている改憲論は，この意味において，歴史的に培われてきた憲法とは異なるものへ導こうとする効果を有している。国民は，改憲論を議論する前提として，こうした効果についてもあらかじめ認識する必要があろう。

## 10

# 経済界の改憲論を診る

愛敬　浩二

## 1　現代改憲と経済界

**改憲を煽る経済界**

　現代改憲の特徴の1つとして，経済界が改憲にすこぶる熱心な点を挙げることができる。日本経済団体連合会，経済同友会，日本商工会議所の財界3団体もそれぞれ憲法改正に積極的な態度を示している。財界3団体のうち，改憲に最も熱心なのが同友会であろう。同友会は2001年4月の時点で早くも，「平和と繁栄の21世紀を目指して」という提言を発表し，集団的自衛権の行使に関する政府解釈の再検討を求めていた。また，国会両院に設置された憲法調査会の審議のペースが遅いことに不満を述べ，遅くとも2005年までに憲法改正に必要な手続きをとれるように，調査期間を3年程度に短縮すべきと提言をしていた。その同友会は2003年3月に「憲法問題調査会意見書」を公表している[1]（以下，「意見書」と呼ぶ）。日本商工会議所が2004年12月に「憲法改正についての意見」を公表し[2]，改憲論議に一役買う意欲を示すと，「真打ち登場」[3]とばかりに日本経団連は2005年1月，「集団的自衛権の明確化，行使に関する規

---

[1]　渡辺治編『憲法「改正」の争点』（旬報社，2002年）339頁以下に掲載。
[2]　経済同友会のホームページ（http://www.doyukai.or.jp/policyproposals/articles/2002/030421a.html）から入手できる。
[3]　日本商工会議所のホームページ（http://www.jcci.or.jp/nissyo/iken/iken.html）から入手できる。

定の整備」まで踏み込んだ改憲提言「国の基本法制問題検討委員会報告書」をまとめた。

経済界の意向・要求を政治的提言へと変換する役割を果たしていると評価できる，「新しい日本をつくる国民会議」（以下，「21世紀臨調」と呼ぶ）の「国の基本法制検討会議」は2002年の2月から3月にかけて，改憲問題にかかわる3つの提言を矢継ぎ早に公表した。すなわち，「国の外交・安全保障・危機管理に関する基本法制上の課題」（2月22日。「報告①」と呼ぶ），「国の統治機構に関する基本法制上の課題」（2月28日。「報告②」と呼ぶ），そして，「国民の権利・義務に関する基本法制上の課題」（3月20日。「報告③」と呼ぶ）である。

以上のとおり，憲法改正に対する経済界のコミットメントの強さには目を見張るものがある。2003年11月の総選挙に向けて民主党が「マニフェスト（第一次集約）」を取りまとめたところ，同友会は直ちにそれを評価する一方，改憲に関する民主党の立場が不明確であると注文を付ける声明を出した（2003年10月1日）。また，日本商工会議所の意見書などは内容的にはさして新味のないものだが，「現在，どうも憲法改正に関して，各政党にやや及び腰なところがあります」と改憲派が憂慮する状況の下，改憲派にとっては心強い「援軍」といえよう。

### 論憲の体力ない貧困？

ところで，2002年5月3日の朝日新聞朝刊は「憲法論議を国民の手に」と題する社説を掲げた。社説の内容にもいろいろと文句を言いたいところだが（たとえば，「民意貫徹」という観点から，憲法改正国民投票法の制定を推奨している），ここでは，社説の隣に掲載された「論憲の『体力』ない貧困」という記

---

4) 朝日新聞2005年1月13日朝刊。
5) 財団法人社会経済生産性本部のホームページから入手できる。http://www.jpc-sed.or.jp/teigen/index.html にアクセスし，発表日順に並べられた各種提言の2002年2月〜3月の場所を参照のこと。
6) 秋山収・葛西敬之・御厨貴「座談会　もはや民意を問う段階である」中央公論2005年1月号183頁の御厨発言。

事に注目してみたい。

　1999年7月の国会法改正によって両院に憲法調査会の設置が決まった頃から，論壇で改憲論議が沸騰し始めた。しかし，2000年1月に活動を開始した両院憲法調査会の議論のレベルはかなり低いものだった。「押しつけ憲法論」が堂々と語られ（半世紀も効力のあった憲法なのに！），制憲過程の再調査を求める声も上がった（1960年代の政府憲法調査会の活動をご存知ないようだ）。改憲問題に関する政党状況と国民意識の変化に棹をさして，「改憲オタク」が「わが世の春」とばかりに「放談」を始めたからなのかもしれない。「論憲の『体力』ない貧困」と題された記事は，この手の改憲論議のレベルの低さを指摘した上で，21世紀臨調の報告③には，「古い改憲派が目をむきそうな」項目が並ぶと持ち上げている。

　さて，この記事は現代改憲の目論見と動向を読み切れているのだろうか。経済界の改憲論の診断を通じて，この問題を考えることが本章の課題である。紙幅の関係上，21世紀臨調と経済同友会の改憲論を取り上げる。

## 2　経済界の改憲論を読む

### 21世紀臨調の改憲論

　まず，朝日新聞の記事が持ち上げた21世紀臨調の改憲論からみてみよう。確かに報告③は，18歳選挙権の実現や戸別訪問の解禁，あるいは夫婦別姓制度の早期導入など，復古的改憲論者からは出てきにくい提案をしている。また，憲法14条の「すべて国民は」という文言を「何人も」に変更して，外国人にも「法の下の平等」の保障が及ぶことを明らかにすべきとか，夫婦というものを基本とした従来型の家族の観念に捉われず，高齢者同士，同性同士など価値観を同じくする共同生活世帯などを包含する「新たな家族の定義＝約束事としての家族」を社会に組入れるための検討をすべきといった，「古い改憲派が目をむきそうな」提案もしている。しかし，これらの提言が，21世紀臨調の改憲構想の核心なのだろうか。どうもそうとは思えない。

報告①は日本の安全保障政策の「負の遺産」として，憲法との関係で自衛隊は軍隊ではないと説明してきたため，自衛隊が領域外において武力行使を行いうる一切の活動ができないこと，同盟国である米国との集団的自衛権行使に当る一切の活動ができないこと，国家緊急権に関する憲法上の規定がないことを挙げる。そして，安全保障改革を成し遂げなければ，21世紀の日本はないという意識改革が必要だと論ずる。21世紀臨調が，彼らのいうところの「負の遺産」の清算を，改憲問題の最重要テーマとみていることが分かる。そして，同報告は，「日本が取り組むべき最優先の安全保障上の課題は，まず，憲法の枠内で行いうる諸改革を実行に移すことであり，さらには，従来までの基本政策の与件となってきた憲法をはじめとする法的・政治的な制約について国民的な議論を促し，その見直しを始めることである」と主張している。要するに，国連の平和維持活動や人道支援活動への自衛隊の参加や日米安保条約に基づく米軍への後方支援を，憲法解釈上可能な限り，ぎりぎりまで押し進めたうえで，それでも実現できない安全保障政策上の課題（たとえば集団的自衛権の行使）があれば，明文改憲をしようというのが21世紀臨調のスタンスである。しかし，明文改憲をするためには，戦後政治の特徴である「小国主義」を予め克服しておく必要がある[7]。だからこそ，「意識改革」の必要性が強調されるわけだ[8]。

　21世紀臨調の改憲論の第2の特徴は，その新自由主義的な性格である。報告③によれば，日本では，企業経営における終身雇用と年功序列賃金体系，税制における急傾斜の累進課税制が，「平等の社会」を築き上げてきたが，その

---

[7] 「小国主義」とは，9条とそれを支持する政党や社会勢力との対抗において，戦後自民党政権が余儀なく採用してきた外交防衛政策を表すために，渡辺治等が利用する用語である。渡辺治「高度成長と企業社会」同編『日本の時代史27　高度成長と企業社会』（吉川弘文堂，2004年）10～11，80～82頁。自衛隊の海外出動の禁止や，非核3原則，防衛費のGNP1％枠，武器輸出禁止3原則などの政策がその例である。これらの多くが近年の軍事法制の展開の下，なし崩しにされているのは確かだが，それにもかかわらず，戦後日本の保守政治が，「経済大国」に相応しい「軍事大国」となることに一定の政策上の歯止めを設けてきた事実を軽視するべきではない。もちろん，だからこそ，21世紀臨調もこのような歯止めを「負の遺産」と呼ぶわけだ。

[8] 神谷万丈「『軍事力』の拒否反応を克服するのが先決だ」中央公論2003年7月号54頁が（題名のとおり）強く訴える点である。なお，神谷は防衛大学校助教授である。

結果,「自律意識」が希薄化し,「革新力」が停滞してきた。しかし,「結果の平等」から「機会の平等」に軸足を移し,「努力した人が報われる社会システムに移行する必要がある」と同報告は論じて,さらなる規制緩和の推進と所得税の累進性の緩和等を提言する。また,同報告が,個人の自己責任の確立と政府依存意識の払拭を説いている点にも注目したい。

### 経済同友会の改憲論

意見書の副題は「自立した個人,自立した国たるために」である。意見書によれば,戦後日本社会は,国防・安全保障を外国に依存したまま,国を挙げて官主導の経済発展に邁進してきたことにより,「お上依存」の社会風潮が醸成されてしまった。そこで,「自立した個人」を主体とする社会秩序の確立が課題とされる。しかし,意見書は,「戦後日本社会独特の歪み」が,自由や権利の名の下に個人の放縦な利益追求を最優先する一方,「公」の概念を否定的に捉える風潮を生み出してきたとの認識に立って,個人が「公」の担い手であることを強調する人権論を抽象度の高いレベルで展開するばかりで,具体的には,「公共の福祉」という概念を明確化するために,国連や欧州連合の人権規約に倣って,権利が制限される条件等を明記することを提言するに止まっている。とはいえ,「小さな政府と民間主体の活力ある経済社会の確立」という副題を持つ「行財政抜本改革と公平・公正な税制の構築」(2004年4月28日) において,企業のグローバルな事業展開をバックアップする税制という名の下,北米・アジア諸国と競争可能な程度に法人税の負担水準を低下させる必要性等を論じる一方,間接税中心の税体系への移行と所得税の累進性の緩和を提言している。同友会も21世紀臨調と同様に,個人の自立を強調しながら,競争主義的な社会 (→不平等な社会) へと日本を変革しようとしていることが窺える。

安全保障については,「自らの国益と価値を守る自立した日本」を目指すことが課題とされる。その際に重要なのは,日本が国益と国民の安全を守るために国家として何をすべきかを正面から議論することであると意見書は主張する。そして,外交・安全保障に関わる喫緊の課題として,集団的自衛権の行使に関

する政府解釈の変更，有事法制の整備，情報収集・分析体制の整備を挙げている。なお，これらは本来，現憲法の枠内でも十分に改めることができると付言して，明文改憲による課題の達成と解釈改憲による課題の達成の両方を追求するスタンスを示している。

### 3　経済界の改憲論の読み方

#### 現代改憲の深層

　現代改憲の特徴は，グローバル市場経済への対応としての，新自由主義的改革の推進と自衛隊海外派兵体制の構築（集団的自衛権の行使）の組み合わせにこそある。21世紀臨調と同友会の改憲論はいずれも，この課題に十分答える内容を持っている。朝日新聞の記事のように，「改憲に憑かれたピエロ」たちの妄言（現代改憲の表層）に愛想を尽かして，経済界の改憲論を好意的に評価するのは，現代改憲の深層を見誤った態度といえる。では，現代改憲の深層とは何か。この問題を考える際には，渡辺治の「現代帝国主義」という議論が参考になる。

　渡辺の明快な定式によれば，「現代帝国主義」とは，「旧来のそれのように植民地や勢力圏という領域的支配権に区切られた世界ではなく，グローバルな自由市場の拡大・維持を望むという特徴」を持っており，「こうした変化に伴って，現代帝国主義は，列強帝国主義の時代と異なり，大国間の協調と同盟を特徴とし，また現代帝国主義の戦争も帝国主義間戦争ではなく，自由な市場秩序を攪乱する『ならず者国家』に対する共同の戦争」という形をとる[9]。この渡辺の認識が正しいとすれば，軍事法制の整備に関する日本の支配層の「思惑」は主に，次の２点になろう。①グローバルな自由市場の拡大・維持のための米国の軍事行動に対する軍事的支援の実施とその円滑化，②日本企業が特殊な権益を持つ地域の安定のための軍事的プレゼンスの確保（究極的にはアジア地域への

---

　9）　渡辺治「総論・アメリカ帝国の自由市場形成戦略と現代の戦争」渡辺治・後藤道夫編『講座戦争と現代1　「新しい戦争」の時代と日本』（大月書店，2003年）26〜27，120頁。

自衛隊単独派兵）である。①との関係で課題とされるのは，まず，海外での軍事行動（武力行使）を可能にすることであり，集団的自衛権の行使に関する政府解釈の変更である。②との関係では，大日本帝国が侵略した地域にいきなり自衛隊の単独派兵を実現することは，国際的にはもちろん，国内世論との関係でも困難なので，米軍の驥尾に付して海外での武力行使の実績を積み重ねる必要がある。よって，この点からも，集団的自衛権の行使に関する政府解釈の変更が追求される。

　以上の「思惑」を率直に語ったのが，同友会意見書のまとめ役を務めた高坂節三（栗田工業顧問）である。高坂は集団的自衛権の行使を熱烈に擁護するが，注目すべきなのは，「グローバル化とは，日本の資本や人材が世界中に広がっていくこと。これを守るためには何らかの方策が必要だ。だから米国と提携するのだが，ここだけは自分がやる，というところがないといざというときも言いたいことが言えない」と述べている点だ[10]。「ここだけは自分がやる」というのは，将来，自衛隊をアジア諸国に単独派兵させることの含みさえ疑わせる発言である。

### 明文改憲への衝動

　「9.11事件」以後の急速な軍事法制の展開によって，上にみた支配層の「思惑」のかなりの部分が達成されつつある。それでもなお，明文改憲が必要とされるのはなぜか。支配層の「思惑」からみて，今なお不満足なのは次の2点である。第1に，テロ特措法やイラク特措法のように事案ごとに個別法を制定するやり方では，自衛隊の海外派兵を円滑に進めることができない。いわゆる「恒久法」が追求される所以である。第2に，集団的自衛権の行使に関する政府解釈を変更しないまま，自衛隊の海外派兵を続けるかぎり，「危険な地域」への派遣ができず，海外での武力行使の実績を積み重ねることが難しい[11]。

---

10) 朝日新聞 2003 年 5 月 27 日朝刊記事「資本・人材守れぬ 9 条」。
11) 同友会の「イラク問題研究会意見書」（2004 年 11 月）はこの論理に基づいて，恒久法制定の必要性を主張する。

この問題は改憲派にとって「痛し痒し」の問題だろう。自衛隊が大規模な戦闘に巻き込まれて、多数の戦死者が出た場合には、国民の世論が「動揺」して、自衛隊の撤退という問題が生じる恐れがある。他方、「安全な地域」でのみ活動を続けるのであれば、支配層の「思惑」はなかなか実現しないことになる。

　この「隘路」を突破する方法は2つある。第1の方法は、集団的自衛権の行使に関する政府解釈の変更である。これは一見、手っ取り早い方法に思えるが、必ずしもそうとはいえない。たとえば、内閣法制局長官の阪田雅裕は、「仮に日本が集団的自衛権を行使できるとすれば、わざわざ9条があるのは何のためだろうか」とまで述べて、9条の下で集団的自衛権の行使を認めることはできないと論ずる。[12] 当然といえよう。長年積み重ねてきた憲法解釈を一夜にして変更すれば、法解釈機関としての内閣法制局の権威（正統性）が問われかねないからだ。そこで、政党状況や国民意識との関係で実現可能ならば、明文改憲が追求されることになる。21世紀臨調が現憲法の枠内で可能な限りぎりぎりまで自衛隊の海外派兵体制の構築を求めつつ、その限度を超えるものについて改憲を議論すべきと論じたり、同友会が明文改憲と解釈改憲を両天秤にかけるような提言をするのも、この文脈で理解できる。集団的自衛権の行使に対する経済界の欲求がこれほど強いという事実を確認しておきたい。

## 4　「不平等社会」のための改憲？

### 貧弱な社会保障と明文改憲

　他方、新自由主義的な改革のために明文改憲が必要なのはなぜか。生存権を保障する憲法25条は最高裁によって、政府に政策上の責務を課すに止まる「プログラム規定」と理解されている（朝日訴訟。最大判1967・5・24民集21巻5号1043頁）。よって、社会保障のレベルを低下させて日本で「小さな政府」を実現する上で、残念ながら憲法はたいした障碍とはならないはずだ。実

---

[12]　朝日新聞2004年10月2日朝刊。前内閣法制局長官の秋山収の発言も参照。秋山ほか・前掲論文（注6）177〜182頁。

際,日本の社会保障のレベルは低い。社会保障給付費と国民所得の国際比較をみると,日本の社会保障のレベルはスウェーデンの3分の1,英独仏の2分の1で,国民共通の社会保険さえないアメリカとほぼ同じという状況にある。また,国民所得に対する税金・社会保険料の比率(国民負担率)も,高負担で有名なスウェーデン(70.2％)は別格としても,フランス(65.3％),ドイツ(55.9％),イギリス(48.3％)といったヨーロッパ諸国と比べて,日本は37.0％とかなり低い。[13] 課税を通じた所得再配分政策の緩和も,改憲とはかかわりなくどんどん進められている。[14] それにもかかわらず,どうして明文改憲が必要なのか。

それは,戦後日本社会の特徴と関わっている。戦後日本は,「機軸」部分では,財政・行政を経済成長のための社会資本投資と企業競争力喚起のための施策に振り向ける一方,その国家主導の経済成長によって増大する税収を,公共事業という形で農村や都市自営業層に還元することで「周辺」部分の統合を実現した。渡辺治はこのような国家のあり方を「開発主義国家」と呼ぶ。[15] ところで,国内で生産される工業製品の多くが国内で消費されるのであれば,企業の立場からみても,製品の購買力を高める社会保障には「経済効率」があるといえる。しかし,海外輸出の割合が高くなればなるほど(企業の多国籍化が進めば進むほど),社会保障の「経済効率」は低くなる。そこで,企業はグローバルな競争に勝つために,企業の社会保障負担の軽減を強く求めることになる。[16]

税制改革と同様に,社会保障の問題も,企業優先か,国民各人の生活の「安心・安全」を優先するのかという,日本社会の根本的あり方が問われる問題である。しかし,この根本的な問いを回避して,企業優先の方向へと議論を誘導する便法がある。それは,国民の多くがもはや時代遅れと評価している「開発主義国家」と,日本国憲法が前提とする国家・社会のあり方をイコールで結び,

---

13) 唐鎌直義「直視すべき12の指標③社会保障」世界2004年8月号128~129頁。
14) 所得税の累進構造は20年前は最高税率70％で15段階あったが,1999年改正で最高税率37％の4段階となり,高額所得者の税負担は大幅に軽減された。
15) 渡辺・前掲論文(注7)114~115頁。
16) 後藤道夫『反「構造改革」』(青木書店,2002年)62~64頁。

憲法の平等主義的性格が官主導の「開発主義国家」を形成したと論じて,「開発主義国家」批判をいきなり「新自由主義的な競争社会」を擁護する改憲論へと結び付ける論法である。日本経済新聞政治部長の芹川洋一は,「21世紀が競争原理を働かせた自己決定・自己責任型の自由な社会が望ましいと考えるのなら,足かせになっている福祉国家目標の根拠となっている25条のとらえ直しも迫られることになる」とか,「福祉国家のためだからと言って,官が民を規制できるものではないことを明確にする仕組みを,憲法の中に組み込むことさえ考えていいのかもしれない」と述べるが,この論法などがその典型である。[17]

### 改憲で日本は「幸福」になるのか

経済のグローバル化に伴う産業構造と雇用形態の変化にともなって,フリーターのような不安定雇用が増大した結果,年収300万円を稼ぐことさえ難しい人々が増加していると指摘される。また,自殺者も激増しており,1998年以前は年間2万人台前半で推移していたのが,98年に3万人を超え,2003年は3万4000人という過去最多の数字を記録した。社会学者の山田昌弘は,「日本社会は,将来に希望がもてる人と将来に絶望している人に分裂していくプロセスに入ったのではないか」と論じている。[18] 一見したところ,日本は物質的に豊かにみえるが,将来の希望に対する格差は急速に広がっている,という山田の分析には説得力がある。こんな状況の下で経済界の改憲構想が実現した場合,国民各人が本当に「幸福」になれるのか。ぜひ真剣に考えてみて欲しい。「官から民へ」などという空虚な標語を鵜呑みにしてはならない。改憲の是非は現実を踏まえて,理性的に考察されるべきである。ちなみにアメリカでは,過去20年の間に一般労働者の給与はインフレ率を差し引いて約15％上がったが,同じ期間にトップ経営者（CEO）の給与は600％の伸びを示した。1980年に平均時給労働者の42倍だったトップ経営者の所得が1990年には85倍になり,

---

17) 芹川洋一『憲法改革』（日本経済新聞社, 2000年）64頁。
18) 山田昌弘『希望格差社会』（筑摩書房, 2004年）6頁。

現在では280倍になっている[19]。このような社会が21世紀臨調のいう「努力した人が報われる社会システム」でないという保証がどこにあるのか。ともあれ，上の数字は，経済界の改憲論が「日本国憲法は結果の平等に偏っている」と難ずる以上，国民が記憶に止めておいてよい数字である。

　経済界の改憲論を評価するに当っては，本章で考察した諸問題を考慮に入れる必要がある。朝日新聞の記事のように経済界の改憲論の一部分に注目してそれを持ち上げるならば，「改憲論を診る知力のない貧困」と評されても仕方がないのではないか。

---

[19] ロバート・B.ライシュ（石塚雅彦訳）『アメリカは正気を取り戻せるか』（東洋経済新報社，2004年）114〜124頁。

# 11 研究者の9条論を診る

愛敬 浩二

## 1 本章の課題

　他の章との関係でいえば，いわゆる「文化人＝論壇」レベルの改憲論ではなく，憲法学や政治学を専攻する「研究者」の改憲論を診断することが，本章に期待される内容ということになろう。たとえば，124カ国の現行憲法に平和主義条項がみられるという調査結果によって「日本国憲法は世界で唯一の平和主義憲法」という「神話」を否定し，他方で「平和主義＝非武装」と考える国家は皆無であることを指摘して，憲法9条の特異性を論難する西修（憲法）の改憲論や，あいかわらず「押しつけ憲法論」に固執し，現代日本の様々な閉塞感の原因を日本国民が自ら憲法を制定できなかった「自己決定の喪失」に求める中西輝政（国際政治）の改憲論などは，たとえ発言者が憲法学・政治学の専門研究に携わっているとしても，あくまでも「論壇」レベルの議論として，ここでの検討対象から除外することが許されるだろう[1]。

　また，検討の対象を改憲論一般ではなく，9条の問題に限定したい。言うまでもなく，現代改憲の「本丸」は9条の改定にある。その際に注意すべきなのは，9条を改定して「専守防衛」に必要な最小限度の実力組織を合憲とすることに改憲派の「思惑」があるのではなく，自衛隊の海外派兵，すなわち，海外

---

1) 西修『日本国憲法を考える』（文春新書, 1999年）19～24頁, 中西輝政「『自己決定』の回復」同編『憲法改正』（中央公論新社, 2000年）65頁以下。

での武力行使を可能にすることに改憲派の「思惑」があるという点である。別な言い方をすれば，集団的自衛権の行使に関する政府解釈の変更こそ，改憲派の「思惑」の核心であり，この点は，本書10章「経済界の改憲論を診る」の中で詳述したとおりである。しかし，私のみるところ，改憲派の9条論は，それが研究者によって唱えられている場合でも，学問的な検討に値する議論は少なく，「論壇」レベルの議論に分類すべきものがほとんどである。改憲派の研究者にしてみれば，9条改定の必要性を理論的に正当化するよりも，①9条の「非現実性」を論難して自衛隊を「正真正銘の軍隊」として認知させ，さらに，②内閣法制局による9条解釈を「神学論争」と論難して，集団的自衛権行使を正当化する方が得策だからだろう。[2]

　そこで，本章では，現代改憲動向を踏まえつつ，9条について興味深い理論上の問題提起を行っている議論を取り上げて，その問題点を検証することにしたい。ただし，その前に，憲法の平和主義の理念を継承・発展させるために改憲が必要と論ずる議論を検討しておこう。

## 2　大沼保昭の「護憲的改憲論」

　「護憲的改憲」とは，その提唱者である大沼保昭（国際法）によれば，「現憲法が有する積極的意義を十分に評価し，現憲法の前文と9条その他に示された理念を尊重し，継承しつつ，憲法を改正する」ことをいう。では，「憲法の前文と9条の理念」を尊重・継承するために，なぜ9条改定が必要なのか。その理由は，「9条に関して政府は日本の軍事力，安全保障政策という実態からあまりに乖離した憲法の理念を『解釈』で取り繕う手法を重ねてきており，それはすでに憲法という国家の基本法の軽視とシニシズムを生み出す危険水域に入っている」と大沼が診断するからである。このような事態が放置されれば，国

---

　2）　たとえば，「解釈の迷宮」を抜け出すために9条2項の削除が必要と論ずる田中明彦（国際政治）の論法は，その1つの典型といえよう。読売新聞2004年5月3日朝刊の記事「解釈の迷宮抜け出す」を参照。

民の憲法への信頼と尊重は完全に失われ，その結果，21世紀の日本は法や規範へのシニシズムやニヒリズムが蔓延する社会になる恐れがあると彼は論ずる。

では，「護憲的改憲」と称する9条改定の中身はどんなものだろうか。大沼は，国連安保理の決定・要請・授権のある「国際公共的な安全保障行動」に積極的に参加するための改憲の必要性を長年の持論として明言するほか，一定の躊躇を示しながらも，集団的自衛権の行使と在外国民保護のための限定的な武力行使を合憲とするための改憲を提言している。とはいえ，このような内容の改憲案をも「護憲的改憲」と呼べるのであれば，現代の改憲構想の中で，「護憲的改憲」のカテゴリーに入らないものを探す方が難しいのではないか。特に問題だと思うのは，大沼が「国際公共的な安全保障行動」への軍事的貢献や集団的自衛権の行使を改憲の課題に挙げる一方で，それらの軍事行動は現行9条の下でも解釈上可能と論じる点である。

結局のところ，大沼の議論は，「国際的な安全保障活動」への軍事的貢献，集団的自衛権の行使，及び在外国民保護のための武力行使に日本は踏み切るべきとの実践的判断を前提にしながらも，それを「解釈改憲」で実現すると，法規範へのシニシズムが蔓延するから明文改憲に踏み切るべきだが，他方，「押しつけ憲法論」のような時代錯誤的・復古的改憲とは一線を画し，明文改憲に対するアジア諸国の反発を和らげるために，「護憲的改憲」という論じ方が必要だという議論であると解される。ならば，大沼の議論は文字通り「改憲論」といえるが，他方，「護憲的」と呼ぶべき理由は見出しがたいように思われる。

---

3) 大沼保昭「護憲的改憲論」ジュリスト1260号（2004年）157～158頁。
4) 大沼・前掲論文（注3）158頁の注26。「長年の持論」というのは，大沼は10年前から同様の議論をしているからである。大沼保昭「『平和憲法』と集団安全保障（1）（2）」国際法外交雑誌92巻1号・2号（1993年）。関連して，論座2005年3月号に掲載された大沼と船曳建夫の対談を参照。大沼も93年の頃と比べて，現在の政治状況の下での改憲は危険すぎると述べている（151頁）。
5) 本書10章で検討した経済界の改憲論のほとんどが「護憲的改憲論」ということになろう。
6) 大沼・前掲論文（注3）155，157頁。
7) 大沼の「護憲的改憲論」の問題点を検討した論稿として，奥平康弘「第9条における憲法学説の位置」法律時報76巻7号（2004年）33～34頁を参照。

## 3　長谷部恭男の「穏和な平和主義」

### 9条論の新潮流？

　9条に関して近年，理論的にも実践的にも興味深い問題提起を精力的に行っている論者が2人いる。憲法学者の長谷部恭男と政治学者の小林正弥である。両者は問題関心も，思考方法も著しく異なるが，従来の憲法学の通説との関係で注目されるのは，両者が共に，自衛のための軍隊の保持は9条に違反しないと主張する点である。また，2人は新書という媒体を通じて広く自説を世に問うており，実践的な観点から9条改定問題を考える場合にも，看過できない論者といえるだろう[8]。

　以下では，それぞれの9条論の特徴を明らかにした上で，その問題点を検討することにしたい。なお，9条に関する憲法学界の通説的見解，すなわち，9条は自衛のための実力組織の保持も禁止していると考える立場を叙述の便宜上，「絶対平和主義」と呼ぶことにする。本節ではまず，長谷部恭男の「穏和な平和主義」の議論を取り上げる。

### 立憲主義と平和主義の矛盾？

　長谷部によれば，立憲主義とは，比較不能な価値観の深刻な対立状況の中から，公的な共同の枠組みを作り出すプロジェクトである。ヨーロッパ近世の宗教戦争を思い出すと分かり易いかもしれない。宗教という個人の「生のあり方」全体を支配する価値観がカトリックとプロテスタントの二派に分かれ，「人間の正しい生のあり方は何か」という問題（以下，「善の問題」と呼ぶ）を争点にして戦争と殺戮を繰り返す状況の下で，国家がいずれかの宗教（→包括的な価値観）に基づいて自らを正当化するならば，そのような価値観を共有しない人々との間での「戦争状態」は際限なく続くことになる。長谷部の考える

---

[8]　小林正弥『非戦の哲学』（ちくま新書，2003年），長谷部恭男『憲法と平和を問いなおす』（ちくま新書，2004年）。

立憲主義とは，個々人の抱く包括的価値観（善の問題）と社会的共同の枠組み（正義の問題）を区別し，前者を私的空間に閉じ込めることで，人々の平和な社会生活を可能にするプロジェクトだと解することができる。[9]

　ところで，絶対平和主義を取る論者の中には，外国の軍隊が侵攻してきた場合，人民が群民蜂起やパルチザン戦という形で対抗することは憲法によって禁止されていないと論ずる者がいる。また，このような武力抵抗も否定して，組織的不服従運動で対応すべきとの立場もあろう。しかし，パルチザン戦や組織的不服従運動が実効的な平和を回復するとは限らないにもかかわらず，絶対平和主義が政府保有の自衛力を否定するのであれば，政策の帰結を考慮しないこの立場は，長谷部によれば，日本国民の「善き生き方」の問題として平和主義を語っていることになる。ならば，絶対平和主義は（長谷部の考える）立憲主義とは矛盾する。そこで，各国が自衛のための何らかの実力組織を保持することを完全に否定しない「穏和な平和主義」こそ，立憲主義に適合的な立場であると長谷部は主張する。[10]

　この長谷部の「穏和な平和主義」に対しては，「日本国憲法という実定憲法は，立憲平和主義を採用しているのだから，少なくとも日本国憲法の下では立憲主義と絶対平和主義は矛盾しない」という応答がありうるだろう。[11]あるいは，長谷部は日本が非武装政策を取ると，周辺国が武力侵略を行う危険性が高まるかのような論じ方をするが，このような事実認識が誤っているという批判もあるだろう。たとえば，小泉純一郎首相の私的諮問機関である「安全保障と防衛力に関する懇談会」が2004年10月に出した報告書でさえ，「冷戦の終結によって，日本に対する本格的な武力侵攻が行われる可能性は大幅に低下した」と述べている。

---

9) 以上の記述は，長谷部・前掲書（注8）の序章から第7章の内容を私なりにまとめたものである。
10) 長谷部・前掲書（注8）128〜168頁。
11) 高作正博「立憲主義と周辺事態法」憲法問題10号（1999年）96〜97頁。

## 「準則」と「原理」

　ここでは,「穏和な平和主義」は9条の文言と矛盾しないのかという疑問の方を考えてみたい。長谷部によれば, 9条を「準則 rule」ではなく,「原理 principle」と考えれば,「穏和な平和主義」は9条の文言に違反しない。ここでいう準則とは,「ある問題に対する答えを一義的に決める法規範」であり, 原理とは,「答えをある方向へと導く力として働くに止まる法規範」である。たとえば, 道路の通行方向は準則だが, 表現の自由の保障は原理である。表現の自由が憲法上保障されたからといって, 他人の名誉やプライバシーを侵害する表現活動に至るまで, 一切の表現活動が保障されるわけではない。[12] 同様に9条も原理と考えれば, 絶対平和主義のような一義的結論を「正解」とする必要はないことになる。

　9条を原理と捉える長谷部の議論は, 実践的には9条改定論を批判する論理としても機能する点に注目したい。現代改憲の「思惑」は集団的自衛権の行使に関する政府解釈を変更して, 自衛隊の海外派兵を合憲とすることにある。しかし, 国民意識の動向は9条改定に必ずしも好意的ではない。[13] イラク戦争の進展（事態の泥沼化）に伴って, 改憲賛成派が漸減しているとの世論調査もある。[14] ただし, 留意すべき点は, 国民の多くは「9条も自衛隊も必要」と考えている点だ。そして, 長谷部の議論は, 9条を原理と捉えることで,「9条も自衛隊も必要」と考える多くの国民に対して, 9条改定が不要であることを納得させる機能も有している。解釈改憲では「思惑」を実現できないからこそ, 改憲派が9条の明文改憲を求めているとすれば（本書10章を参照）, 長谷部の議論は改憲派にとって意外な障碍となる可能性もある。

---

12) 長谷部・前掲書（注8）171～173頁。
13) 朝日新聞2004年5月1日朝刊掲載の世論調査によれば, 改憲賛成が53％に上ったが, 9条改定賛成派は31％に止まり, 反対派の60％を大きく下回った。読売新聞の調査でさえ, 9条改定賛成派（44％）と反対派（47％）は拮抗しており, 集団的自衛権行使のための改憲に賛成する意見は30％に止まる。読売新聞社編『憲法改正　読売試案2004年』（中央公論新社, 2004年）450頁。
14) 日本経済新聞2004年9月6日朝刊掲載の世論調査によれば, 改憲賛成は49％に落ちた。これは2000年4月調査で6割に達して以降では最も低い数字とのこと。

ただし，9条を原理と捉える長谷部の議論について，2点だけ疑問を提示しておきたい。第1の疑問は，長谷部が依拠したと推測されるドゥオーキン自身は，準則と区別される広義の原理を，さらに「狭義の原理」と「政策」とに区別している点と関わる。ドゥオーキンによれば，政策は到達目標を提示するタイプの規準であり，狭義の原理は義務論的な規準である[15]。表現の自由とプライバシーの関係を考える際に念頭に置かれているのは，狭義の原理の方である。そして，主に司法過程（裁判官）を念頭におくと，原理と政策の区別は維持できるが，政治過程（議会）を念頭に置くと，原理と政策の区別は相対化される。9条は主に政治過程に関わる条文なので，9条を原理と捉えると，9条の規制力は政策のレベルまで，すなわち，政治的マニフェスト（プログラム規定）にまで弱まる恐れがある[16]。

　第2に，9条が準則と了解されているからこそ，実際の政治過程で原理として機能するという側面を軽視すべきではない。政府解釈は9条2項との関係で，憲法によっても制約できない自然権としての自衛権という観念を持ち出したからこそ，その説明では正当化しがたい自衛隊の海外派兵や集団的自衛権の行使を正当化できなかった。すなわち，政府が9条を準則と解してきたからこそ，9条は海外派兵の禁止や集団的自衛権行使の禁止を導き出す原理として機能したと見ることができる[17]。

## 4　小林正弥の「非戦論」

「非戦論」の特徴

　「9.11事件」以後の日本の論壇において，平和主義の立場から自衛隊の海

---

[15]　ロナルド・ドゥウォーキン（木下毅ほか訳）『権利論（増補版）』（木鐸社，2003年）14頁以下。

[16]　長谷部自身は9条を政策と捉える見方を取っていない。長谷部恭男『憲法　第3版』（新世社，2004年）67〜72頁。ただし，長谷部の論理展開は緻密かつ難解なため，長谷部が9条を政策と捉えていると理解して，長谷部の議論を好意的に評価する改憲派の論客もいる。芹川洋一『憲法改革』（日本経済新聞社，2000年）197〜200頁。

[17]　本書10章で引用した，阪田内閣法制局長官の発言を参照のこと。

外派兵に反対する論陣を張っている代表的知識人の1人が小林正弥である。小林は「公共哲学」という学問の垣根を越えた知的ネットワークの構築も推進しており，その「公共哲学」の観点から，平和の問題について理論的・実践的な問題提起を行っている。小林の議論の特徴は，侵略戦争という「絶対悪」を否定するために，「専守防衛」のための実力組織（＝自衛隊）の必要性を率直に認める点にある（墨守論）。他方，憲法の平和主義の核心は他国を侵略しないという点にあると小林は考える（非攻論）。

　この「墨守非攻論」は，小林の現状認識に基づいている。「9.11事件」以後の戦争批判の課題は，アメリカ主導の「対テロ戦争」をいかに抑止するか（日本の問題としては，自衛隊の海外派兵をいかに止めるか）という点にある。絶対平和主義が「対テロ戦争」を批判するのは論理的に容易だけれども，それは「思想的には魅力的でも，少なくとも当面は人々への説得力に乏しい」と小林は判断する。[18] また，絶対平和主義は，「万一侵略された場合」への「現実的」な対応策を提示できないばかりに，改憲派による9条攻撃の材料となって，改憲の危険を高めている。そこで，「現時点では，自衛隊廃止よりも，改憲による平和憲法の廃案を阻止することに議論の主眼を移すべきである」と小林は論じる。[19]

　小林の「非戦論」は長谷部の議論と比べて論理の緻密さには欠けるが，一般国民への説得力をも考慮に入れた実践性という点では評価に値する議論といえよう。また，現行憲法の下でも自衛のための実力組織の保持は合憲と解することで，9条改定に反対するというスタンスは長谷部と共通している（ただし，長谷部は「改憲は不要」という消極的な立場に止まるが）。しかし，小林の「非戦論」は，少なくとも憲法解釈論としては，長谷部の議論よりも難点が多いと私は考える。というのも，小林が自説の正当化のために，いわゆる「芦田修正」を持ち出すからである。

---

18) 小林正弥「『反テロ』世界戦争批判の公共哲学」同編『戦争批判の公共哲学』（勁草書房，2003年）5～11，24～30頁。
19) 小林正弥「平和憲法の非戦解釈」ジュリスト1260号（2004年）119～120頁。

## 「芦田修正」の問題性

9条2項に「前項の目的を達するため」という文言を挿入した芦田均が、日本国憲法制定後、この「芦田修正」を利用して、日本国憲法は自衛のための軍事力の保持を禁止していないとの論陣を張った事実がある[20]。興味深いことに近年、イラク派兵や憲法改正に消極的な、憲法学者以外の研究者の間で、芦田修正が静かなブームになっている[21]。小林正弥も、芦田修正を好意的に援用し、9条は自衛力の保持を禁止していないという解釈を前提にして、9条を「墨守非攻」の条項と読む。その際、小林は、芦田の「隠された意図」を論ずる進藤栄一の見解に賛意を表明する[22]。

とはいえ、この議論はおかしい。「隠された意図」がなぜ制憲者意思として尊重されるのか。仮に芦田小委員会の際に芦田が自衛力保持を可能にする術を考えていたとしても、制憲議会で自説を開陳せず、批判者からの攻撃を回避した芦田の主張を制憲者意思に措定することできないはずだ。衆議院帝国憲法改正委員会（1946年6月26日）において、吉田茂首相が、9条は自衛権を否定しないが、9条2項が一切の軍備と国の交戦権を認めない結果、自衛戦争も放棄したと答弁したことはよく知られている。この吉田の「公にされた答弁」と芦田の「隠された意図」とを前にして、芦田の「隠された意図」を優先すべき理由がどこにあるのか。「解釈論」の議論を援用して、「テキスト上可能ならば、憲法制定時の地平と今日の『地平の融合』による新解釈を採用すべき」という小林の論法はあまりに乱暴である[23]。この理屈が通るならば、冷戦下の政府は「地平の融合」による「新解釈」によって、自衛隊を合憲とすることができただろうに。

芦田修正の利用に私が反対するのは、絶対平和主義的に解釈された9条が準則として理解されてきたからこそ（そして、その解釈を支持する政党と市民が戦

---

20) 古関彰一『新憲法の誕生』（中公文庫、1995年）293頁以下。
21) たとえば、小路田泰直「刊行にあたって」同編『憲法と歴史学』（ゆまに書房、2004年）1～8頁。小路田は歴史学者である。
22) 小林・前掲論文（注19）121～123頁。
23) 小林・前掲論文（注19）123頁。

後政治の中で一定の力を持っていたからこそ)，自衛隊の海外派兵の禁止や集団的自衛権行使の禁止という基準を導き出す原理として機能したという論点を看過しているからである。小林説によるならば，冷戦期の自衛隊も合憲になるはずだ。冷戦が終わって戦争の形態が変わったから，自衛のための軍隊が正当化されるというのでは，まるで話が逆転している。ならば，1980年代の対ソ脅威論を梃子にした軍備増強をどう評価するのか。また，自衛のための軍隊を認めるのであれば，シーレーン防衛をエネルギー安保の観点から正当化することも可能になるだろう。9条2項の「抑止力」を解除する芦田修正の利用は，自衛隊の海外派兵を抑制するための有効な論理を提供しないと私は診断する。「反テロ戦争」に狂奔するアメリカとそれに追随する日本政府を批判し，現代改憲に反対する小林の実践的な理論活動には心から敬意を表したい。しかし，その論理に重大な問題があることを指摘しないわけにもいかないだろう。

---

24) この点に関しては，渡辺治「高度成長と企業社会」同編『日本の時代史27　高度成長と企業社会』(吉川弘文堂，2004年) 8頁以下の「小国主義」に関する記述を参照。

25) 秋山昌廣（元防衛庁事務次官）は，日本が資源の多くを海外に頼る一方，製品を海外に輸出している以上，日本船舶が航行する航路帯の安全確保は国益そのものだと論じて，アラビア海にまで及ぶシーレーン防衛の必要性を論じている。朝日新聞2004年7月23日朝刊「私の視点」。

26) 小林が戦後平和運動を低く評価する点も問題だと考えるが，ここでは立ち入らない。小林・前掲書（注8）8，193～194，207頁。なお，小林も参加している，吉川勇一ほか「座談会：デモか，パレードか，ピースウォークか」『別冊世界　もしも憲法9条が変えられてしまったら』(岩波書店，2004年) 177頁以下は，平和運動に関する「世代間対話の試み」として興味深い。

# III

展望を診る

## 12

# いま「護憲」であることは「現実的」か？

愛敬　浩二

## 1　はじめに

　憲法 9 条の下では自衛のための実力組織の保持も違憲と解するのが，憲法学の通説的な見解である。9 条のテクストと制定経緯を考えれば，ごく自然な解釈であり，それが通説であるのも当然といえよう。しかし，だからこそ，9 条は「非現実的」という非難を浴びてきた。「軍事力を一切持たずに，国民の安全を守れると考えるなんて非現実的だ」というありがちな批判である。そして，9 条を支持する政治家や市民，そして憲法学者は「無責任」と非難されてきた。「日本が攻められた場合，どう対処するかを考えないのは無責任だ」という，これもありがちな批判である。このように改憲派が「9 条は非現実的」と批判するのに対して，9 条の「理想主義」を擁護する立場からの応答がある。たとえばハーグ市民社会会議（1999 年 5 月）が採択した「日本国憲法第 9 条が定めるように，世界諸国の議会は，政府が戦争をすることを禁止する決議を採択すべきである」という基本原則や，チャールズ・オーバビー博士による「第 9 条の会」の運動などに注目して，国際社会における 9 条の先進性を強調し，9 条の「理想」を国際社会に広げていくことこそ重要であると論ずる立場である。[1]

---

1) 深瀬忠一のいう「布憲論」がその代表例といえよう。深瀬忠一「恒久世界平和のための日本国憲法の構想」深瀬ほか編『恒久世界平和のために』（勁草書房，1998 年）35 頁以下。ハーグ市民社会会議とその憲法学的意義については，浦田賢治「ハーグ市民社会会議の憲法学的課題」杉原泰雄先生古稀記念『21 世紀の立憲主義』（勁草書房，2000 年）225 頁以下，君島東彦 ↗

私もこの「理想主義」に基づく9条擁護論の重要性を認める。しかし，本章では，改憲派の「現実主義」に9条の「理想主義」を対峙させるのではなく，現代改憲に抗するための「リアルな護憲論」の可能性を探求してみたい。

## 2　「護憲」とは何か

**「護憲」をめぐる，ありがちな誤解**

　まず「護憲」をめぐる，ありがちな誤解を解いておきたい。昨年の秋のある日，私は改憲問題を考えるシンポジウムに報告者として参加していた。聴衆の多くは政治学者で，物騒な言い方をすれば，私は「他流試合」に出かけていたわけだ。シンポジウムの席上，報告者の1人が発言の前置きとして，「私は未来永劫，改憲を許さないという立場を採っていません」と述べた。他人の発言に茶々を入れるのは失礼であることを承知の上で，「僕も未来永劫，改憲を許さないなんて考えたことないですし，そんなことをいう憲法学者に会ったこともありません」と私が発言すると，会場に笑いが起こった。「他流試合」には出かけてみるものだ，と実感した次第である。

　「護憲」派は60年も前の日本国憲法を「不磨の大典」にしている，と改憲派は批判したがるが，これはデマ以外の何ものでもない[2]。「護憲」派は特定の政治状況の下で，特定の条項の改定に反対してきた。たとえば，改憲派の憲法学者・西修が日本国憲法の不備の象徴のようにして批判する憲法89条（この規定を厳格に解釈すると私学助成は違憲となる）[3]は，もし政府・与党が将来に向けて9条の堅持を明言する一方，89条だけ改正するという形で改憲案を作成すれば，憲法学者の多くがこれに強く反対するとは思えない。

　樋口陽一は，「サロン談義のなかでそれぞれが理想の憲法像を出し合うのが，いまの問題ではないはずです。改憲論をめぐる争いは，その社会のその時点で

---

　＼「憲法第九条とハーグ平和アピール」世界2001年11月号90頁以下を参照。
　2）　たとえば，御厨貴「九条棚上げの歴史を分析する」中央公論2005年1月号171頁。
　3）　西修『日本国憲法を考える』（文春新書，1999年）186〜190頁。

の，最高の政治的選択なのです。どんな人たちが何をしたくてそれぞれの主張をしているのかを見きわめたうえで，賛否を決めるべき課題なのです」と述べるが，まったく同感である。

「護憲」の意味

　ところで，本書11章で取り上げた大沼保昭の「護憲的改憲論」が代表例だが，「憲法の理念を実現するために憲法を改正すべき」と論ずる議論がある。たとえば，スティーブン・ボーゲルも次のように論ずる。現行の9条解釈では，「日本が集団的な安全保障活動に参加して国際社会の安定に貢献するのを妨げる一方で，戦域ミサイル防衛システムを開発し，中国に脅威を与えて地域の安定を損ねることは認める，という状況も生みだしている」。「こうした矛盾をなくすためにも，また9条の本来の精神を救うためにも，日本は9条を改正すべきだと私は考える。……現在の軍事力を認め，多国間の平和維持活動への参加を認める。同時に平和外交への責務を再確認し，軍事力の拡大に新しい歯止めをかける。そういう9条だ。大きな原則は憲法の新条文で打ち出して，具体的な枠組みは関連した法律で定めればいい」。さて，大沼やボーゲルの議論も「護憲」といえるのだろうか。

　「護憲」という言葉の意味をここまで拡張してしまえば，少なくとも現実政治の場面では，「護憲」という言葉には何の意味もないことになろう。なにせ自民党の憲法改正草案大綱（2004年11月）でさえ，その冒頭で，国民主権，基本的人権の尊重及び平和主義という日本国憲法の基本原理を「発展維持していくべきであること」を再確認しているのだから。「護憲」の意味については，浦田一郎の整理が参考になる。浦田によれば，徹底した非武装平和主義（絶対平和主義）だけを「護憲」と考えると，護憲派はかなり小さくなる。そこで浦田は「現実を憲法に近づけるものが護憲論であり，遠ざけるものが改憲論」と

---

4）樋口陽一「いま，憲法九条を選択することは，非現実的ではないか」憲法再生フォーラム編『改憲は必要か』（岩波新書，2004年）3頁。
5）スティーブン・ボーゲル「安保，多国間枠組みに」朝日新聞2003年7月29日朝刊。

いう立場から、現実の軍事力に関する各種の制約論は、制約された軍事力を肯定する論理的可能性を含むけれども（たとえば、海外派兵阻止論は専守防衛の自衛隊を容認する論理的可能性を含む）、制約された軍事力の合憲性や有効性を積極的に主張するのでなければ、それも「護憲論」と呼ぶことできると論ずる[6]。よって、浦田の用法によれば、大沼やボーゲルの「護憲的改憲論」は改憲論であることになる。

ただし、私はもっと広い（雑な？）「護憲」概念を採用したい。現実の政治状況の中で可能な限り「武力によらない平和」の可能性を模索しつつ、それを現実化するうえで9条が持つ「効用」を積極的に評価して、これを擁護する議論を広く「護憲論」と呼ぶことにしたい[7]。私の広い（雑な？）「護憲」概念を採用するとしても、本章の「4」で述べるような改憲問題に関わる諸事情を充分に考慮せずに安易に9条改定の必要性を語る「護憲的改憲論」は、「護憲」と呼ぶに値しない議論ということになろう。

「護憲」の意味は一応、明らかになった。それでは、「現実的」であるとはどういうことか。次節では、「現実的」という言葉の意味を解明するのではなく、具体的な事件を素材にして、「現実的に考える」とはどんなことなのかを考えてみたい。

## 3　どちらが「現実的」なのか？

### 米軍ヘリ墜落事件と「現実主義」

2004年8月13日午後2時15分頃、沖縄県宜野湾市の沖縄国際大学の構内に米軍普天間基地所属の大型輸送ヘリコプター（CH53Dシースタリオン）が墜

---

[6]　浦田一郎『現代の平和主義と立憲主義』（日本評論社、1995年）64〜65頁。

[7]　私自身は、本書11章で検討した長谷部恭男や小林正弥の見解も、現代改憲動向との関係では「護憲」の側に数え上げてよいと思っている。もちろん、彼らが「護憲」と呼ばれることを喜ぶとは限らないことも承知しているが。なお、私がこのような広い（雑な？）「護憲」概念を採用するのは、従来型のPKOへの参加は憲法違反ではないと論ずる国際法学者や国際政治学者（たとえば、最上敏樹や坂本義和）を「改憲」の側に数え上げることに違和感を覚えるからである。

落し，爆発炎上する事故が起きた。ヘリは巨大な尾翼ローターを公民館近くの空き地に落下させ，その後，沖縄国際大学の本館ビルに激突，大破炎上した。激突の際に飛び散ったヘリの破片は，周辺の住居や駐車場の車両など50カ所を直撃。ローターの破片はミニバイクなどを破壊した[8]。墜落したのは米海兵隊が所有する最大級の強襲揚陸用ヘリで，軍事評論家の江畑謙介によれば，「直撃すれば建物一棟丸ごと崩壊してもおかしくない」とのこと[9]。このような大事故にもかかわらず，市民の負傷者や犠牲者が1人もでなかったことは，文字通り「奇跡」だったというべきだろう。

ところで，同月26日，東京の日本記者クラブで記者会見を行った在日米軍のワスコー司令官が，「ヘリの乗員3人はコントロールが不能になった機体を，精いっぱい人のいない所に持っていった。とても素晴らしい功績があった」と述べたことが報道された[10]。沖縄に反発が広がったのはいうまでもない。一般論として考えるならば，ヘリが墜落する際に操縦者が可能な限り被害の少ない場所にヘリを誘導することは，確かに褒められるべき事柄かもしれない。しかし，本件にこの一般論を当てはめるのは，「現実的」な考え方といえるのだろうか。そもそも一般市民が生活する市街地の上を軍用ヘリが飛ぶこと自体おかしいと考えるのは「非現実的」なのか。百歩譲って，「市民の安全を守るために軍隊は必要であり，軍隊の訓練は欠かせない以上，市民もその危険を一定程度，甘受すべきである」という意見を受け入れるとしても，強襲揚陸用ヘリの飛行訓練が宜野湾市民の安全とどんな関係があるというのか。

このように論理を展開すると，ある人はいうかもしれない。「君の議論は日米安保条約そのものを問題視している。しかし，日米安保条約の破棄なんて『非現実的』な話だ」と。ワスコー司令官の発言を新聞で読んで，私が直ちに思い出した発言がある。ヘリ墜落事故のちょうど10年前の1994年9月9日，沖縄の基地の視察に訪れた宝珠山昇・防衛施設庁長官（当時）が那覇市での記

---

8) 琉球新報社・地位協定取材班『検証［地位協定］　日米不平等の源流』（高文研，2004年）19頁。
9) 朝日新聞2004年8月14日朝刊。
10) 朝日新聞2004年8月27日朝刊。

者会見で行った.「沖縄は戦略上極めて重要な位置にあるので,好むと好まざるとにかかわらず,国家の要請として基地は欠かせない。沖縄は基地と共生・共存するという方向に変化して欲しい」という発言である。さて,日米安保条約の破棄や日米地位協定の改定が難しい以上,「沖縄は基地と共生・共存すべき」と考える宝珠山発言のような考え方が「現実的」なのだろうか。それとも,米軍基地に由来する被害をリアルに認識し,沖縄の米軍が国際社会で果たす機能をリアルに分析・評価し,「基地のない沖縄」を実現するための思索と運動を行う者の方が「現実的」なのだろうか。判断は読者に委ねよう。しかし,一言だけ述べておきたい。ひたすら現実を追認する者は,「現実主義」という「思想」を持っているのではなく,そもそも「思想」なるものを持っていないのだと。

### 有事法制とメディアの「現実主義」

　有事関連三法が参議院を通過した翌日の読売新聞は「法治国家の体裁がやっと整った」と題する社説を掲載し,「自衛隊は,この有事関連法によって,超法規的な行動をとらずに,有事に対応できることになる」と歓迎した。日本経済新聞もある社説において,「実際には有事のルールがなければ有事に当って政治家や官僚の恣意が幅を利かす結果になりかねない。それは法治国家ではなく,危機への対応をほったらかしにする放置国家の姿である。私たちはそう考えて有事法制の必要性を指摘してきた」と論じた。朝日新聞も例外ではない。「なぜ有事法制が必要なのか」という読者からの問いかけに対して,「……いざという時は自衛隊に動いてもらわなければならず,何の決まりもないままでは政府の勝手次第になります。四半世紀前『超法規的行動もありうる』と語った統幕議長が解任された事件がありましたが,こんな現実でいいのでしょうか」と応答した。

---

11) 朝日新聞1994年9月13日朝刊。
12) 読売新聞2003年6月7日朝刊。
13) 日本経済新聞2003年5月14日朝刊。
14) 朝日新聞2003年5月12日朝刊。

以上に示した各紙の社説の論法は驚くほど似ている。自衛隊という実力組織が現実に存在する以上、「有事」の際にその実力組織の行動を規律するルールを予め策定しておくのが「法治主義」であり、そのような発想こそ「現実的」である、という論法である。果たしてそうだろうか。現在の国際情勢からみて、日本に対する外国軍の大規模侵攻は考えがたいというのが専門家の一致した見方である。[15] 防衛関係者でさえ、北朝鮮や中国の大規模侵攻の可能性を現実的なものとは考えていないと伝えられる。[16] もちろん、「今そこにある危機」として「日本有事」がないとしても、「備えあれば憂いなし」だし、「自衛隊が現実に存在する以上、その活動を規律するルールは必要だ」と開き直るのも一つの方法だろう。しかし、この態度は「現実的」といえるのか。なぜなら、この応答は、日本の有事法制の整備をアメリカ側が求めていたという「現実」を無視しているからである。

　日本が集団的自衛権行使に踏み切ることを求めた「米国防大学国家戦略研究所特別報告書」(2000年10月。いわゆる「アーミテージ報告」)には、「改定された米日防衛協力のためのガイドラインの誠実な実行。これには有事立法の成立も含まれる」との一節があった。[17] 同報告が「日本の安全」ではなく、「新ガイドラインの誠実な実行」の見地から有事法制の必要性を論じている事実に注目しよう。渡辺治は国会審議の段階で、有事法案は「万一日本が攻められたときの対処法制でもなければ、冷戦期の有事法制の亡霊でもなく、アメリカの要請と日本企業のグローバル化を背景とした日本のグローバル軍事大国化の完成を目指す切実な要請を満たすために作られた法制としての性格を帯びている」と評価していた。[18] この渡辺の診断と各紙社説の論調とを比較するとき、どちらがより「現実的」だったといえるのだろうか。再びその判断は読者に委ねること

---

15) たとえば、チャルマーズ・ジョンソン（鈴木主税訳）『アメリカ帝国への報復』（集英社、2000年）83頁以下、竹岡勝美「鬼面人を驚かすのか有事法制騒ぎ」軍縮問題資料2002年6月号40頁以下、梅林宏道『在日米軍』（岩波新書、2002年）36頁以下。
16) 半田滋「中国、北朝鮮は攻めてくるのですか？」世界2002年5月号110頁以下。
17) 同報告の内容は、渡辺治編『憲法「改正」の争点——資料で読む改憲論の歴史』（旬報社、2002年）295頁以下を参照。
18) 渡辺治「有事法制のねらい」法律時報74巻8号（2002年）88頁以下。

にしよう。ただし，あえて繰り返しておきたい。ひたすら現実を追認する者は，「現実主義」という「思想」を持っているのではなく，そもそも「思想」なるものを持っていないのだと。

## 4　改憲論を「現実的」に解読する

### 9条改定論を読む文脈

　本書10章の「3」でも詳述したとおり，現代改憲の目的の核心は，9条を改定して（具体的には9条2項の削除）自衛隊を明確に「軍隊＝国軍」に位置付け，さらに集団的自衛権の行使を正当化することにより，海外での軍事行動（＝戦争への参加）を可能にすることにある。よって，現在の政治状況の下で9条改定を議論するならば，①「戦争に狂奔する」現在のアメリカと「同盟」関係にある（そして外交面での「対米従属」が深刻な）日本が集団的自衛権行使に踏み切れば，日本のみならず国際社会全体にどんな結果を招くのか，②改憲によって東北アジア地域にいきなり「フリーハンドの軍事大国」（憲法的拘束がなければ，自衛隊は強大な軍隊である）が出現した場合，地域の安全をかえって損ないはしないか（たとえば中国等の軍拡の理由にならないか）などの問題を考える必要がある。「アメリカは，9.11事件以後，とんでもなく破壊的な道を選んできた」と診断するチャルマーズ・ジョンソンは，イラク戦争によって，EUにおけるイギリスの主導権は失われ，国連憲章を含む国際法は嘆かわしいほど弱体化し，日本は対外政策でアメリカの傀儡にすぎなかったことが露呈され，そして，アメリカの政府高官が国際社会とアメリカ国民に嘘をついていることが明らかになったと述べている。[19]イラク戦争後の国際情勢の「現実」を的確に捉え，簡潔にまとめた発言といえよう。このような国際情勢を無視して，「自衛隊は国軍だ。改憲してこの事実を明確にしよう」とか，「非武装中立など無責任だ」といった発言を繰り返すのは，著しく無責任な態度というほかな

---

[19] チャルマーズ・ジョンソン（屋代通子訳）『帝国アメリカと日本　武力依存の構造』（集英社新書，2004年）8～9頁。

[20]
い。

　9条改定は「真空状態」で行われるのではない。さまざまな利害と思惑が錯綜する現実の国際社会を舞台にして行われるのだ。この当たり前の事実を軽視するのは，あまりに「非現実的」である。「メディアや政府が国民に安全保障問題を投げかけるときには，そうしたグローバルな文脈を消去して，『日本が攻められたらどうする』といった古典的な抽象論議にすり替えてしまうことが多い。有事法制のときの『備えあれば憂いなし』という標語は，その典型例です。政府の最大の眼目は『再編された米軍との共同運用』にあるのですから，その是非をこそ，いま問わなくてはならないのです。抽象的に『非武装は是か非か』と論争しても現実には絡めません」という意見に私も同感である。[21]

## 9条改定論のジレンマ

　集団的自衛権の行使を梃子にして海外での軍事行動を実現するためには，日本としてはアメリカの驥尾に付していくしかない。しかし，イラク戦争以後のアメリカに日本政府が盲従することを国民が喜んで受け入れるのだろうか。「対米協調」を根拠にした9条改定を憲法改正国民投票にかければ，改憲派の目論みは潰える恐れもある。実際，朝日新聞2004年5月1日朝刊掲載の世論調査によれば，改憲賛成が53％に上ったが，9条改定賛成派は31％に止まり，反対派の60％を大きく下回った。改憲にすこぶる熱心な読売新聞の調査でさえ，9条改定賛成派（44％）と反対派（47％）は拮抗しており，集団的自衛権行使のための改憲に賛成する意見は30％に止まる。[22]日本経済新聞の世論調査では，イラク戦争の進展（＝情勢の泥沼化）に伴って改憲賛成の意見は漸減しており，2000年4月の調査では6割に達していた改憲賛成派が9月には49％まで減っている。[23]

---

20）小泉純一郎首相の発言。朝日新聞2003年11月3日朝刊。
21）前田哲男・半田滋・川崎哲「座談会　安全保障政策の大転換が始まった」世界2004年12月号90頁の川崎発言。
22）読売新聞社編『憲法改正　読売試案2004年』（中央公論新社，2004年）450頁。
23）日本経済新聞2004年9月6日朝刊。特に注目されるのが，従来の調査では改憲派が5〜6割

9条改定の「欲望」がリアルだからこそ，憲法改正国民投票での勝利を計算しなければならない改憲派は，世論の動向を勘案しつつ，9条改定に煙幕を張ろうとする。たとえば，「憲法全体の再調整」を「国民主権の行使」の観点から正当化しつつ，その一環として9条にも手を付けるという議論の仕方がその一例である。本書10章で検討した経済同友会の「憲法問題調査会意見書」（2003年4月）は冒頭，「われわれは，日本の国民がこれまで，自らの意志で憲法を作り，必要に応じてこれを改正するという最も重要な形での国民主権の行使をしてこなかったことこそが，憲法に関わる最大の問題だと考える」と論じるが，この論法が典型的である。また，時代に即して憲法を見直すべきという論法も同様に，9条改定問題を後景に退けて，「憲法全体の再調整」の中で9条改定を実現しようとする議論といえる。自民党・憲法改正草案大綱は冒頭，「日本国憲法施行後60年近くを経た内外の諸情勢の変化等にかんがみるとき，これからの我が国の進むべき方向性を示した新たな国家像を，国家の基本法であり，国民自らが制定する『憲法』の中にこそ盛り込むべきではないか」と論じるが，この論法が典型的である。

　しかし，この「憲法全体の再調整」という正当化論では，改憲派にとっては肝心要の9条改定が等閑にされてしまう恐れがある。環境権やプライバシー権など，「新しい人権」の規定を創設するだけでは，憲法改正という莫大なエネルギーを使う政治課題を遂行する意味はないだろう。また，「憲法全体の再調整＝全面改正」という手法は時間がかかるので，国民の改憲を容認する気分が薄れないうちに，自民・民主の両党が合意でき，国民の過半数が賛成してくれそうな規定の改正から着手すべきという議論も出てくる。しかし，この論法にも難点がないわけではない。ある座談会で元駐イタリア大使の英正道（鹿島建設常任顧問）がこの「段階的改憲論」ともいうべき意見を述べたところ，山崎拓は，「新しい人権」のように容易なところから改憲をしていくという手法で

---

を占めていた20歳代が，今回の調査では改憲派が前回（2004年4月）よりも10ポイントも低い46％に止まり，逆に護憲派が各世代で最も高い40％に上ったという点である。

は，肝心要の9条改定が難しくなるとの懸念を示した。[24]

### 国際認識の「非現実性」

以上のとおり，国際情勢や国民世論との関係で，改憲派も決定的な9条改定の正当化論を案出できていないのが現状と解される。そのせいか，9条改定や海外派兵推進を求める側から，国際情勢の認識について「非現実的」というほかない議論が現われ始めた。

たとえば，小泉純一郎首相の私的諮問機関である「安全保障と防衛力に関する懇談会」の報告書（2004年10月）は，東アジア地域には2つの核兵器国（ロシア・中国）と核兵器開発を断念していない国（北朝鮮）が存在しているから，「古典的な戦争」に備えるための安全保障が必要だと論じている。この部分は「ミサイル防衛」を正当化するための論法なのだろうが，それにしても，「核兵器国」である以上，どれほど外交関係が良好になっても，ロシアと中国は永遠に日本の「仮想敵国」ということになるこの論法は，果たして「現実的」といえるのだろうか（それに，この論法でいくなら，日本に核兵器を持ち込むことが可能なアメリカも「仮想敵国」になるはずなのだが）。長年，防衛庁を取材してきた半田滋は，中国はソ連がなくなった後，別の敵を探す中で「脅威」として浮上させてきたにすぎないし，北朝鮮も今，日本に対して戦争をしかけてくる可能性はほとんどなく，むしろ危険なのは，アメリカが北朝鮮に戦争をしかける危険性の方だと述べている。[25]

国連の評価も恣意的である。その典型例が読売新聞の改憲試案といえる。1994年試案では，国連の平和維持活動の重要性を強調し，「国連そのものが役割の増大にともなう機構改革や名称変更に発展する可能性」まで論じていた。[26] ところが，2004年試案の解説では，わざわざ「国連の限界」という項目を立てて，NATOのコソボ空爆や米英主導のイラク戦争の例を引きながら，拒否権を持

---

24) 英正道・山崎拓・保岡興治「鼎談 自国の伝統・文化・歴史に立脚した新しい憲法を」月刊自由民主2004年5月号38〜40頁。
25) 前田ほか・前掲論文（注21）84頁。
26) 「特集・日本国憲法を考える時が来た」This is 読売1994年12月号65〜66頁。

つ常任理事国の対立で国連安保理が機能しない場合がある以上，国連が動けなくても，国際平和協力活動に軍事的に貢献すべき場合があると論じている[27]。最上敏樹は，イラク戦争という「あの根拠薄弱な戦争を許容しないという態度表明のゆえに安保理は『無力』だとされるのなら，安保理が『有力』になるためには，米英等の国々の開戦要求を無批判に許容し続けるほかなくなります」と述べているが，そのとおりである。最上はまた，イラク戦争のあと，「国連無力論」がとりわけ日本で増えたことを指摘するが，これにも同感である[28]。

「仮想敵国」を永久化し，国連による安全保障を軽視する国際認識は，はたして「現実的」といえるのか。もちろん，ひたすらアメリカに追従さえしていれば日本は大丈夫と考える「非現実的」な人々にとっては，「現実的」な国際認識なのかもしれないが。

## 5　「護憲」であることの「現実性」

憲法9条は「非現実的」か？

「憲法9条は非現実的だ」という言説を分析すると，現在では次の3つの主張が混然と含まれていることが分かる。①「軍隊を持たずに国民の安全を守れると考えるのは非現実的だ」という主張，②「憲法9条の形骸化がここまで進んだ以上，その現実を認めない議論は非現実的だ」という主張，そして，③「9条改憲を容認する自民・民主の保守二大政党制が出現しつつある現在，護憲の立場は政治的には非現実的だ」という主張である。①の主張は，今回の9条改定問題との関係では，改憲派の「思惑」を隠蔽し，憲法改正の際になすべき国民的議論を混乱させる，ということは，本章の「4」で詳述した。②はい

---

[27]　読売新聞社編・前掲書（注22）92〜93頁。なお，2004年試案では，協力の対象に「その他の国際の平和と安全の維持及び回復並びに人道的支援のための国際的な共同活動」が追加された。国連決議と無関係にアメリカへの軍事協力を可能にするための細工である。同試案の14条を参照（同上書336頁）。

[28]　最上敏樹「国連は無力なのだから，国連中心の平和主義には意味がないのではないか」憲法再生フォーラム編・前掲書（注4）26〜29頁。

わゆる「護憲的改憲論」の論者が好む議論である[29]。しかし，憲法9条にはまだ「効用」がある。この点は後述しよう。③はなかなか鋭い意見かもしれない。2003年11月の総選挙での社民・共産の獲得議席数は15議席。全議席数（480）の僅か3％強である。ちなみに総選挙直前の朝日新聞の調査によると，自民党の9割，民主党の7割の現職議員が改憲容認派だったとのこと[30]。また，2004年7月の通常選挙後の参議院における社共・共産の議席数は13議席。全議席数（242）の僅か5％強である。再び朝日新聞の調査を引用すると，2004年7月の通常選挙で新たに当選した議員の76％が改憲派とのことである[31]。

「ほらみろ。やっぱり護憲なんて非現実的だ」とあなたはいうだろうか。少し待って欲しい。そして，思い出して欲しい。ひたすら現実を追認する者は，「現実主義」という「思想」を持っているのではなく，そもそも「思想」なるものを持っていないのだということを。「現実」を変えようとする者は，「現実的」であると同時に，少々の「思想＝理想」を持っておく必要がある。少し回り道をして，この問題を考えてみよう。

**憲法9条はどんな意味で「現実的」なのか？**

ポスト冷戦の時代における「正戦論の復活」を前にして，戦争の哲学的考察を続けるアメリカの社会哲学者，マイケル・ウォルツァーは次のように論ずる。一般市民の犠牲は殺人であり，一般市民を犠牲にしない戦争などありえない以上，全ての戦争は正義に反するという考え方がある。しかし，この「正義の戦争」と「不正義の戦争」を区別しない平和主義論を唱えることができるのは，権力を行使する立場にないラディカルな人々だけである。「正戦論」は権力を行使し，軍事力を利用する立場にある者にとっての理論である，と[32]。「絶対平

---

[29] 本章の「2」で取り上げたボーゲルの議論や，本書11章で取り上げた大沼保昭の議論を参照。
[30] 朝日新聞2003年11月3日朝刊。
[31] 朝日新聞2004年7月13日朝刊。
[32] Michael Walzer, *Arguing About War* (Yale University Press, 2004) pp. 13-14. なお，「正戦論の復活」の国際政治的背景については，藤原帰一『平和のリアリズム』（岩波書店，2004年）の「序―なぜ，平和のリアリズムか」が最も説得的である。

和主義は無責任だ」という手垢にまみれた議論を改めて検討するために，わざわざウォルツァーを引用したわけではない。私はウォルツァーの戦争論の多くに疑問を感じるが，それにもかかわらず，上に引用した彼の議論は興味深い問題提起を含んでいると考える。私が注目したいのは，権力行使に関与しない人々にとって，絶対平和主義が持つ意味の方である。そして，こちらの方の意味・効用は，特定の国民国家がおかれた文脈ごとに多様でありうると考える。樋口陽一は，「戦後憲法学は『非現実的』という非難に耐えながら，その解釈論を維持してきた。……その際，過小に見てならないのは，そういう『非現実的』な解釈論があり，また，それと同じ見地に立つ政治的・社会的勢力……があったからこそ，その抑止力の効果を含めて，現在かくあるような『現実』が形成されてきたのだ，という事実である」と述べている[33]。この視点を軽視するべきではないだろう。

　石田雄によれば，「敗戦によって武装解除され，『戦争できぬ国』となった日本が，新しい憲法で戦争を放棄したのであるから，いわば非武装平和主義が国家そのものの建前とされることになった[34]」。その結果，戦後日本において「非戦平和主義」は，「国家によって」ではなく，「国家に抗して」主張されるという重大な問題意識が希薄化してしまった。「国家権力に対して緊張感を持った平和主義が意識化されるとき，はじめて平和憲法は依存の対象ではなく，また単なる建前としての飾りものではなく，たえざる権力への抵抗によって支えられ，常に新たに機能させられるものとなる」と石田は論ずる[35]。私は石田の議論に心から共感するとともに，現代改憲との関係で今まさにこの問題が問われていると考える。私がウォルツァーの議論に触れたのは，この石田の議論をより深く理解するためであった。そして，前述した③の主張は，石田のような議論を一切考慮に入れていないからこそ，「現実的」にみえるにすぎない。私たちは「思想」と「批判性」を手放しさえすれば，恥ずかしいほど「現実的」にな

---

33) 樋口陽一「戦争放棄」同編『講座憲法学2　主権と国際社会』（日本評論社，1994年）129頁。
34) 石田雄『日本の政治と言葉　下』（東京大学出版会，1989年）86頁。
35) 石田・前掲書（注34）127頁。

れる。それだけのことだ。[36]

## 憲法９条の「効用」：国際政治の場面で

それでは，憲法９条を擁護することに，どんな「効用」があるのか。まず，国際政治の場面で考えてみよう。チャルマーズ・ジョンソンはブッシュ政権以前の段階で，「冷戦の終結後，ペンタゴンはアメリカの外交政策の策定と実行を独占している。アメリカは，対外的な目的の達成にあたり，往々にして不適切な一つの手段しかもたなくなりつつある。つまり，軍事力である。アメリカは，対外的な目的を達成するための多様かつ充分な能力をもはやもっていない」という指摘をしていた。[37] ブッシュ政権との関係ではさらに深刻である。2004年の大統領選以前の論評だが，経済政策で失敗する可能性が高いブッシュ大統領が再選を勝ち取るべく支持率を上げるためには，「軍事的緊張を作り出すことが一番の近道なのだ」との指摘があった。[38] 大統領選に勝利した二期目のブッシュ政権はその危険な性格を変えていない。大統領承認式を前にした上院公聴会で，ライス国務長官は「圧制の拠点 outpost of tyranny」として，北朝鮮，イラン，ミャンマー，キューバ，ベラルーシ，ジンバブエの６カ国を名指した。ブッシュ政権が自己の支持率と「ファミリー」の利益のために，戦争を弄ぶ危険性は決して遠のいていない。[39]

英米同盟軍によるイラク戦争に対する日本政府の対応をみる限り，憂慮はさらに深まるほかない。韓国は北朝鮮問題に対する発言権を確保し，アメリカの単独行動を抑止するためにアメリカを支持した。他方，日本は大義も法的根拠も国際世論の支持もない侵略戦争を支持するために，愚かにも「日米同盟」の

---

36) サイードによれば，「知識人とは，その根底において，けっして調停者でもなければコンセンサス作成者でもなく，批判的センスにすべてを賭ける人間である」。エドワード・W. サイード（大橋洋一訳）『知識人とは何か』（平凡社，1995 年）49 頁。
37) ジョンソン・前掲書（注15）125 頁。
38) アンドリュー・デウィット／金子勝『反ブッシュイズム２　終わらない戦争』（岩波ブックレット，2003 年）130 頁。
39) ブッシュ政権と軍事産業との深い関係について，本山美彦『民営化される戦争──21 世紀の民族紛争と企業』（ナカニシヤ出版，2004 年）の特に１章と３章を参照。

重要性を強調し，北朝鮮問題とイラク戦争をリンケージしてみせた。ここには，「対米追従」という思考停止と，自衛隊を「正真正銘の軍隊」にするという欲望しかない[40]。このような状況下で9条を改定したら，どうなるのか。私たちは主権者の1人として，この問題を真剣に考えておく必要がある。アメリカ流の覇権主義的な世界戦略への軍事協力（武力による平和）よりも，非覇権主義的な国際平和の構築（武力によらない平和）こそ重要だと思うのであれば，安全保障の問題を憲法問題とすることで，自衛隊による米軍への軍事支援を困難にし，米軍基地の正当性を常に疑わしいものとする，9条の「効用」を軽視してよいとは思えない。好かれ悪しかれ，アメリカの国際戦略は在日米軍基地に大きく依存している。ならば，私たち日本国民が日本政府によるアメリカへの軍事協力を拒否することは，単なる「一国平和主義」と揶揄されるべき事柄ではなく，「武力による平和」と「武力によらない平和」との岐路にある現代の国際情勢において，少しでも後者の勢力を強めるための主体的な努力である。

憲法9条の「効用」：国内政治の場面で

次に，国内政治の場面で考えてみよう。日米安保条約に基づいて駐留する在日米軍は，あくまでも建前上は「日本の安全」に寄与する限りで基地の利用ができることになっている。これは，憲法9条が軍事力の保持を一切禁止したため，日本政府が「憲法によっても制約できない自然権」としての「個別的自衛権」によって，自衛隊や日米安保条約を正当化してきたからである。よって，もし9条を改定して，米軍へのグローバルな軍事協力が合憲となれば，米軍が日本から出て行く理由は一切なくなる。2004年の秋から在日米軍の再編の動きが報じられるようになったが，この再編が進むと，在日米軍は朝鮮半島から東南アジア，中東，北アフリカに至る「不安定の弧」と呼ばれる地域の安全保障を担うことになる。この地域には，ライス国務長官のいう「圧制の拠点」の

---

40) なお，日本を国際社会の受動的アクターと考えるのは「過小評価」である。イラク戦争の前，日本は国連安保理の理事国がアメリカを支持するように積極的な働きかけを行った。河辺一郎「世界の不安定要因としての日本」現代思想2003年6月号109頁以下。

うち，5カ国が含まれている。日米安保条約との整合性の問題もあって，外務省は当初，この米軍再編に難色を示したが[41]，結局は米軍再編を容認する見解を表明した[42]。しかし，今回の米軍再編を認めてしまえば，「不安定の弧」という広大な地域に1つでも「反米国家」がある限り，米軍の日本駐留が可能になる[43]。日本は今，米軍基地が恒久化されるか否かの瀬戸際に立っている。

「沖縄のアメリカ軍事基地を見て，わたしはベルリンの壁が崩壊したあとも東ドイツに駐留していたソ連軍の基地に似ていることに気付いた。どちらの場合も，兵士たちは帝国の駐屯地で外地勤務する生活の方が『本土』での暮らしよりもはるかにお楽しみが多いために，そこに残ることを望んだのである。……なにはともあれ，カリフォルニア州の強姦罪の刑罰は，沖縄で日本側によって同じ罪で宣告された軍人たちの刑罰よりも格段に厄介である」とチャルマーズ・ジョンソンは述べている[44]。この観察の方が，冷戦後も米軍が沖縄に居残る理由について，「3」で触れた宝珠山発言よりもよっぽど「現実的」といえないだろうか。ともあれ，基地用地を無償で提供し，「思いやり予算」まで手当てしてくれる「至れり尽くせり」の場所から，米軍が自発的に出て行くとは考えにくい[45]。私たちはこの問題をもっと「現実的」に考えてみる必要がある。他方，憲法9条が堅持されれば，「解釈改憲」がここまで進んでしまった現在でさえ，在日米軍はあくまでも「日本と極東の安全への寄与」の有無が問題とされ続ける。この「効用」をそう簡単に手放していいものだろうか[46]。

---

41) 朝日新聞 2004 年 9 月 22 日朝刊。
42) 朝日新聞 2004 年 11 月 12 日朝刊。なお，在日米軍再編の問題については，石川巌「在日米軍再編を現場から見る」世界 2004 年 12 月号 97 頁以下を参照。
43) 「対テロ戦争」でアメリカと同盟関係にあるパキスタンやウズベキスタンは「圧制の拠点」に数え上げられてもよさそうな国情なのに，なぜか除外されている。判断基準は結局，「人権と民主化の程度」ではなく，「親米政権か否か」なのではないかと疑われても当然といえよう。
44) チャルマーズ・ジョンソン（村上和久訳）『アメリカ帝国の悲劇』（文藝春秋，2004 年）13 頁。
45) この問題に関しては，前田哲男『在日米軍基地の収支決算』（ちくま新書，2000 年）を参照。
46) 前田哲男「拘束がはずされ，海外派兵が日常化する」別冊世界『もし憲法 9 条が変えられてしまったら』（岩波書店，2004 年）60〜63 頁はコンパクトな叙述だが，憲法 9 条の「効用」をより広く考察している。ぜひ参照されたい。

## 6 おわりに

　湾岸戦争以後も日本国民の平和意識は「危ういバランスのなかにありながらも，市民意識には非戦の意識が1つのはっきりと識別しうる成分として存在することを示しているのである。在日米軍や日米安保協力の実態と将来の動向について具体的な理解が進み，同時にそれに代わるべき非軍事的安全保障機構についてのイメージが喚起されたとき，この成分が振幅を強めることが充分に期待できる」と梅林宏道は述べている[47]。古関彰一も，戦争により国土を爆撃された経験をほとんど持たないアメリカと，領土が核兵器と通常兵器によって爆撃され，かつ沖縄県は地上戦の経験も持っている日本とでは，国民の戦争体験が全く異なり，安全保障観も異なっているため，アメリカが何かと「力による解決」を望む一方，日本はそれを望まないという対照的な政治手法を身につけているが，「これこそ日本の『よき伝統』ではないのか」と論じている[48]。

　この「よき伝統」を「聖徳太子の一七条憲法以来の『和』の理念」まで遡及させて，「日本文明の理念」を語るのは，あまりにも非歴史的な態度である[49]。敗戦の経験と日本国憲法の下での経験を通じて，日本国民が右往左往しながら育んできた「伝統」だと私は考える。この「伝統」は現在，揺らいでいるのかもしれない。しかし，だからこそ，この「伝統」を継承し，発展させていくことが大切なのではないか。1992年にアメリカのルイジアナ州バトン・ルージュで起きた服部君射殺事件をご記憶だろうか。ハロウィンの訪問先を間違えた高校生が射殺された事件である。当時，物知り顔で，「日本人の安全意識は国際社会では非常識だ」と述べる「評論家」もいた。でも，本当だろうか。マイケル・ムーア監督の映画『ボーリング・フォー・コロンバイン』を観た人は，「アメリカの安全意識」の方が非常識だということが分かるはずだ。服部君事

---

47) 梅林・前掲書（注15）19～24頁。
48) 古関彰一『「平和国家」日本の再検討』（岩波書店，2002年）281頁。
49) 小林正弥『非戦の哲学』（ちくま新書，2003年）70頁。なお，近代日本の「平和意識」を概観する上で，石田・前掲書（注34）16頁以下が参考になる。

件を前にして,「アメリカの方がおかしいのではないか」と考えたあなたは,そのことを恥じる必要はない。世界を暴力的な方向に変えたい連中が,そのような疑問を「非現実的だ」とか,「国際社会では非常識だ」と批判して,本当に問うべき問題を隠蔽しようとするのだから。

　イラク戦争の少し前に同地を訪れた作家,池澤夏樹はそのルポルタージュともいえる小さな書物の最後で,こんなエピソードを紹介している。ニネーヴェの遺跡を出たところで遊んでいた子供たちの歌っていたメロディーに覚えがあった彼はハミングで唱和する。すると子供たちは歌いながら彼の傍に寄ってくる。歌い終わったとき,いちばん大きな女の子が彼に微笑みかける。そして,彼はその歌が「フレール・ジャック」というフランスの童謡であったことに気づく。池澤は次の文章で書物を閉じている。

　　戦争というのは結局,この子供たちの歌声を空襲警報のサイレンで押し殺すことだ。恥ずかしそうな笑みを恐怖の表情に変えることだ。
　　それを正当化する理屈をぼくは知らない。[50]

　幸いなことに,私も知らない。けれども,確認しておきたいのは,たぶん,私たちはそんな「理屈」を始めから知らなかったわけではないということだ。アジア太平洋戦争における戦争体験と「平和憲法」の下での経験を通じて,そんな「理屈」を1つひとつ無くしてきたのだと思う。私はそのことを素晴らしいことだと考える。だから,これからも,そんな「理屈」が出てくるのならば,1つひとつ消してゆきたいと思う。憲法9条を守ること自体に意味があるわけではない。9条にこだわることで,何を守れるかが問題なのだ。

　最近の政治状況をみる限り,どうやらまだ当分の間,私は「護憲」派のままでいることになりそうだ。

---

[50]　池澤夏樹・本橋成一『イラクの小さな橋を渡って』(光文社,2003年) 78頁。

## 13 国際社会の現実と日本国憲法
――国際社会への日本国憲法の問いかけ――

馬奈木厳太郎

> "私たちの平和憲法は，これまでのような国内政治の世界のなかにとどまっているのではなく，いまこそはじめて，現実の国際政治のうえで，いよいよ真価を発揮すべき出番を迎えたのです"
>
> ――奥平康弘『いかそう日本国憲法』

## 1　はじめに

　本書が刊行される 2005 年は，多くの出来事の節目の年となっている。たとえば，戦後 60 周年，国連発足 60 周年，バンドン会議 50 周年，日韓基本条約 40 周年などなど。また，こうした節目の年は，単にメモリアルなだけではなく，多くの場合には，その意義と限界を再確認するとともに見直しへと進むものでもある。東アジア共同体創設に向けた東アジアサミット，韓国での日韓基本条約締結に際する外交文書の公開などは，そうした文脈でとらえることができる例だろう。
　このことは，戦後 60 周年や国連発足 60 周年についても例外ではない。戦後 60 周年に際し，国内で見直しを求める最たるものは，たとえば自民党が結党 50 周年の 2005 年秋に憲法改正案をまとめるとしているように，改憲にほかならないだろう。もっとも，戦後 60 周年に際しての見直しは，それ以外の国連改革や東アジア共同体構想，日韓関係といった他の要素と無関係に行えるもので

も行うべきものでもないことには，注意を要する。

　そこで，本章ではこうした2005年をめぐる内外情勢のうちでも，国連改革と東北アジアの動向をとくに意識しつつ，戦後60周年に際して日本に求められていることは何なのかについて，日本国憲法の平和主義が国際社会のこれからに対して有するであろう意義を明らかにすることを通じて検討することにしたい。このことはまた，戦後60周年に際しての国内での見直しが，改憲という結論に落ち着くことの問題点を指摘することにもつながるはずである。以下，具体的な構成としては，2005年をめぐって繰り広げられている外的環境を，まずは国連改革の動向という形で概観し，次いで国際社会に対してどう向き合うべきなのか，東北アジアのなかの日本という位置づけも取り入れつつ，日本国憲法の観点から展望することとしたい。

## 2　国連発足60周年と国連改革
——あまりにも国内で意識されていないこと——

### 国際連合とは

　国連は，1945年6月26日，つまり日本の敗戦の約2ヶ月前に，サンフランシスコにおいて国際連合憲章が調印され，これが1945年10月24日に発効し，発足した。原加盟国は51カ国であり，英語でUnited Nationsと表記されるところからもわかるように，当時の連合国による組織体で，戦後の世界秩序の枠組みをどのように構築するのかという問題意識とともに成立している[1]。

　こうした国連の目的は，憲章1条にも規定されているように，大きく次の4つにある。すなわち，①国際の平和および安全を維持すること，②各国の間に友好関係を確立すること，③貧しい人々の生活条件を向上させ，飢えと病気と

---
[1] 国際連合の概要とその活動については，たとえば，See, UNITED NATIONS DEPARTMENT OF PUBLIC INFORMATION, BASIC FACTS ABOUT THE UNITED NATIONS (2004); NIGEL D. WHITE, THE UNITED NATIONS SYSTEM (2002); RAMESH THAKUR/EDWARD NEWMAN (eds.), NEW MILLENNIUM, NEW PERSPECTIVES (2000). また，邦語のものとしては，たとえば，参照，国連広報局『国連の基礎知識』（世界の動き社，2002年），武者小路公秀『ハンドブック国際連合』（岩波書店，1986年），河辺一郎『国連と日本』（岩波書店，1994年）など。

読み書きのできない状態を克服し,お互いの権利と自由の尊重を働きかけるなど,経済的や社会的,文化的,人道的な性質を有する国際問題について共同で努力すること,④各国がこれらの目的を達成するのを助けるための場となることである。

国連は,その後,加盟国を徐々に増やし,現在は191カ国となっている(一番最近の加盟国は,2002年の東ティモール)。日本は,1956年に加盟した。また,国連には,総会,安全保障理事会,経済社会理事会,信託統治理事会,事務局,国際司法裁判所の6つの主要機構のほか,14の専門機関を有し,非常に多彩な分野で活動を行っている(日本には,国連大学と国際熱帯木材機関の本部がある)。

もっとも,そうした国連も,政府代表からなる組合的な組織という特徴のため,冷戦期には十分にその機能を発揮することが困難なときもあった。また,近時では,東西対立の解消や新しい課題などに直面して,国連改革が議題にあがっている。[2]

### 国連からみる国際社会の現実

そこで,国連改革がどのような方向性を目指しているのかを理解するためにも,まずは国連が今日の国際社会の現実をどのように認識しているのかを確認しておく必要がある。国連改革に関する文書は多数あるが,ここでは,2000年9月の国連総会で採択された国連ミレニアム宣言[3]と,2004年12月に公表された国連改革のためのハイレベル諮問委員会報告書("A more secure world : Our

---

2) 国連改革については,たとえば,See, FRANK BARNABY (ed.), BUILDING A MORE DEMOCRATIC UNITED NATIONS (1991); ANDY W. KNIGHT, A CHANGING UNITED NATIONS (2000); ANDREW F. COOPER/JOHN ENGLISH/RAMESH THAKUR (eds.), ENHANCING GLOBAL GOVERNANCE (2002). また,邦語のものとしては,たとえば,杉浦功一『国際連合と民主化――民主的世界秩序をめぐって』(法律文化社,2004年),馬橋憲男『国連とNGO――市民参加の歴史と課題』(有信堂,1999年),臼井久和・馬橋憲男編『新しい国連――冷戦から21世紀へ』(有信堂,2004年)参照。

3) 国連ミレニアム宣言(日本語)は,http://www.unic.or.jp/centre/introm.htm において入手可能である。

shared responsibility"）を主な題材としたい。これらはいずれも，国際社会の現実と国連改革の方向性を考えるうえでは，極めて重要な文書である。

　国連ミレニアム宣言は，その冒頭で，「より平和で，繁栄し，公正な世界にとって不可欠な基礎としての国連と国連憲章に対する私たちの信念を再確認した」としたうえで，価値・原則，平和・安全保障・軍縮，開発・貧困，共有する環境の保護，人権・民主主義・グッドガバナンス，弱者の保護，アフリカの特別のニーズへの対応，国連強化といった各分野について，方針と目標を謳っている。たとえば，「価値と原則」では，自由・平等・寛容・自然の尊重・責任の分担といった基本的な価値が，21世紀の国際関係においては不可欠であることが確認されており，「平和，安全保障および軍縮」では，法の支配の尊重を強化することや国際人道法および国際人権法の履行確保，国際刑事裁判所（ICC）ローマ規程の批准などを加盟国に求めている。

　また，開発や貧困・疾病，不正，暴力・恐怖・犯罪，環境破壊といった優先されるべき課題に取り組むため，国連の改革として，①総会の国連における中心的地位の再確認と役割強化についての検討，②安全保障理事会の包括的改革，③経済社会理事会の強化，④正義と法の支配を確保するための国際司法裁判所の強化，⑤NGO，市民社会の参加と貢献機会の拡大などが求められている。こうした方向性は，総会や経済社会理事会，国際司法裁判所などの強化と，安全保障理事会の相対化・民主化，非国家アクターの参加促進というふうに特徴づけることができる。

　次に，ハイレベル諮問委員会報告書だが，この委員会は，2003年9月のアナン国連事務総長の国連総会での演説に基づき設置された。各大陸から16人の有識者が委員として選出され，スコウクロフト元アメリカ大統領補佐官，プリマコフ元ロシア首相のほか，アジアからは，緒方貞子国際協力機構（JICA）理事長（元国連難民高等弁務官）など5名が入っている。同委員会の報告書は，2004年12月に国連事務総長に対して提出された。

---

4）ハイレベル諮問委員会報告書（英語）は，http://www.un.org/secureworld/において入手可能である。

報告書は，国際社会が直面する「脅威」について，①経済・社会問題（貧困，感染症，環境破壊など），②国際・国内紛争，③大量破壊兵器（核兵器，生物・化学兵器など），④テロリズム，⑤国際組織犯罪の5分野にまとめ，こうした「脅威」の特質や背景を分析し，それへの対応策について提案している。
　とくに，報告書が，直面している「脅威」の最初に，テロリズムではなく，貧困や感染症，環境破壊を位置づけているのは特徴的である。報告書の問題意識の一端は，たとえば次のような表現からも伺うことができるだろう。

「毎年，約1100万人の子どもが，予防可能な病気のために死亡している」
「サハラ砂漠以南のアフリカにおいては，1990年以来，平均寿命が50歳から46歳に縮まっている」
「先進国では，5歳未満で死亡する子どもは100人に1人以下の割合の一方で，サハラ砂漠以南のアフリカでは，その数は10人に1人であり，とくに14カ国では5人に1人となっている」
「サハラ砂漠以南のアフリカでは，1日1ドル未満で生活している人口が，1990年以来増加している」
「HIV/AIDSに対する国際的反応は，驚くべきほど遅く，恥ずべきほど不十分なままになっている」
「安全保障理事会が，HIV/AIDSを国際の平和と安全に対する脅威として初めて議論した2000年までには，アフリカにおける毎年のHIV/AIDSの死亡者は，1990年代のすべての内戦の総死亡者を優に超える数字になっていた」
「世界人口は，今日の63億人から2050年には89億人に増加することが予測されている」

　こうした記述をふまえると，最近では"テロとの闘い"という名での安易な軍事力の行使が盛んにいわれているが，報告書は，単独行動主義へのコミットを明確に退けるとともに，「テロ」の背景にある構造的な原因の解決こそが，より本質的な課題だと認識しているようである。そして，こうした「脅威」に対応するため，国連改革として，①総会の活性化や総会とNGOなどとの連携

強化，②安全保障理事会の常任理事国拡大[5]，③紛争拡大などを監視する「平和構築委員会（Peacebuilding Commission）」の新設，④地域機構との連携強化などを求めている。

さらに，国連開発計画（UNDP）や国連児童基金（UNICEF），国連難民高等弁務官事務所（UNHCR）のWEBサイトや各年の報告書・白書（UNDP『人間開発報告書』，UNICEF『世界子供白書』，UNHCR『世界難民白書』）[6]も，今日の国際社会の現実を知るためには有用である。それらによれば，次のようなことがいえる。

- 世界で12億人の人々が絶対的貧困（1日1ドル未満で生活している）の状況にある
- 世界の難民の数は，2004年1月1日現在，1709万人であり，そのうちアジアに618万人，アフリカに428万人である
- 就学年齢にある子どもの21％にあたる1億3000万人の子どもが学校に行けず，その97％は途上国にいる
- 初等教育を受けていない子どもの60％が女子である
- 世界の非識字成人は8億5000万人，そのうち5億4000万人は女性である

### 3　国際社会にどう向き合うのか

#### 国連改革に対する国内の視線

この間，日本では，国連というと安全保障理事会やPKOばかりに関心が集

---

[5] 安全保障理事会改革について，報告書は，理事国を現在の15カ国から24カ国にし，常任理事国も拡大することを提案しているが，新常任理事国に拒否権を認めることについては反対しており，また先進国から新理事国を選出する際には，GNPに占めるODA予算が国際目標となっている0.7％を達成しているか否かを選出基準の1つとすることを提言している。なお，2003年における日本の対GNP比率は0.20％（約88億ドル）であり，ドイツは0.28％（約66億ドル）である。

[6] UNDP本部サイト：http://www.undp.org/，UNDP東京事務所サイト：http://www.undp.or.jp/，UNICEF本部サイト：http://www.unicef.org/，日本ユニセフ協会サイト：http://www.unicef.or.jp/，UNHCR本部サイト：http://www.unhcr.ch/cgi-bin/texis/vtx/home，UNHCR日本サイト：www.unhcr.or.jp/。

まっていたように見受けられる。また，近時の国連改革においても，日本が安全保障理事会の常任理事国に入れるかどうかだけに議論の集中する傾向があり，実際，上記のハイレベル諮問委員会報告書に対する国内各紙の反応にしても，あるいは2004年6月に提出された国連改革に対する有識者懇談会の報告書にしても，そうした傾向は顕著である。

もっとも，国際社会が直面している現実は，上述したように，貧困や感染症，環境，難民，人口爆発など実に多様であり，改革が求められているのが安全保障理事会の常任理事国の扱いだけではないということを認識しなければならない。しかも，この安全保障理事会の改革についても，その文脈に照らすならば，実際には，安全保障理事会——とくにアメリカ——の権限の相対化や民主化がより本質的な課題となっているのであって，総会や経済社会理事会などの役割強化とNGOなどの参加促進という特徴は，そうした改革の方向性を示したものであることを理解する必要がある。

また，国連内部の改革案にとどまらず，さらに広くNGOなどから示されている国連改革案までをも射程に入れるのであれば，安全保障理事会の常任理事国が有している拒否権や，安全保障理事会による軍事的措置などを定めた国連憲章7章なども改革されるべき対象の筆頭にあげられているのであり，これらはよりラディカルな内容が提示されているという点のみならず，日本国憲法の平和主義とも共通する理念が提示されているという点からも注目されるべきである。国内においては，安全保障理事会の常任理事国拡大という方向性は，すでに既定路線として所与のもののごとく受けとめられているが，そこで克服されるべき課題とされているのは，繰り返しになるが，なによりもアメリカの影

---

7) 国連改革に対する有識者懇談会報告書「21世紀における国連の役割と強化策」(2004年6月28日，横田洋三座長)は，外務大臣の諮問を受けて作成されたものであるが，そもそも諮問事項自体が，①安保理改革，②旧敵国条項，③国連分担金，④日本人職員増強に限定されたものであり，この点からも外務省の国連改革に対する意識の一端が伺える。もっとも，報告書は，国連の強化策として，総会の再活性化やNGOとの協力・連携強化などについても若干ながら言及している。報告書の全文は，http://www.mofa.go.jp/mofaj/gaiko/jp_un/pdfs/ykaigo_final.pdf において入手可能である。

8) 君島東彦「『武力によらない平和』の構想と実践」法律時報76巻7号(2004年)79〜84頁参照。

響力の相対化なのであり，そのためにNGOは拒否権の撤廃などを要求し，ハイレベル諮問委員会などは常任理事国の拡大という次善の策を提案しているということは看過されるべきではない。こうした改革の本質と経緯をふまえるならば，日本の常任理事国入りばかりに注目が集まる傾向は，改革の方向性に乗り遅れているという印象を抱かざるをえない。[9]

確かに，この間の日本による財政支援は多大なものがあるが，しかしそもそも素朴な「大国意識」や「多額の拠出金を支出しているから」といった理由だけで常任理事国になれるというほど国連は単純でもない。しかも，日本がどのように国際社会と向き合うのか，仮に常任理事国になったとして，いかなる原則と外交方針に基づき，どのようなイニシアティブを発揮できるのか，こうした論点について国民の間で議論が盛りあがっているともとてもいえない現状である。とするならば，まずは，常任理事国入り自体が目的となっているかにみえる現状を改め，もう一度，国際社会の現実を幅広く認識し，そこで求められていることに対して日本がどのような原則に基づき，何をすることができるのかという点を考え議論することが先決なのではないだろうか。

### 日本国憲法の方向性は非現実的か？

1994年，国連開発計画（UNDP）が，『人間開発報告書（1994年）』において「人間の安全保障」という概念を打ち出した。[10] この概念は，従来の安全保障が，国家を主体とし，国境や"国益"を防衛対象とする「国家安全保障」だったのに対して，安全保障のパラダイムシフトを展望するものであったが，多義的に

---

9) たとえば，ハイレベル諮問委員会委員であったスコウクロフト元アメリカ大統領補佐官は，「安保理拡大はほとんどの加盟国にとってあまり問題ではない」と述べ，多くの加盟国が安全保障理事会の拡大問題については無関心だと指摘し，日本の常任理事国入りは困難との見通しを語っている。時事通信2005年2月9日（電子版），しんぶん赤旗2005年2月10日参照。
10) 国連開発計画『人間開発報告書 1994』（国際協力出版会，1994年）参照。また，「人間の安全保障」に関する論考は少なくないが，比較的近時のものとして，たとえば，武者小路公秀『人間安全保障論序説』（国際書院，2003年），吉田文彦『「人間の安全保障」戦略』（岩波書店，2004年），大芝亮「国際機構と人間の安全保障」高柳彰夫／ロニー・アレキサンダー編『グローバル時代の平和学4　私たちの平和をつくる――環境・開発・人権・ジェンダー』（法律文化社，2004年）280〜305頁参照。

解釈されるおそれもあり，その内容をめぐっては批判も少なくない。[11]もっとも，その後，1996年頃からカナダ政府が外交政策として「人間の安全保障」を位置づけたほか，2000年の国連ミレニアム総会においては，「人間の安全保障」のキーコンセプトである「恐怖からの自由」と「欠乏からの自由」の2つの目標の達成が主張され，これを受けて2001年には「人間の安全保障」委員会が発足し，2003年に"Human Security Now"と題する報告書が国連事務総長に提出されるなど[12]，次第に注目を集めつつある。

また，日本政府も，1998年以来，「人間の安全保障」を外交方針の柱の1つに位置づけ，「人間の安全保障基金」を設立するなど，積極的な取り組みを公言してきた。[13]ただし，日本政府の方針については，一方でのこうした公言にもかかわらず，「そのことと，同時進行的に進められている戦時体制への急速な傾斜との大いなる矛盾であり，しかもその矛盾を矛盾と意識していないこと」から，「結局のところ，日本政府は『人間の安全保障』をみずからの問題としてとらえているのではなく，さまざまな『脅威』に直面して困窮している国々や人々への『援助』という側面だけでとらえている，とみる以外にはないであろう」として，日本政府の「人間の安全保障」のとらえ方を，「人々の安全に対する『脅威』をみずから作っておきながら，そのことには頬かむりして，その『脅威』に直面して困窮している人々に救いの手をさしのべるという，欺瞞的・偽善的なものにしかなりえない」とする批判も存る。[14]そして確かに，「人間の安全保障」における「脅威」の主体の1つとしてグローバルな資本を想定し，それを支えるアメリカ単独の覇権をその背後に見出すのであるならば，まさにその流れに乗ることが"国益"だと考えている日本政府のありようは，

---

11) たとえば，羽後静子「『人間の安全保障』とジェンダー」平和研究27号（2002年）60～68頁，土佐弘之『安全保障という逆説』（青土社，2003年）参照。

12) "Human Security Now"の翻訳については，人間の安全保障委員会『安全保障の今日的課題（人間の安全保障委員会報告書）』（朝日新聞社，2003年）。なお，委員会報告書の要旨（日本語）については，http://humansecurity-chs.org/finalreport/j-outline.html において入手可能である。

13) 日本政府の「人間の安全保障」に対する考え方については，参照，外務省のWEBサイト：http://www.mofa.go.jp/mofaj/gaiko/hs/index.html。

14) 浦部法穂「憲法九条と『人間の安全保障』」法律時報76巻7号（2004年）64～66頁。

「矛盾」と意識しないどころか，確信犯としてのそれであったとさえいえるものである。その意味で，日本政府の「人間の安全保障」へのコミットは，より上位の方針であるアメリカ政府への追随を補充・補完するものとして位置づけられていたと解される。

　しかしながら，こうしたそれ自体として手段的な「人間の安全保障」のとらえ方は，アメリカ政府が，様々な分野でますます孤立の一途をたどっている現状をみるならば，政策合理性をほとんど見出せないものであり，また「人間の安全保障」委員会報告書が，アメリカの単独行動主義や"テロとの闘い"などを念頭に置きつつ，「『人間の安全保障』を将来にわたり実現しようとするなら，多国間主義を支える国際社会の決意を新たにすることが必要欠くべからざる条件となる」，「不平等・社会的排除と疎外・国家や人々による弾圧といったテロの根本原因への対応よりも，短期間の強制的な対応に重きを置くあまり，90年代の進歩を停滞させてしまった」として批判的に言及していることにもみられるように，そもそもの「人間の安全保障」の意義とも両立しないものである。日本政府が「人間の安全保障」にコミットしてきた背景には，安全保障理事会の常任理事国入りを目指すための戦略だったとの評価も存するが，ここでも日本政府は，国連改革の方向性を正確に認識できていないといわざるをえない。

　ところで，「人間の安全保障」概念を支えている「恐怖からの自由」と「欠乏からの自由」とは，なによりも日本国憲法の前文において，「全世界の国民が，ひとしく恐怖と欠乏から免かれ，平和のうちに生存する権利を有することを確認する」として謳われている理念でもある。しかも，日本国憲法自身は，これらの「自由」を日本国民の問題としてのみならず，「全世界の国民」の問題として，すなわち国際社会の課題を自らのものとする姿勢を正当にも有していた。その意味で，規範正当性の問題としても，日本は「人間の安全保障」を追求できる条件下にあるといえる。もちろん，「人間の安全保障」という概念

---

15) さしあたり，金子勝／アンドリュー・デヴィット／藤原帰一／宮台真司『不安の正体！』（筑摩書房，2004年）参照。
16) 大芝亮・前掲論文（注10），290頁。

はなお発展途上のものであり，その精緻化のための主体的な努力が求められることはいうまでもない。そしてそのためにも，日本としては，日本国憲法の平和主義の出自にも鑑み，「人間の安全保障」を単なる援助としてとらえるのではなく，安全保障観のパラダイムシフトとして評価し，いわば国境を越えた被害者の視点を立脚点とすることが決定的に重要なのである。

　東北アジアという視点
　今日，東北アジアは，世界で唯一なお「冷戦構造」の残存する地域であり，朝鮮半島や中台，日露，日中などの政治的対峙関係が残る地域である。そして，東北アジアに属しているわけではないが，アメリカの強い影響力と利害が存しているのもこの地域の特徴である。実際，これまでは日米や韓米，台米，比米など，アメリカを主とする二国間関係をベースにこの地域の政治状況が規定されてきた場面も少なくなく，ヨーロッパや東南アジアなどと比較しても地域対話が活発に行われるような環境ではなかった。
　もっとも，そうした歴史的経緯があるとはいえ，とくに近時では，東北アジアに隣接するASEAN諸国の意向もあり，東アジアという枠組みでの多国間協調路線が盛んに主張されている。こうした路線自体は，マレーシアのマハティール首相（当時）が，すでに1990年に東アジア経済会議（EAEC）を提唱していたように，以前から経済分野を中心に提唱されていたものではあるが，近年では経済分野とともに，たとえば第5回アジア欧州会合（ASEM）の議長声明（2004年10月9日）において国連主導と多国間協調主義が強調されるなど[17]，アメリカ政府の外交・安全保障政策を暗に批判し距離感を探るような傾向が，東アジアのなかにもでてきている。また，ASEAN諸国と日中韓の参加する東アジアサミットが2005年に開催されることも決められており，各国の外交理念や影響力などをめぐり「同床異夢」[18]などと称されながらも，貿易などの経済分野のみならず外交や安全保障の分野についても，今後は地域対話が進展して

---

17) 議長声明（仮訳）については，http://www.mofa.go.jp/mofaj/area/asem/asem_5_sk_sei.html。
18) 産経新聞2004年12月9日。

いく見通しにあるといえる。

　確かに，現在も東北アジアにおいては，日本に直接かかわりのあるものだけでも，たとえば北朝鮮による拉致事件や日中間の領土問題などが存しており，友好や協調といったムードが東北アジア全体に浸透しているわけでは必ずしもない。しかし，これらの問題についても，国家犯罪あるいは国家による重大な人権侵害や，エネルギーなど資源問題にかかわる領土紛争としてとらえるならば，これらが決して日本固有のものでも，また今日に特有の問題でもないことが明らかになるはずである。たとえば，国家による拉致については，かつては日本自身も朝鮮半島や中国などで行ったものであるが，この間，日本政府は過去の自らの行為に対する反省や謝罪を自発的に表明してきたわけでも，被害者名簿の提出や遺骨の返還など事実について主体的に明らかにしてきたわけでもない。また，日本にとどまらず，少なくない国家において国家による強制失踪は行われてきたが，日本政府が積極的に過去そうした問題にコミットしてきたわけでもない。それどころか，現在も，強制失踪を含む20件以上の犯罪容疑のかかっている元ペルー大統領のフジモリ氏については，本国政府からの身柄引渡要請があるにもかかわらず，日本国籍を保持しているという理由で引渡を拒否し，拷問等禁止条約に基づき日本で裁判を行うという態度も示しておらず，人権NGOを中心に国際的な批判を浴びているところである[20]。こうしたことでは，日本政府は強制失踪に対する確固とした原則をもっておらず，北朝鮮による拉致についても，国家犯罪や人権侵害のゆえに，すなわち共通の規範として保護されるべき価値が侵害されたがゆえに声をあげているのではなく，単に被害者が日本国民だから怒っているという程度の理解しか国際的には得られないだろう。また，領土問題にしても，その背景には周知のようにエネルギー資源の問題が存しているのであり，中国の石油消費を増大させている一因に日本の

---

19) この理由自体，国籍は「真正かつ実効的」でなければ対抗力をもたない（実効的国籍原則）という国際法の支配的見解にも，ノッテボーム事件に関する国際司法裁判所判決（1955年）にも反するものである。

20) フジモリ氏に裁きを！日本ネットワーク編『フジモリ元大統領に裁きを』（現代人文社，2004年）参照。

資本と消費者の意向があることもふまえられなければならない。エネルギー問題に関しては，すでにゼロサムではなく"Win-Win"関係を目指すような提案もだされているところであり，中国原潜による領海侵犯についての背景説明のない単純な報道や感情的な反中国観は，こうした問題を冷静に議論するためには生産的でも建設的でもないだろう。

　国内においては，とくに最近，たとえば北朝鮮に対して経済制裁を求める主張などが典型であるが，内向きないしは偏狭なナショナリズムとでも評されるべき言説が盛んになされている。しかし，実はこうした問題を解決するためにも，当事者が日本だからという狭い発想から転換する必要があるのではないだろうか。すでに東北アジアは，経済的には——そのこと自体に全く問題がないわけではないが——相互依存の度合いが相当に強くなっている。とするならば，上述したように，国家犯罪や領土紛争が日本だけに固有の問題ではないことからしても，外交や安全保障，さらには人権といった政治問題についても，より大きな，たとえば東北アジアという枠組みのなかでこれらの問題を位置づけ，解決のための共通した原則を確立していくことについて日本が積極的に取り組むことは，極めて有意義なことであり，問題の解決のためにも求められていることだと解されるのである。

　また，そうしたことからすれば，政府レベルでの動向にとどまらず，政府とは異なるレベルからも，東北アジアあるいは東アジアを枠組みとする多国間協調ないし地域共同体構想にかかわる主張がだされていることは重要であろう。こうした提案は，国内においても研究者やNGOなどを中心にすでにいくつかだされており，[22]すでに国境を越えた学際的な研究活動も動き始めている。そして，そうした政府とは異なる立場から示されている提言においては，いずれも日本政府の戦争責任・戦後責任など"過去の克服"をその前提として強調して

---

21) たとえば，「特集　共生のための石油戦略」世界2005年2月号参照。
22) たとえば，金子勝・藤原帰一・山口二郎編『東アジアで生きよう！』（岩波書店，2003年），武者小路公秀監修『東北アジア時代への提言』（平凡社，2003年），姜尚中『アジアの孤児でいいのか（That Japan Ⅱ）』（ウェイツ，2003年），谷口誠『東アジア共同体』（岩波書店，2004年）など参照。

いるのが特徴であり，いわば「東北アジア共通の家」構想に対する"入居条件"として，この問題が位置づけられているのが注目されるところである。いわゆる戦後補償問題については，もともと冷戦体制のなかで日本の責任が不問に付されてきた経緯もあり，その意味で全面解決を"棚あげ"ないし"先延ばし"してきたと評価することができるが，当の日本政府は，条約など政府間での関係正常化をもって「解決済み」とする立場を今日も堅持している。しかし，被害国である相手方の国民がそのような理解を必ずしも採っていないことは，この地域での協力関係を推進していくうえでのある種の棘ともなっており，この点については，北朝鮮による拉致事件によって，国家犯罪被害者の感情の何たるかを初めて国民的規模でも理解することになった現在の日本としては，東北アジアにおける多国間協調を追求するのであれば，国境を越えて被害者の想いに共感と理解を示し，その想いに基づく全面解決策を具体化していく必要がある。

　さらに，構想を提示するだけにとどまらず，NGOなどの市民社会レベルでも地域対話を促進するための現実的な取り組みは進行している。たとえば，「紛争予防のためのグローバル・パートナーシップ（GPPAC）」がそうであるが（GPPACプロセスについては，本書3章参照），このプロセスでは，極東ロシアやモンゴル，韓国，北朝鮮，中国，台湾，日本などの国家・地域が東北アジア地域として位置づけられている。東北アジアにおけるプロセスは2003年に開始されたが，2005年2月には各地域から40人以上のNGO代表が来日し[23]，「GPPAC東北アジア地域会議」が開催され，「東京アジェンダ」を全会一致で採択するに至った[24]。採択された「東京アジェンダ」は，①平和共存，②平和

---

23) 韓国の「参与連帯」や「平和を創る女性の会」，中国の「中国国際NGO協会（CANGO）」や「中国国際理解協会」，台湾の「台湾ピースタイムファウンデーション」など約30団体。また，モンゴル元国連大使や漢陽大学，台湾大学，サハリン大学，復旦大学などの研究者も来日した。ただし，北朝鮮の代表団については，当初は参加する意向を示していたが，日朝関係などもあってGPPAC東北アジア会議自体には不参加だった。

24) GPPACプロセスについては，吉岡達也「9条理念を世界へ！」法学セミナー2005年2月号，88～91頁，同「9条理念の世界化への挑戦」世界2005年3月号，196～203頁参照。あわせてhttp://www.gppac.net/参照。また，東北アジア地域の動向や「東京アジェンダ」については，http://www.peaceboat.org/info/gppac/index.html 参照。

的関与，③平和の文化，④平和のための経済という四部構成になっており，内容的には，軍縮や非核地帯創設，領土問題といった問題群に加え，"過去の克服"や平和教育，多文化共生，人権，環境，ODA，経済といった分野までも含み，形式的には，それぞれのテーマごとに，重点課題，国連の課題，政府の課題，市民社会の課題というふうに主体に即した形で課題を列挙する体裁を取っている。今回の会議については，東北アジアの広範なNGOが，紛争予防というテーマに関して一堂に会したこと自体が初めてだったということもあり，この地域のNGOのネットワーキングという意味でも画期的だったと解されるが，同時に会議を通じて，NGOなどの市民社会が東北アジアの問題について積極的に貢献できるという確信が共有された点も非常に大きな成果であったはずである。

　なお，こうした東北アジアのNGOにおいては，朝鮮半島や中台関係などが典型的なように，この地域における政治的対峙関係の背後にアメリカの存在を共通して認めており，東北アジアにおいてアメリカの影響力をどのように相対化させるのかが課題として認識されている。あわせて，そうしたアメリカに追随するかのように「日米軍事同盟」を強化させ，「有事法制」やイラク特措法など一連の法整備を進めている日本に対しても，この地域の脅威となり不安定な要素を与えるとして極めて強い懸念が示されている。しかし他方で，日本国憲法9条とそれを支える世論に対しては関心が高く，9条が東北アジア地域における紛争予防メカニズムとして現実的な機能を果たしていると一様に評価されているのもまた特徴的である。そしてこうした評価をふまえるならば，第1章でも言及したように，日本国憲法の平和主義とは，何よりも連合国の安全保障を一義的な目的としたものであり，出発点の段階から"過去の克服"の前提として位置づけられていたものではあったが，しかしこのことは決して後ろ向きな"過去の清算"といったものに尽きるのではなく，いわば9条が東北アジアにおける未来志向的な信頼関係を構築する礎として，将来に対する積極的な役割を期待されているということも強調されなければならない。確かに，現在の改憲をめぐる議論のなかには，9条を時代遅れのものだとする見解も少なく

ない。しかし，改憲の効果が国内にとどまらないのであるならば，隣人の評価がいかなるものであるのかということについても，改正権を有する国民としては認識しておいてよいはずである。

### 4　おわりに

　現在，日本政府は，憲法などの規範を極端にまで軽視し，アメリカ政府に追随することが"勝ち組"に便乗することであるかのごとく喧伝し，そのための改憲までをも企図している[25]。しかし，こうした路線は，規範上の問題にとどまらず，国際社会の課題や国連改革の方向性，東北アジアの動向などを完全に見誤ったものであり，アメリカがすでに"勝ち組"でなくなりつつあるという意味での事実誤認をも犯しているものである。

　日本国憲法は，決して国連に対して受動的な姿勢を取っているわけでも，国際社会の課題に対して消極的な態度を表明したものでもない。むしろ，日本国憲法は，国際社会の課題の解決のために，自らの理念を国際社会へと問いかけていくことを日本国民に要請している。またその理念は，今日，日本国民にとってのものだけではなくなりつつある。そしてこうした共感と確信の拡がりが，すでに国際社会の課題を解決するためのプロセスの小さな，しかし確実な第一歩となっているのである。

　その意味でも，戦後60年，国連発足60年に際して国内で求められる見直しとは，国際社会の課題に対する認識のありようなのであり，なによりも"アメリカ一辺倒"とも呼ばれるこれまでの外交政策に他ならないだろう。そしてこのことは，国民1人ひとりが国際社会の課題に関心をもち，国際社会との距離感をどう縮めるのかという問題でもあるだろう。いま問われているのは，日本国民としてのみならず，東北アジアの一員として，そして国際社会の一員としての1人ひとりの想像力と意識なのである。

---

25)　この点の詳細については，本書3章参照。

# むすびにかえて
――憲法改正国民投票権者に問う――

水島　朝穂

## 1　なぜ，いま，憲法を変えるのか

　日本議会史上に残る（？）迷言がある。それは「いろいろ」である。
　2004年6月2日午後2時に開かれた衆議院決算行政監視委員会（第159国会第7号）で，その言葉は使われた。民主党の岡田克也委員の質問に対して，小泉純一郎首相はこう述べた。「人生いろいろ，会社もいろいろ，社員もいろいろです」と。小泉首相が国会議員になる前に世話になった企業で，勤務実態がないのに厚生年金に加入していた事実を追及されたものである。議事録を見ると，この発言のあと，委員は「この方が日本国総理大臣なのかと非常に寂しい気持ちで聞いておりました」と述べて質問を終えている。明らかに追及する気力も失せたという空気が質問者にうかがえる。だが，こうしたやりとりを聞かされる国民（投票権者）の方こそ，政治に対する脱力感，不信感と絶望を感じさせられたのではなかったか。この内閣のもと，「言葉の荒れ」が目立つようになった。「言論の府」たる国会は「言論の荒野」になった感すらある。
　いま，この内閣のもとで，憲法を変えようという動きが急速に進んでいる。憲法というものが，選び抜かれた言葉の集合という側面をもつ以上，憲法を変えようとする者には，最低限，言葉を丁寧に扱うことが求められる。その1点

---

1）　国会会議録検索システム（http://kokkai.ndl.go.jp/）から読める。

において，小泉首相は「資格」を問われるだろう。加えて，自民党の「新憲法制定推進本部」(本部長・小泉首相)の「新憲法起草委員長」は誰あろう，あの森喜朗元首相。内閣支持率9％(朝日新聞世論調査2001年2月)というレコードを作ったその人である。国民(投票権者)は，4年前の森内閣の「失言と迷言の連鎖」を忘れてしまったのだろうか。

メディアや「論壇」において，「憲法を変えるのは当然」という気分と空気が一段と強まるなかで，さまざまな改憲案や改憲構想が公表されている。本書で見てきたように，改憲論も「いろいろ」であるのだが，その主旋律は「どこかで聴いた曲」のヴァリエーションという印象を免れない。なぜだろうか。それは，あれこれの人権規定の新設や，あれこれの制度の改善が主張されていても，多くの改憲案(構想)の主要な狙いが，憲法9条の改変に置かれているからである。ついでにというか，近年ではこれもまた主要な狙いになりつつあるのだが，憲法というものの意味転換が狙われていることも看過できない。権力を拘束し，制限するという憲法の本質を曖昧にして，「国民みんなで守る国の決まり」へと変質させる。「新しい人権」がテンコ盛りで，現代的課題に何でも対応できそうな「便利な憲法(コンヴィーニエント)」のように見えて，肝心要(かなめ)のところで権力制限の機能を喪失した「権力にやさしい憲法」は，もはや憲法とはいえないのではないか。「古くなったから改正は当然」とか「車のモデルチェンジのように」という「改憲気分」で，一国の憲法に手を着けるのは，あまりにも安易で，かつ危険ではないだろうか。国民(投票権者)は，しっかりこうした点を踏まえる必要があるだろう。

## 2 「憲法とは何か」への一視点

本書では，改憲論をめぐる問題状況を探ってきた。改憲論者によっては「日本国憲法には環境権がないから，環境問題の解決に役立たない」という言い方をする向きもある。そういう主張をする人々のなかには，過去において環境保護運動や環境権訴訟に冷淡な態度をとっていた人の顔も見えるからおかしい。

「憲法9条があるから，国際貢献ができない」と主張する人々も同様である。いま「日米同盟」オンリーの，非常にかたよった安全保障論がはばをきかせている。国連に軸足を置き，アジア・太平洋地域に深く根ざした，バランスのとれた安全保障構想を，日本国憲法の平和主義に基づいて実現することが求められている。だが，この国が抱える矛盾や問題の原因を日本国憲法のせいにしないとおさまらない人々からすれば，「だから憲法を変えよう」という妙な力みにもつながってくる。そうしたとき，憲法は「問題解決」のためよりも，「問題創出」の装置ではないかとの指摘をする人に出会った。酒井直樹氏（米コーネル大学教授）である。酒井氏はいう[2]。

　…憲法は一見，実現不可能な理念を掲げることによって人びとの間に議論を引き起こす。現存する社会問題を円滑に解決するというよりも，憲法の存在によって，社会的な矛盾が顕在化され，公開の議論の場へともたらされるのである。憲法の役割のひとつは，社会紛争の効率的な解決ということよりも，社会問題の創出にあるようにみえるのである。問題がなければよいという考えとは違って，憲法は，社会問題をつくり出す。だから国民としての同一性は，自らも，社会問題をつくることに参加する決意として表現されることが多い。

「憲法とは何か」という問いに対して，憲法研究者とは違う切り口から応答しており，興味深い。憲法に「いろいろ」な人権を書き込めば，それで人権が実現するわけではない。改憲論者もそう単純には考えているわけではないだろう。ただ，国民（投票権者）に向かって，「憲法に環境権条項を」という形で，憲法9条改変の狙いをボカすためにそうした物言いをすることが問題なのである。憲法が理念的すぎる，あるいは抽象的すぎるというのは決してデメリットではなく，酒井氏も指摘するように，「社会問題の創出」，私なりに言い換えれば「問題の問題としての自覚化」の働きがあるように思う。これまで，環境権の明文規定がなくとも，さまざまな公害被害や環境問題で，国内外の市民運動，国際世論，学際的な研究，法学説の発展，判例の蓄積のなかで，環境権は確実

---

2）　酒井直樹「国際社会のなかの日本国憲法」『死産される日本語・日本人』（新曜社，1996年）78～79頁。

に定着してきた。将来的に，環境権を憲法上明文の根拠をもたせること自体は意味がある。だが，いま，改憲論のなかに登場する環境権の議論は薄っぺらで，いかにもタクテックス（9条改変の煙幕）という印象が強い。環境保護団体や公害被害者の原告団などから，将来，憲法に環境権条項をという主張が出てきたときは十分検討に値するが，いまは，政治家や憲法試案を掲げる大メディアのアドバルーンに惑わされてはならないだろう。

では，改憲論の「主攻正面」となっている憲法9条について，酒井氏はどう考えているだろうか。氏は，真珠湾と原爆投下を並置する議論を批判しつつ，次のようにいう[3]。

　…憲法第9条は復讐の論理による正当性を突き崩すのである。戦争そのものを否定しようとすることで，戦争の悲惨さの経験を，戦争の起こらない制度への欲望へと差し向ける。と同時に憲法第9条は，自国対敵国の二分法による均質な国体建設を不可能にしてしまうのである。そして，個人の死を国体へと同化することを不可能にしてしまうはずである。憲法第9条は，国民国家を死の共同体として表象することによって，国民の主体化をはかる近代の国民国家の典型的な自己制作の技術（テクネー）を，無効にしてしまうのである。

国民国家がもっていた「危ない一線」を乗り越える論理を憲法9条はもっている。だが，この国は，いま，「国益」のために「死」を求める方向に確実ににじり寄っている。イラクで何者かに射殺された外交官の死も，個人の死としてではなく，「国に殉じた死」として演出されようとした。いずれ自衛官の柩が羽田空港に到着するとき，国民国家に共通のセレミニーがそこで展開されるだろう。そうしたセレモニーを拒否するのが憲法9条の論理である。続けて酒井氏はいう[4]。

　…この条文は国際紛争について規定しており，その意味で，国境をまたいでしまっているのであり，このために自衛の問題が，条文に内在する矛盾としてつねに

---

3）　酒井・前掲書（注2）94～95頁。
4）　酒井・前掲書（注2）95～96頁，98頁。

起こってしまうのだ。…憲法第9条の条文が指示する事態が実現するためには，日本の国民以外の人びととの合意が必要であり，この条文は日本国民のみを聞き手として設定することができないように出来上がっている。この条文に自衛の問題が不在であるようにみえるのは，この条文が，日本以外の人びとに向かって言表されるのでなければ，条文としての言行為の役割を果たさないからではないのか。…憲法第9条という発話行為には，古代人が『拡充』と呼んだ事態が，構造的に繰り込まれていると考えざるをえないのであり，国民国家を越えて拡がってゆくというのは，現在の国際社会で認められた合理性に対する問題提起をすることによって，共生の可能性をつくってゆくことが，この条文には発話の構造として設定されているということなのである。

酒井氏もいうように，憲法9条や人権規定というのは，それを契機として，永遠に問題提起が可能となるような，いわば「社会問題創出」のであるようにも思える（特に少数者にとって）。「問題解決」の装置というよりは，「憲法の存在によって社会的な矛盾が顕在化され，公開の議論の場へともたらされる」という理解である。だから，9条も含め，憲法が「古くなる」ということはあり得ないし，同時に「達成された」ということもあり得ないわけである。憲法は，「永遠にプロセスを生起させる装置」なのであって，その意味において，「プロセス（過程）としての憲法」という特質が浮かび上がってくる。この憲法理解は，平和を「終わりのないプロセス」(Never-ending Process)と捉え，直接的暴力，構造的暴力，文化的暴力からの解放を目指すJ.ガルトゥングの理論とも響き合う。平和的生存権を保障する日本国憲法が決して古くなっていない所以である。「憲法は活かさなければ意味がなく，『古くなったから憲法を改正

---

5) 憲法をどう理解するかでは「いろいろ」ある。「権力の制限と合理化，自由な政治的生活過程の保障としての憲法」(H.エームケ)，「規範と課題としての憲法」(U.ショイナー)があり，「共同体の法形成の構造計画としての憲法」(A.ホラーバッハ)，「公的プロセスとしての憲法」(P.ヘーベルレ)などがある。いずれも，憲法発展の段階や国に応じて，それぞれの特質が前面に出てくる。フランコ独裁後の1978年憲法では，「制限」のファクターが前面に出た。今日では，市場を重視する傾向が強いなか，「構造計画としての憲法」の側面が押し出されているように見える。なお，「公的プロセスとしての憲法」の面については，Vgl. P. Häberle, Verfassung als öffentlichen Prozess, 3. Aufl., 1998, S. 121 ff.
6) 水島朝穂「『平和と人権』考——J.ガルトゥングの平和理論と人道的介入」〔連載・国家と自由・憲法学の可能性8〕法律時報1999年1月号66〜67頁参照。

する』という言説に憤りを覚える。憲法は『未完のプロジェクト』であり，日ごとに達成されていくものだ」（奥平康弘）からである[7]。

## 3　憲法に主体的に向き合うこと

　改憲の問題を考える際に忘れてはならない視点がある。それは，権力に対する緊張関係を忘れてはならないということがある。さまざまな改憲論のなかには，これまでも憲法を守ってこなかった権力担当者への牧歌的信頼が目立つ。いままで守ってこなかった者が，憲法を変えればそれを守るだろうというのでは，あまりに楽観的にすぎる。

　それともう1つ。改憲を語る人々のなかには，憲法に対する主体的姿勢の欠けたものが見受けられる。憲法改正に賛成と答えている国民（投票権者）のなかにも，憲法が権力を制限・拘束するのではなく，「国民みんなで守る大切な決まり」という憲法理解がかなり広まっているように思う。憲法を変えるか否かを議論するならば，まずは自らの憲法に対する主体的な姿勢を堅持すべきだろう。

　その点で，日本国憲法の施行2カ月前に兵庫県が出した小冊子は興味深い。そこには，「憲法大臣」といわれた国務大臣・金森徳次郎の講演「新憲法の精神」が収録されている。金森大臣はいう[8]。

　「この憲法こそは成程これは法文でありますから活字で印刷してあり，インキをもって紙の上に記述されているものでありますけれども，頭を変えて本体を見よ，これは国民の感情をもって記されてあるものであり，国民の心の上に刻み込まれてあるものでありましてこの憲法に対して客観的批評をするのが国民の任務ではありません。国民がこれによって実行によって憲法を肉付けるという所に国民諸君の義務がある」。

---

[7] 奥平康弘「いま，日本国憲法について，なにが語られるべきか」「憲法再生フォーラム」第5回講演会（2004年12月16日）。http://www.jicl.jp/now/event/jikkyou/17.html
[8] 『新憲法の解説――新憲法公布記念』（兵庫県社会教育協会，1947年3月1日発行，25〜26頁）。

憲法に対する「主体的な姿勢」の意味が見てとれるだろう。「古くなったから改正しよう」とか「環境権がないから改憲を」という物言いは，没主体的な態度ということになる。憲法規範に反する現実を，どのように規範に近づけていくかという地道な努力が求められることはもちろん，人権をめぐる新しい状況が生まれても，プラクシス（解釈，運用）によって憲法を「肉付ける」努力を行った上で，将来，どうしても規範変更が必要であるということが大方の認識になった時に初めて，市民の側から改憲の提案が生まれてくることになる。だから，権力担当者が自らに対する「規制」を緩和するために，「権力にやさしい憲法」を求めて改憲を提案をしてきた時は，市民はこれを疑ってかかるのが正しい。「肉付ける」努力を地道に，主体的に行うことが求められている。市民の側から，ことさらに憲法改正国民投票をフライングぎみに提起したり，護憲的改憲の「対案」を行うことなどは，その狙いや問題意識は理解できるものの，さまざまな政治力学が錯綜する現実政治の文脈では逆効果になるおそれがあることに注意すべきだろう。

　憲法への主体な姿勢は，憲法9条についても求められる。憲法の歴史は，のっぺらぼうに展開してきたわけではないし，これからもそうである。事柄は一般的な政策論議ではなく，憲法という国の最高法規に関わることを忘れてはならない。憲法9条に反する現実が半世紀以上にわたって存在しているが，この規範と現実のズレないし乖離は，歴史的に形成された，さまざまな矛盾の総和である。例えば，「自衛のための必要最小限度の実力（自衛力）」は合憲だが，それを超える「戦力」は違憲という政府解釈（1954年）も，憲法9条とそれを支える世論や運動なしにはあり得なかった。そうした「矛盾」はのっぺりと作り出されたのではなく，その時々のさまざまな力学の総和として生まれたわけである。いま，権力担当者のなかに，憲法そのものを軽視・無視・蔑視する傾向が生まれている。これは危機的状況といえる。相手がどんどん憲法を無視してくるときに，憲法9条の規範力を弱める議論をこちらから用意してあげる必要はないだろう。憲法9条は，「普通の憲法」の「軍事的合理性への懐疑」から，さらに進んで，「軍事的合理性の否定」へと一段飛躍した憲法なのである。

その特質を改めて確認しておきたい。

　いまも昔も，権力担当者にとって，憲法の「無害化」は重要な課題である。憲法をまともに守ろうとしない権力担当者にとって，「権力にやさしい憲法」が生まれれば，それを守るという保証はあるだろうか。また，そうやって「無害化」された憲法を誰が注目するだろうか。憲法といっても「たかが紙切れ」である。だが，厳粛な言葉で綴られた条文の背後には，長年にわたる人々の歴史的営みが息づいている。そうした歴史への謙虚な眼差しと態度を忘れてはならないだろう。憲法実践（権力者の側だけでなく，市民側の憲法実践の蓄積も）をどう評価するか。そうした視点なしに，半世紀の憲法実践を簡単に切り捨てることはできないだろう。憲法9条を厳格に解釈する立場（非武装・無軍備・恒久平和主義）の理念と実践について，丁寧な検証が求められる所以である。

　「冷戦が終わったから」という枕詞も，平和論における思考停止につながりかねない。憲法は，国家権力の対外的発動（自衛戦争を含む）に厳格な制約を課している。こうした「禁止規範」の側面と同時に，憲法は，軍事の方向を遮断した上で，軍事力によらない「平和の創り方」を求めている。市民の国際的な活動に対して，常に憲法は開かれている。「平和を愛する諸国民（peoples）の公正と信義に信頼して，われらの安全と生存を保持しようと決意した」（憲法前文第2段）という下りは，よく「平和を愛する国家ばかりではない」とすり替えられ，揶揄される。だが，よく読んでみよう。国家ではなく，「平和を愛する」複数の人民が想定されている。しかも，私たちの努力によって，積極的にそうした人々との連携・連帯を生み出していくという，将来にわたる積極的で，主体的な平和の営みが期待されている。軍事力に代わる，「もう1つの平和構想」の重要なポイントがここにある[9]。だから，日本国憲法のせいで「国際貢献」ができないというのはまやかしで，憲法が何を禁止し，遮断しているかを問うべきだろう[10]。憲法が禁止しているのは武力行使や武力威嚇のあらゆる形態であり，イラク戦争への協力や「不安定な弧」の軍事管理などはまさにそ

---

9) 水島朝穂『武力なき平和――日本国憲法の構想力』（岩波書店，1997年）234～252頁参照。
10) 憲法再生フォーラム編『改憲は必要か』（岩波新書，2004年）165～166頁（水島執筆）参照。

れにあたる。「武力による平和」を拒否する憲法的選択の背後には，60年前のヒロシマ・ナガサキとアジアの無数の「声なき声」があることを忘れてはならない。[11]「冷戦の終結」によっても，その規範の原点を動かす必要はないし，9条規範に現実を近づける条件と可能性は今後むしろ高まってくるとさえいえる。憲法9条に基づく「高次の現実主義」である。[12]国民（投票権者）は，こうした点も含めて，もっと現実を見つめるべきだろう。

### 4　「憲法くん」から投票権者の皆さんへ

　自民党の新憲法起草委員会（森喜朗委員長）が4月に発表する自民党「新憲法試案」の骨格が2月20日に固まった。[13]憲法9条2項「戦力の不保持」を改め，「軍事組織の保持」を明文化し，あわせて集団的自衛権行使と「国際貢献」に伴う海外での武力行使を容認する規定を置いた。新たな権利条項（知る権利，プライバシー権，環境権など）を設け，同時に新たな義務条項（国防の責務，家族保護）を導入する。前文には，日本の「伝統」「文化」を記載する。そして，憲法改正手続については，「各議院の総議員の3分の2以上の賛成」という発議要件を，「総議員の過半数」に引き下げている。憲法改正国民投票については，「総議員の3分の2以上の賛成があれば不要」という意見と，「必ず行うべきだ」という意見に分かれたという。

　そもそも，自らが憲法に拘束・制限される閣僚や国会議員たちが，「憲法を変えやすいよう，改正手続を簡易化しよう」ということ自体がおこがましい，本末転倒な提案である。改正手続が厳重で，改正するのに大変な手間隙とエネルギーを費消する「硬性憲法」。まずその改正手続に手をつけ，違憲の「現

---

11)　水島朝穂「平和主義――国際社会への『パスポート』から『国際的公共財』へ」AERA MOOK『憲法がわかる』（朝日新聞社，1999年）8～11頁．水島朝穂編著『ヒロシマと憲法〔第4版〕』（法律文化社，2003年）16～17頁参照．

12)　水島朝穂「理念なき改憲論より高次の現実主義を」論座2004年3月号184～191頁参照。http://www.asaho.com/

13)　2月21日共同通信配信，毎日新聞2005年2月25日。見出しは「自民党憲法草案『軍事力使える国に』」である（東京本社14版）。

実」に合わせて憲法の方を変えてしまう。それまで違憲とされてきた「現実」が，問題なく合憲となる。憲法は権力担当者の目から見れば，違憲といわれることのないまでに「更生」されたわけである。「硬性憲法」から現状追認型の「更生憲法」への転換である。その意味では，改正手続きの簡易化を主張する改憲論者たちの動機はかなり「不純」といってよいだろう。

いま，憲法調査会を憲法改正発議の主体とするための国会法改正案と，憲法改正国民投票の手続法である憲法改正国民投票法案が急浮上してきた。後者については，1955年1月20日に，当時の自治庁が作成した法案がすでにある。この4月に国会に上程される法案も，基本的に半世紀前の法案に近いものになっている。

改憲発議から国民投票までの期間が，かつては35日～90日だったものが，いまは60日～90日であるという違いこそあれ，大方においては共通している。国会法改正では，改憲発議の方法も問題となる。各条・各項ごとに提案するのか，全体を一括で提案するのかということが最大のポイントである（中曾根元首相は一括投票を要求）。端的にいえば，環境権条項新設と集団的自衛権行使を可能とする9条2項の改定案とでは，別々に提案するのと，一括で提案するのとでは，投票の際に大きな違いが出てくる。環境権に賛成でも，集団的自衛権には反対という人は，一括方式では自分の意見通りの投票ができない。憲法という国の基本法の改定である以上，個別条文ごとの提案である必要があろう。

改憲案を提出するには衆院で100人以上，参院で50人以上が必要である。法案提出権（衆院20人以上，参院は10人以上。予算を伴うときは同50人〔20人〕以上）と比較すれば，確かに加重されてはいるものの，これで十分かといえば，問題は残る。それから，「国民投票の過半数」の意味も問題となる。①有権者総数の過半数，②投票総数の過半数，③有効投票の過半数の3説がある。憲法改正が国民（投票権者）の重大事である以上，白票を投じた人も含めて，算定基礎にカウントすべきであって，その意味からすれば，③は妥当ではない（政府は③を採用する方向）。そのほかにも，投票権者の範囲の問題から，国民投票運動の規制に至るまで，問題は多岐にわたるが，ここでは立ち入らない。

いずれにしても，憲法改正国民投票法というのは単なる手続法にとどまらない，「実質的」な意味ももっていることに，国民（投票権者）は十分に留意すべきだろう。

　最後に，「憲法くん」というキャラクターから読者の皆さん，というよりも，憲法改正国民投票権者の皆さんへのメッセージを紹介したい。

　「憲法くん」というのは，人気コント集団「ザ・ニュースペーパー」（TNP）の公演「憲法施行50年の『夜』」の最終ステージに登場したキャラクターである。1997年5月3日，東京・内幸町のイイノホールで行われた「憲法フェスティバル97」（代表・森川文人弁護士）のメイン企画として行われたこの公演は，筆者が企画立案段階から関わり，脚本の一部を執筆するとともに，全体を監修した。全11場のオムニバス形式で，「憲法」を通奏低音のように響かせながら，「笑い」のなかで憲法施行50年の意味を考えてもらおうという作品である。[14] 第1場「基地はどこへいく——基地と住民投票」から始まり，第11場「憲法くんの独白——憲法前文のこころ」で終わる。第3場「歴代首相の証人喚問——租税法律主義と消費税」や，当時まだ法案化していなかった通信傍受法についても，第8場「盗聴の『夜』——組織犯罪対策法と通信の秘密」で先取り的に笑い飛ばした。

　実は「憲法くん」というのは，松元ヒロさんと筆者の合作である。[15] この場面をライブ・ビデオから再現してみると，[16] ラストは「憲法くん」が，自らの存在

---

14) シナリオの一部は，水島朝穂「日本国憲法施行50年周年——「笑い」から憲法を考える」〔連載・現場からの憲法学〕第4回（法学セミナー1997年7月号82〜86頁）に収録した。

15) 松元ヒロ・水島朝穂共同脚本「憲法くん」『季刊 the 座』41号（こまつ座，1999年5月）参照。

16) 水島・前掲連載『法学セミナー』85〜86頁。この部分を再現してみよう。「よれよれの服を着た中年男が舞台中央へ。『今日は，私の50歳の誕生日です（拍手）。拍手していない人はわからないかも知れませんが，私，憲法です（笑）。いやぁ，長いことやってきましたけどね，まだまだがんばれると思っているんですけれどもね。…（中略）…この間，新聞読みましたら，私をもう取り替えた方がいいじゃないか，という意見の方が，取り替えなくっていいという意見を上回ったそうです。でも，そういう前に，私自身を，よく知っているのかなぁ，と。もう一回，私をちゃんと見て下さいというふうにいいたいんですよね。実際にみなさんは，もういらないというまで，私を使いましたかね。私がいっていること，まだまだ実現していないような気がするんですよ。私をどうこうするという前に，初心を思い出してほしいんですよ。僕が生まれ

を，観客（投票権者）に向かって，「だから，みなさん，お任(まか)せしましたよ」と叫ぶところで終わっている。そこで，「憲法くん」に代わって呼びかけたい。読者＝国民（投票権者）の皆さんは，これまでの与野党の対立，「護憲」「改憲」の違いを含め，さまざまな過去や思惑，しがらみや行きがかりを越えて，いま，この国のかたちに関わる重大な憲法改正問題に関心をもっていただきたい。そして，「憲法とは何か」をじっくりと考えて決断してほしいと思う。

ヽたときの喜びといいますかね…。私の初心は，前文に書いてあるんです。50年も前だからね。思い出すかどうか…。みなさんも覚えていますか。憲法の前文です。こういうふうに始まりますよね。「日本国民は，正当に選挙された国会における代表者を通じて行動し…〔以下，憲法前文をすべて暗唱していく〕…崇高な理想と目的を達成することを誓ふ』（大きな拍手）。ありがとうございました。いやぁ，なんかこう，初心をいっちゃうとね，また元気が出てきますよね。初心に戻ったという感じがしますよ。もし，みなさんが働けというのだったら，まだ働きますよ。だってみなさん，僕はまだ，50歳なんですよ。今が働き盛りなんですよ。だいたいね，65歳にならないと，年金ももらえないしね（笑）。でも，僕はみなさんのものです。みなさんが，僕をどうするのか決めるんですよ。だから，みなさん。お任せしましたよ。（「よし！」の掛け声。大きな拍手)」

## 文献・URL 案内

　紙幅の都合上，以下の基準を目安に，最小限の紹介にとどめる。（1）文献は，①改憲問題を主に扱っているもの，②入手しやすいもの，③なるべく過去5年以内のもの，を中心に選んだ。（2）URLについては，本書の「平均的な読者」の需要が高いと思われるサイトを載せた（より詳しくは，各サイトに張られたリンク先にアクセスしていただきたい）。

## I　文　献

1　基本文献・資料
　①渡辺治編著『憲法「改正」の争点』（旬報社，2002年）
　②渡辺治・和田進編『講座・戦争と現代5　平和秩序形成の課題』（大月書店，2004年）
　③小沢隆一『現代日本の法――『改革』を問う』（法律文化社，2000年）
　④『憲法を考える（1-6）』（現代史料出版，2000年～2004年）
　⑤企画・編集委員会編『あたらしい憲法の話・民主主義』（展望社，2004年）
　＊戦後の主要な改憲案を解説つきで収録した①は，改憲問題にいかなるスタンスをとる者にとっても必携の文献。②は，「戦争」を切り口に現代社会を読み解くシリーズの一冊。日本の軍事大国化への対抗構想が打ち出されており，改憲論への向き合い方を考える上で示唆に富む。③は，90年代の憲法構造の新自由主義的改編を法学的視点から批判的に検証している。④は，第147国会以降の国会憲法調査会の会議録をまとめたもの。⑤は，日本国憲法施行直後に文部省が出した「幻の副読本」を1冊本として復刻したもの。

2　50―60年代改憲論
　①憲法問題研究会編『憲法読本（上・下）』（岩波書店，1965年）

②渡辺治『日本国憲法「改正」史』（日本評論社，1987 年）
　＊①は，護憲派有識者が政府憲法調査会に対抗して 1958 年に発足させた「憲法問題研究会」による市民向け憲法読本。当時を代表する論者たちの日本国憲法擁護の想いが伝わってくる。②は，50～60 年代を中心に 80 年代までの改憲動向を検証している。

3　現在の改憲問題を論じた新書・ブックレット
　①憲法再生フォーラム『改憲は必要か』（岩波書店，2004 年）
　②別冊・世界『もしも憲法 9 条が変えられてしまったら』（岩波書店，2004 年）
　③憲法プロジェクト 2004 編『日本の憲法・国民主権の論点』（講談社，2004 年）
　④今井一編『対論！　戦争，軍隊，この国の行方』（青木書店，2004 年）
　⑤憲法会議・自由法曹団編『憲法「改正」だれのため？なんのため？』（学習の友社，2004 年）

4　憲法問題を多角的に読み解くための入門書
　①森英樹『国際協力と平和を考える 50 話』（岩波書店，2004 年）
　②奥平康弘『憲法の想像力』（日本評論社，2003 年）
　③杉原泰雄『憲法の「現在」』（有信堂，2003 年）
　④水島朝穂『同時代への直言』（高文研，2003 年）
　⑤樋口陽一『個人と国家』（集英社，2000 年）
　＊憲法学の第一人者たちによる憲法を切り口にした時代診断。いずれも改憲問題についての言及があり，市民にも読みやすい内容となっている。

5　新聞各社の改憲に対するスタンス
　①読売新聞社編『憲法改正　読売試案 2004 年』（中央公論新社，2004 年）
　②毎日新聞論説室『論憲の時代』（日本評論社，2003 年）
　③芹沢洋一『憲法改革』（日本経済新聞社，2000 年）
　＊②，③は社を代表する見解ではないが，各社の一定の方向性は読み取れる。

## II　URL

1　憲法問題全般について，まずは，以下のサイトにアクセスしてみるとよい。
　①「法学館憲法研究所」　http://www.jicl.jp/
　②「平和憲法のメッセージ（水島朝穂HP）」　http://www.asaho.com/
　③「市民と憲法研究者をむすぶ憲法問題 Web.」　http://www.jca.apc.org/~kenpoweb/
　＊①は，伊藤真氏（伊藤塾塾長）を館長とし，憲法に関する様々な情報を市民に向けて発信している。②は本書の編者のHP。③は全国の憲法研究者有志が運営するHP。

2　改憲をめぐる市民運動
　①「九条の会」　http://www.9-jo.jp/
　②「憲法会議HP」　http://www.kenpoukaigi.gr.jp/
　③「許すな！憲法改悪・市民連絡会」　http://www4.vc-net.ne.jp/~kenpou/
　④「STOP！憲法24条改悪キャンペーン」　http://blog.livedoor.jp/savearticle24/
　⑤「憲法.com—市民版憲法調査会」　http://www.kenpou.com/
　＊①は，加藤周一氏，大江健三郎氏らによる，憲法9条擁護のための幅広い連帯の呼びかけ。②は，憲法改悪阻止の国民運動に取り組む全国組織のHP。「憲法しんぶん」速報版のほか，各政党や財界の改憲提言などを調べる際にも便利。③は，改憲反対の市民のネットワークづくりをめざす連絡会。新聞情報やリンクも充実。④は，近時の憲法24条見直し論に対抗して各界で活躍する女性たちが呼びかけたキャンペーン。⑤は，民主党改憲論に近い有識者たちを中心とし，「市民の手による憲法創造運動」を目標にする組織のHP。

3　憲法調査会
　①衆議院憲法調査会　http://www.shugiin.go.jp/index.nsf/html/index_kenpou.htm
　②参議院憲法調査会　http://www.sangiin.go.jp/japanese/kenpou/index.htm
　＊調査会の議事録は，国会会議録検索システム（http://kokkai.ndl.go.jp/）で検索

できる。

4　憲法に関する電子図書館
　①国会図書館「日本国憲法の誕生」　http://www.ndl.go.jp/constitution/
　②日本財団図書館「私はこう考える【憲法改正】について」　http://nippon.zaidan.info/seikabutsu/2002/01252/mokuji.htm
　＊①では日本国憲法制定期の多くの貴重な資料を解説つきで閲覧できる。②は，改憲問題関連の新聞論説，雑誌等の寄稿論文・コメント等がデータベース化されている。寄稿記事は改憲論者のものが中心だが，1946年〜1950年代の新聞社説は資料としての価値が高い。

## あとがき

　どの世論調査でも,「憲法を改正した方がよい」と答える国民が6割を超えたといわれている。「還暦」目前の憲法について,「古くなったところを改めることに賛成か,反対か」と一般的に問われたら,「賛成」と答える人が多いことは何ら不思議ではない。だが,「憲法を変えないと困る」と本気で考えている人は本当に多数なのだろうか。確かに,与野党を問わず,政治家の間では,また権力に寄り添う人々のなかでは,現行憲法を変えることに異様な熱気が感じられる。そうした政治家たちの顔を見ながら,あるいは軽やかに弾むその言葉を聞きながら,「この人たちは本当は憲法というものをどう捉えているのだろう」と疑問に思うことがしばしばある。権力担当者が「私を信用してください」といってきたときは疑ってかかること。これは「信頼は専制の親である」と説いたジェファーソンを引くまでもなく,立憲主義の観点から自然に出てくる「知恵」なのである。だから,権力に近いところにいる人々が改憲に熱をあげている間は,国民は改憲とは距離をとるのが賢明な選択といえよう。
　さて,本書は,憲法改正が一般的に悪いといっているのではない。改正条項がある以上,憲法改正それ自体は憲法が予定するところである。問題は,憲法をどのように変えるのかという内容の問題と,憲法を改めることによってこの国がどのような進路をとるのかという,国の方向と内容に関わる。そして,憲法のなかに,「変えてもいいもの」と,「可能なら変えた方がいい」というもの,そして何よりも「変えてはならないもの」を区別して議論することだろう。もっとも,「変えてはならない」という点では,憲法改正限界説が多数を占めるといっても,何をもって限界とするかで議論は微妙に分かれる。
　改憲論にも「いろいろ」あるが,煎じ詰めればその主要な狙いは,憲法9条の改変にあるといってよいだろう。歴史的に見ても,世界とアジアのなかで置かれている日本の位置からしても,憲法9条を変えることが何をもたらすか。これは腰を据えて議論する必要があるだろう。本書は,「護憲」の主張を打ち

出すというよりも，改憲論の状況を分析しながら，改憲論の内部にある内在的な問題や，改憲論者自身が自覚していない，その付随的効果などについても探っている。本書を通じて，憲法を変えるという問題に，1人でも多くの人が関心をもっていただければ，編者としてこれに過ぎる喜びはない。

　最後に一言。編者の要請を受けとめ，原稿をお寄せいただいた友人の皆さんに，まず心からお礼申し上げたい。本書は，『世界の「有事法制」を診る』（法律文化社，2003年）の姉妹編となる。今回も，法律文化社編集部の小西英央氏にお世話になった。編者にとっては，『ヒロシマと憲法』『オキナワと憲法』以来，小西氏と作った4冊目の編著となる。この国の「法律文化」の定着にかける小西氏の熱意と気迫がなければ，編者の体調不良のなかで，本書がこの時期，このタイミングで世に出ることはなかっただろう。記して謝意を表したい。

　　　　2005年3月10日　東京大空襲60年の日に

　　　　　　　　　　　　　　　　　　　　　　　　　　水島　朝穂

## 【資料】　日本国憲法

## 日本国憲法

（1946年11月3日公布
1947年5月3日施行）

朕は，日本国民の総意に基いて，新日本建設の礎が，定まるに至つたことを，深くよろこび，枢密顧問の諮詢及び帝国憲法第七十三条による帝国議会の議決を経た帝国憲法の改正を裁可し，ここにこれを公布せしめる。

　　御　名　御　璽
　　　昭和二十一年十一月三日
　　　　内閣総理大臣兼
　　　　外　務　大　臣　　　　　吉田　　茂
　　　　国　務　大　臣　男爵　幣原喜重郎
　　　　司　法　大　臣　　　　木村篤太郎
　　　　内　務　大　臣　　　　大村清一
　　　　文　部　大　臣　　　　田中耕太郎
　　　　農　林　大　臣　　　　和田博雄
　　　　国　務　大　臣　　　　斎藤隆夫
　　　　遞　信　大　臣　　　　一松定吉
　　　　商　工　大　臣　　　　星島二郎
　　　　厚　生　大　臣　　　　河合良成
　　　　国　務　大　臣　　　　植原悦二郎
　　　　運　輸　大　臣　　　　平塚常次郎
　　　　大　蔵　大　臣　　　　石橋湛山
　　　　国　務　大　臣　　　　金森徳次郎
　　　　国　務　大　臣　　　　膳　桂之助

　　　　日　本　国　憲　法

　日本国民は，正当に選挙された国会における代表者を通じて行動し，われらとわれらの子孫のために，諸国民との協和による成果と，わが国全土にわたつて自由のもたらす恵沢を確保し，政府の行為によつて再び戦争の惨禍が起ることのないやうにすることを決意し，ここに主権が国民に存することを宣言し，この憲法を確定する。そもそも国政は，国民の厳粛な信託によるものであつて，その権威は国民に由来し，その権力は国民の代表者がこれを行使し，その福利は国民がこれを享受する。これは人類普遍の原理であり，この憲法は，かかる原理に基くものである。われらは，これに反する一切の憲法，法令及び詔勅を排除する。
　日本国民は，恒久の平和を念願し，人間相互の関係を支配する崇高な理想を深く自覚するのであつて，平和を愛する諸国民の公正と信義に信頼して，われらの安全と生存を保持しようと決意した。われらは，平和を維持し，専制と隷従，圧迫と偏狭を地上から永遠に除去しようと努めてゐる国際社会において，名誉ある地位を占めたいと思ふ。われらは，全世界の国民が，ひとしく恐怖と欠乏から免かれ，平和のうちに生存する権利を有することを確認する。
　われらは，いづれの国家も，自国のことのみに専念して他国を無視してはならないのであつて，政治道徳の法則は，普遍的なものであり，この法則に従ふことは，自国の主権を維持し，他国と対等関係に立たうとする各国の責務であると信ずる。
　日本国民は，国家の名誉にかけ，全力をあげてこの崇高な理想と目的を達成することを誓ふ。

## 第1章　天　皇

第1条〔天皇の地位，国民主権〕　天皇は，日本国の象徴であり日本国民統合の象徴であつて，この地位は，主権の存する日本国民の総意に基く。

第2条〔皇位の継承〕　皇位は，世襲のものであつて，国会の議決した皇室典範の定めるところにより，これを継承する。

第3条〔天皇の国事行為に対する内閣の助言と承認〕　天皇の国事に関するすべての行為には，内閣の助言と承認を必要とし，内閣が，その責任を負ふ。

第4条〔天皇の権能の限界・天皇の国事行為の委任〕　① 天皇は，この憲法の定める国事に関する行為のみを行ひ，国政に関する権能を有しない。

② 天皇は，法律の定めるところにより，その国事に関する行為を委任することができる。

第5条〔摂政〕　皇室典範の定めるところにより摂政を置くときは，摂政は，天皇の名でその国事に関する行為を行ふ。この場合には，前条第一項の規定を準用する。

第6条〔天皇の任命権〕　① 天皇は，国会の指名に基いて，内閣総理大臣を任命する。

② 天皇は，内閣の指名に基いて，最高裁判所の長たる裁判官を任命する。

第7条〔天皇の国事行為〕　天皇は，内閣の助言と承認により，国民のために，左の国事に関する行為を行ふ。

　一　憲法改正，法律，政令及び条約を公布すること。

　二　国会を召集すること。

　三　衆議院を解散すること。

　四　国会議員の総選挙の施行を公示すること。

　五　国務大臣及び法律の定めるその他の官吏の任免並びに全権委任状及び大使及び公使の信任状を認証すること。

　六　大赦，特赦，減刑，刑の執行の免除及び復権を認証すること。

　七　栄典を授与すること。

　八　批准書及び法律の定めるその他の外交文書を認証すること。

　九　外国の大使及び公使を接受すること。

　十　儀式を行ふこと。

第8条〔皇室の財産授受〕　皇室に財産を譲り渡し，又は皇室が，財産を譲り受け，若しくは賜与することは，国会の議決に基かなければならない。

## 第2章　戦争の放棄

第9条〔戦争の放棄，軍備及び交戦権の否認〕
① 日本国民は，正義と秩序を基調とする国際平和を誠実に希求し，国権の発動たる戦争と，武力による威嚇又は武力の行使は，国際紛争を解決する手段としては，永久にこれを放棄する。

② 前項の目的を達するため，陸海空軍その他の戦力は，これを保持しない。国の交戦権は，これを認めない。

## 第3章　国民の権利及び義務

第10条〔国民の要件〕　日本国民たる要件は，法律でこれを定める。

第11条〔基本的人権の享有〕　国民は，

すべての基本的人権の享有を妨げられない。この憲法が国民に保障する基本的人権は，侵すことのできない永久の権利として，現在及び将来の国民に与へられる。

第12条〔自由・権利の保持の責任とその濫用の禁止〕　この憲法が国民に保障する自由及び権利は，国民の不断の努力によつて，これを保持しなければならない。又，国民は，これを濫用してはならないのであつて，常に公共の福祉のためにこれを利用する責任を負ふ。

第13条〔個人の尊重，生命・自由・幸福追求の権利の尊重〕　すべて国民は，個人として尊重される。生命，自由及び幸福追求に対する国民の権利については，公共の福祉に反しない限り，立法その他の国政の上で，最大の尊重を必要とする。

第14条〔法の下の平等，貴族制度の否認，栄典〕　① すべて国民は，法の下に平等であつて，人種，信条，性別，社会的身分又は門地により，政治的，経済的又は社会的関係において，差別されない。
② 華族その他の貴族の制度は，これを認めない。
③ 栄誉，勲章その他の栄典の授与は，いかなる特権も伴はない。栄典の授与は，現にこれを有し，又は将来これを受ける者の一代に限り，その効力を有する。

第15条〔公務員の選定及び罷免権，公務員の本質，普通選挙・秘密投票の保障〕
① 公務員を選定し，及びこれを罷免することは，国民固有の権利である。
② すべて公務員は，全体の奉仕者であつて，一部の奉仕者ではない。
③ 公務員の選挙については，成年者による普通選挙を保障する。

④ すべて選挙における投票の秘密は，これを侵してはならない。選挙人は，その選択に関し公的にも私的にも責任を問はれない。

第16条〔請願権〕　何人も，損害の救済，公務員の罷免，法律，命令又は規則の制定，廃止又は改正その他の事項に関し，平穏に請願する権利を有し，何人も，かかる請願をしたためにいかなる差別待遇も受けない。

第17条〔国及び公共団体の賠償責任〕　何人も，公務員の不法行為により，損害を受けたときは，法律の定めるところにより，国又は公共団体に，その賠償を求めることができる。

第18条〔奴隷的拘束及び苦役からの自由〕　何人も，いかなる奴隷的拘束も受けない。又，犯罪に因る処罰の場合を除いては，その意に反する苦役に服させられない。

第19条〔思想及び良心の自由〕　思想及び良心の自由は，これを侵してはならない。

第20条〔信教の自由，国の宗教活動の禁止〕
① 信教の自由は，何人に対してもこれを保障する。いかなる宗教団体も，国から特権を受け，又は政治上の権力を行使してはならない。
② 何人も，宗教上の行為，祝典，儀式又は行事に参加することを強制されない。
③ 国及びその機関は，宗教教育その他いかなる宗教的活動もしてはならない。

第21条〔集会・結社・表現の自由，検閲の禁止，通信の秘密〕　① 集会，結社及び言論，出版その他一切の表現の自由は，これを保障する。
② 検閲は，これをしてはならない。通信

の秘密は，これを侵してはならない。

第22条〔居住・移転及び職業選択の自由，外国移住・国籍離脱の自由〕　①　何人も，公共の福祉に反しない限り，居住，移転及び職業選択の自由を有する。
②　何人も，外国に移住し，又は国籍を離脱する自由を侵されない。

第23条〔学問の自由〕　学問の自由は，これを保障する。

第24条〔家庭生活における個人の尊厳と両性の平等〕　①　婚姻は，両性の合意のみに基いて成立し，夫婦が同等の権利を有することを基本として，相互の協力により，維持されなければならない。
②　配偶者の選択，財産権，相続，住居の選定，離婚並びに婚姻及び家族に関するその他の事項に関しては，法律は，個人の尊厳と両性の本質的平等に立脚して，制定されなければならない。

第25条〔生存権，国の社会的使命〕
①　すべて国民は，健康で文化的な最低限度の生活を営む権利を有する。
②　国は，すべての生活部面について，社会福祉，社会保障及び公衆衛生の向上及び増進に努めなければならない。

第26条〔教育を受ける権利，教育を受けさせる義務，義務教育の無償〕　①　すべて国民は，法律の定めるところにより，その能力に応じて，ひとしく教育を受ける権利を有する。
②　すべて国民は，法律の定めるところにより，その保護する子女に普通教育を受けさせる義務を負ふ。義務教育は，これを無償とする。

第27条〔勤労の権利及び義務，勤労条件の基準，児童酷使の禁止〕　①　すべて国民は，勤労の権利を有し，義務を負ふ。
②　賃金，就業時間，休息その他の勤労条件に関する基準は，法律でこれを定める。
③　児童は，これを酷使してはならない。

第28条〔勤労者の団結権・団体交渉権その他の団体行動権〕　勤労者の団結する権利及び団体交渉その他の団体行動をする権利は，これを保障する。

第29条〔財産権〕　①　財産権は，これを侵してはならない。
②　財産権の内容は，公共の福祉に適合するやうに，法律でこれを定める。
③　私有財産は，正当な補償の下に，これを公共のために用ひることができる。

第30条〔納税の義務〕　国民は，法律の定めるところにより，納税の義務を負ふ。

第31条〔法定手続の保障〕　何人も，法律の定める手続によらなければ，その生命若しくは自由を奪はれ，又はその他の刑罰を科せられない。

第32条〔裁判を受ける権利〕　何人も，裁判所において裁判を受ける権利を奪はれない。

第33条〔逮捕の要件〕　何人も，現行犯として逮捕される場合を除いては，権限を有する司法官憲が発し，且つ理由となつてゐる犯罪を明示する令状によらなければ，逮捕されない。

第34条〔抑留，拘禁の要件，不法拘禁に対する保障〕　何人も，理由を直ちに告げられ，且つ，直ちに弁護人に依頼する権利を与へられなければ，抑留又は拘禁されない。又，何人も，正当な理由がなければ，拘禁されず，要求があれば，その理由は，直ちに本人及びその弁護人の出席する公開の法廷で示されなければなら

ない。

第35条〔住居侵入・捜索・押収に対する保障〕　①　何人も，その住居，書類及び所持品について，侵入，捜索及び押収を受けることのない権利は，第三十三条の場合を除いては，正当な理由に基いて発せられ，且つ捜索する場所及び押収する物を明示する令状がなければ，侵されない。

②　捜索又は押収は，権限を有する司法官憲が発する各別の令状により，これを行ふ。

第36条〔拷問及び残虐刑の禁止〕　公務員による拷問及び残虐な刑罰は，絶対にこれを禁ずる。

第37条〔刑事被告人の権利〕　①　すべて刑事事件においては，被告人は，公平な裁判所の迅速な公開裁判を受ける権利を有する。

②　刑事被告人は，すべての証人に対して審問する機会を充分に与へられ，又，公費で自己のために強制的手続により証人を求める権利を有する。

③　刑事被告人は，いかなる場合にも，資格を有する弁護人を依頼することができる。被告人が自らこれを依頼することができないときは，国でこれを附する。

第38条〔自己に不利益な供述の強要禁止，自白の証拠能力〕　①　何人も，自己に不利益な供述を強要されない。

②　強制，拷問若しくは脅迫による自白又は不当に長く抑留若しくは拘禁された後の自白は，これを証拠とすることができない。

③　何人も，自己に不利益な唯一の証拠が本人の自白である場合には，有罪とされ，又は刑罰を科せられない。

第39条〔遡及処罰の禁止，一事不再理〕　何人も，実行の時に適法であつた行為又は既に無罪とされた行為については，刑事上の責任を問はれない。又，同一の犯罪について，重ねて刑事上の責任を問はれない。

第40条〔刑事補償〕　何人も，抑留又は拘禁された後，無罪の裁判を受けたときは，法律の定めるところにより，国にその補償を求めることができる。

第4章　国　　会

第41条〔国会の地位，立法権〕　国会は，国権の最高機関であつて，国の唯一の立法機関である。

第42条〔両院制〕　国会は，衆議院及び参議院の両議院でこれを構成する。

第43条〔両議院の組織〕　①　両議院は，全国民を代表する選挙された議員でこれを組織する。

②　両議院の議員の定数は，法律でこれを定める。

第44条〔議員及選挙人の資格〕　両議院の議員及びその選挙人の資格は，法律でこれを定める。但し，人種，信条，性別，社会的身分，門地，教育，財産又は収入によつて差別してはならない。

第45条〔衆議院議員の任期〕　衆議院議員の任期は，四年とする。但し，衆議院解散の場合には，その期間満了前に終了する。

第46条〔参議院議員の任期〕　参議院議員の任期は，六年とし，三年ごとに議員の半数を改選する。

第47条〔選挙に関する事項の法定〕　選挙区，投票の方法その他両議院の議員の選挙に関する事項は，法律でこれを定める。

第48条〔両院議員兼職の禁止〕　何人も，同時に両議院の議員たることはできない。

第49条〔議員の歳費〕　両議院の議員は，法律の定めるところにより，国庫から相当額の歳費を受ける。

第50条〔議員の不逮捕特権〕　両議院の議員は，法律の定める場合を除いては，国会の会期中逮捕されず，会期前に逮捕された議員は，その議院の要求があれば，会期中これを釈放しなければならない。

第51条〔議員の発言・表決の無責任〕　両議院の議員は，議院で行つた演説，討論又は表決について，院外で責任を問はれない。

第52条〔常会〕　国会の常会は，毎年一回これを召集する。

第53条〔臨時会〕　内閣は，国会の臨時会の召集を決定することができる。いづれかの議院の総議員の四分の一以上の要求があれば，内閣は，その召集を決定しなければならない。

第54条〔衆議院の解散，特別会，参議院の緊急集会〕　① 衆議院が解散されたときは，解散の日から四十日以内に，衆議院議員の総選挙を行ひ，その選挙の日から三十日以内に，国会を召集しなければならない。

② 衆議院が解散されたときは，参議院は，同時に閉会となる。但し，内閣は，国に緊急の必要があるときは，参議院の緊急集会を求めることができる。

③ 前項但書の緊急集会において採られた措置は，臨時のものであつて，次の国会開会の後十日以内に，衆議院の同意がない場合には，その効力を失ふ。

第55条〔議員の資格争訟〕　両議院は，各々その議員の資格に関する争訟を裁判する。但し，議員の議席を失はせるには，出席議員の三分の二以上の多数による議決を必要とする。

第56条〔議事議決の定足数・表決〕

① 両議院は，各々その総議員の三分の一以上の出席がなければ，議事を開き議決することができない。

② 両議院の議事は，この憲法に特別の定のある場合を除いては，出席議員の過半数でこれを決し，可否同数のときは，議長の決するところによる。

第57条〔会議の公開・会議の記録・表決の会議録への記載〕　① 両議院の会議は，公開とする。但し，出席議員の三分の二以上の多数で議決したときは，秘密会を開くことができる。

② 両議院は，各々その会議の記録を保存し，秘密会の記録の中で特に秘密を要すると認められるもの以外は，これを公表し，且つ一般に頒布しなければならない。

③ 出席議員の五分の一以上の要求があれば，各議員の表決は，これを会議録に記載しなければならない。

第58条〔議長等の選任・議院の自律権〕

① 両議院は，各々その議長その他の役員を選任する。

② 両議院は，各々その会議その他の手続及び内部の規律に関する規則を定め，又，院内の秩序をみだした議員を懲罰することができる。但し，議員を除名するには，出席議員の三分の二以上の多数による議決を必要とする。

【資料】　日本国憲法——235

第59条〔法律案の議決・衆議院の優越〕
① 法律案は，この憲法に特別の定のある場合を除いては，両議院で可決したとき法律となる。
② 衆議院で可決し，参議院でこれと異なつた議決をした法律案は，衆議院で出席議員の三分の二以上の多数で再び可決したときは，法律となる。
③ 前項の規定は，法律の定めるところにより，衆議院が，両議院の協議会を開くことを求めることを妨げない。
④ 参議院が，衆議院の可決した法律案を受け取つた後，国会休会中の期間を除いて六十日以内に，議決しないときは，衆議院は，参議院がその法律案を否決したものとみなすことができる。

第60条〔衆議院の予算先議・予算議決に関する衆議院の優越〕　① 予算は，さきに衆議院に提出しなければならない。
② 予算について，参議院で衆議院と異なつた議決をした場合に，法律の定めるところにより，両議院の協議会を開いても意見が一致しないとき，又は参議院が，衆議院の可決した予算を受け取つた後，国会休会中の期間を除いて三十日以内に，議決しないときは，衆議院の議決を国会の議決とする。

第61条〔条約の国会承認・衆議院の優越〕
条約の締結に必要な国会の承認については，前条第二項の規定を準用する。

第62条〔議院の国政調査権〕　両議院は，各々国政に関する調査を行ひ，これに関して，証人の出頭及び証言並びに記録の提出を要求することができる。

第63条〔国務大臣の議院出席の権利と義務〕
内閣総理大臣その他の国務大臣は，両議院の一に議席を有すると有しないとにかかはらず，何時でも議案について発言するため議院に出席することができる。又，答弁又は説明のため出席を求められたときは，出席しなければならない。

第64条〔弾劾裁判所〕　① 国会は，罷免の訴追を受けた裁判官を裁判するため，両議院の議員で組織する弾劾裁判所を設ける。
② 弾劾に関する事項は，法律でこれを定める。

## 第5章　内　閣

第65条〔行政権〕　行政権は，内閣に属する。

第66条〔内閣の組織・国会に対する連帯責任〕　① 内閣は，法律の定めるところにより，その首長たる内閣総理大臣及びその他の国務大臣でこれを組織する。
② 内閣総理大臣その他の国務大臣は，文民でなければならない。
③ 内閣は，行政権の行使について，国会に対し連帯して責任を負ふ。

第67条〔内閣総理大臣の指名・衆議院の優越〕　① 内閣総理大臣は，国会議員の中から国会の議決で，これを指名する。この指名は，他のすべての案件に先だつて，これを行ふ。
② 衆議院と参議院とが異なつた指名の議決をした場合に，法律の定めるところにより，両議院の協議会を開いても意見が一致しないとき，又は衆議院が指名の議決をした後，国会休会中の期間を除いて十日以内に，参議院が，指名の議決をしないときは，衆議院の議決を国会の議決

とする。

第68条〔国務大臣の任命及び罷免〕
① 内閣総理大臣は，国務大臣を任命する。但し，その過半数は，国会議員の中から選ばれなければならない。
② 内閣総理大臣は，任意に国務大臣を罷免することができる。

第69条〔衆議院の内閣不信任〕　内閣は，衆議院で不信任の決議案を可決し，又は信任の決議案を否決したときは，十日以内に衆議院が解散されない限り，総辞職をしなければならない。

第70条〔内閣総理大臣の欠缺・総選挙後の総辞職〕　内閣総理大臣が欠けたとき，又は衆議院議員総選挙の後に初めて国会の召集があつたときは，内閣は，総辞職をしなければならない。

第71条〔総辞職後の内閣の職務〕　前二条の場合には，内閣は，あらたに内閣総理大臣が任命されるまで引き続きその職務を行ふ。

第72条〔内閣総理大臣の職権〕　内閣総理大臣は，内閣を代表して議案を国会に提出し，一般国務及び外交関係について国会に報告し，並びに行政各部を指揮監督する。

第73条〔内閣の職務〕　内閣は，他の一般行政事務の外，左の事務を行ふ。
一　法律を誠実に執行し，国務を総理すること。
二　外交関係を処理すること。
三　条約を締結すること。但し，事前に，時宜によつては事後に，国会の承認を経ることを必要とする。
四　法律の定める基準に従ひ，官吏に関する事務を掌理すること。
五　予算を作成して国会に提出すること。
六　この憲法及び法律の規定を実施するために，政令を制定すること。但し，政令には，特にその法律の委任がある場合を除いては，罰則を設けることができない。
七　大赦，特赦，減刑，刑の執行の免除及び復権を決定すること。

第74条〔法律・政令の署名〕　法律及び政令には，すべて主任の国務大臣が署名し，内閣総理大臣が連署することを必要とする。

第75条〔国務大臣の訴追〕　国務大臣は，その在任中，内閣総理大臣の同意がなければ，訴追されない。但し，これがため，訴追の権利は，害されない。

## 第6章　司　　法

第76条〔司法権，特別裁判所の禁止，裁判官の職務の独立〕　① すべて司法権は，最高裁判所及び法律の定めるところにより設置する下級裁判所に属する。
② 特別裁判所は，これを設置することができない。行政機関は，終審として裁判を行ふことができない。
③ すべて裁判官は，その良心に従ひ独立してその職権を行ひ，この憲法及び法律にのみ拘束される。

第77条〔最高裁判所の規則制定権〕
① 最高裁判所は，訴訟に関する手続，弁護士，裁判所の内部規律及び司法事務処理に関する事項について，規則を定める権限を有する。
② 検察官は，最高裁判所の定める規則に従はなければならない。

③　最高裁判所は，下級裁判所に関する規則を定める権限を，下級裁判所に委任することができる。

第78条〔裁判官の身分の保障〕　裁判官は，裁判により，心身の故障のために職務を執ることができないと決定された場合を除いては，公の弾劾によらなければ罷免されない。裁判官の懲戒処分は，行政機関がこれを行ふことはできない。

第79条〔最高裁判所の裁判官・国民審査〕
①　最高裁判所は，その長たる裁判官及び法律の定める員数のその他の裁判官でこれを構成し，その長たる裁判官以外の裁判官は，内閣でこれを任命する。
②　最高裁判所の裁判官の任命は，その任命後初めて行はれる衆議院議員総選挙の際国民の審査に付し，その後十年を経過した後初めて行はれる衆議院議員総選挙の際更に審査に付し，その後も同様とする。
③　前項の場合において，投票者の多数が裁判官の罷免を可とするときは，その裁判官は，罷免される。
④　審査に関する事項は，法律でこれを定める。
⑤　最高裁判所の裁判官は，法律の定める年齢に達した時に退官する。
⑥　最高裁判所の裁判官は，すべて定期に相当額の報酬を受ける。この報酬は，在任中，これを減額することができない。

第80条〔下級裁判所の裁判官〕　①　下級裁判所の裁判官は，最高裁判所の指名した者の名簿によつて，内閣でこれを任命する。その裁判官は，任期を十年とし，再任されることができる。但し，法律の定める年齢に達した時には退官する。

②　下級裁判所の裁判官は，すべて定期に相当額の報酬を受ける。この報酬は，在任中，これを減額することができない。

第81条〔最高裁判所の法令等審査権〕　最高裁判所は，一切の法律，命令，規則又は処分が憲法に適合するかしないかを決定する権限を有する終審裁判所である。

第82条〔裁判の公開〕　①　裁判の対審及び判決は，公開法廷でこれを行ふ。
②　裁判所が，裁判官の全員一致で，公の秩序又は善良の風俗を害する虞があると決した場合には，対審は，公開しないでこれを行ふことができる。但し，政治犯罪，出版に関する犯罪又はこの憲法第三章で保障する国民の権利が問題となつてゐる事件の対審は，常にこれを公開しなければならない。

## 第7章　財　　政

第83条〔財政処理の基本原則〕　国の財政を処理する権限は，国会の議決に基いて，これを行使しなければならない。

第84条〔課税の要件〕　あらたに租税を課し，又は現行の租税を変更するには，法律又は法律の定める条件によることを必要とする。

第85条〔国費支出及び債務負担〕　国費を支出し，又は国が債務を負担するには，国会の議決に基くことを必要とする。

第86条〔予算〕　内閣は，毎会計年度の予算を作成し，国会に提出して，その審議を受け議決を経なければならない。

第87条〔予備費〕　①　予見し難い予算の不足に充てるため，国会の議決に基いて予備費を設け，内閣の責任でこれを支

出することができる。
② すべて予備費の支出については、内閣は、事後に国会の承諾を得なければならない。

第88条〔皇室財産、皇室の費用〕 すべて皇室財産は、国に属する。すべて皇室の費用は、予算に計上して国会の議決を経なければならない。

第89条〔公の財産の支出又は利用の制限〕 公金その他の公の財産は、宗教上の組織若しくは団体の使用、便益若しくは維持のため、又は公の支配に属しない慈善、教育若しくは博愛の事業に対し、これを支出し、又はその利用に供してはならない。

第90条〔決算審査・会計検査院〕 ① 国の収入支出の決算は、すべて毎年会計検査院がこれを検査し、内閣は、次の年度に、その検査報告とともに、これを国会に提出しなければならない。
② 会計検査院の組織及び権限は、法律でこれを定める。

第91条〔財政状況の報告〕 内閣は、国会及び国民に対し、定期に、少くとも毎年一回、国の財政状況について報告しなければならない。

## 第8章 地方自治

第92条〔地方自治の基本原則〕 地方公共団体の組織及び運営に関する事項は、地方自治の本旨に基いて、法律でこれを定める。

第93条〔地方公共団体の機関とその直接選挙〕 ① 地方公共団体には、法律の定めるところにより、その議事機関として議会を設置する。
② 地方公共団体の長、その議会の議員及び法律の定めるその他の吏員は、その地方公共団体の住民が、直接これを選挙する。

第94条〔地方公共団体の権能〕 地方公共団体は、その財産を管理し、事務を処理し、及び行政を執行する権能を有し、法律の範囲内で条例を制定することができる。

第95条〔一の地方公共団体のみに適用される特別法〕 一の地方公共団体のみに適用される特別法は、法律の定めるところにより、その地方公共団体の住民の投票においてその過半数の同意を得なければ、国会は、これを制定することができない。

## 第9章 改　　正

第96条〔憲法改正の手続・憲法改正の公布〕
① この憲法の改正は、各議院の総議員の三分の二以上の賛成で、国会が、これを発議し、国民に提案してその承認を経なければならない。この承認には、特別の国民投票又は国会の定める選挙の際行はれる投票において、その過半数の賛成を必要とする。
② 憲法改正について前項の承認を経たときは、天皇は、国民の名で、この憲法と一体を成すものとして、直ちにこれを公布する。

## 第10章 最高法規

第97条〔基本的人権の本質〕 この憲法が日本国民に保障する基本的人権は、人

類の多年にわたる自由獲得の努力の成果であつて，これらの権利は，過去幾多の試錬に堪へ，現在及び将来の国民に対し，侵すことのできない永久の権利として信託されたものである。

第98条〔憲法の最高法規性，条約・国際法規の遵守〕　①　この憲法は，国の最高法規であつて，その条規に反する法律，命令，詔勅及び国務に関するその他の行為の全部又は一部は，その効力を有しない。

②　日本国が締結した条約及び確立された国際法規は，これを誠実に遵守することを必要とする。

第99条〔憲法尊重擁護の義務〕　天皇又は摂政及び国務大臣，国会議員，裁判官その他の公務員は，この憲法を尊重し擁護する義務を負ふ。

## 第11章　補　則

第100条〔憲法の施行期日・準備手続〕　①　この憲法は，公布の日から起算して六箇月を経過した日から，これを施行する。

②　この憲法を施行するために必要な法律の制定，参議院議員の選挙及び国会召集の手続並びにこの憲法を施行するために必要な準備手続は，前項の期日よりも前に，これを行ふことができる。

第101条〔経過規定〕　この憲法施行の際，参議院がまだ成立してゐないときは，その成立するまでの間，衆議院は，国会としての権限を行ふ。

第102条〔同前〕　この憲法による第一期の参議院議員のうち，その半数の者の任期は，これを三年とする。その議員は，法律の定めるところにより，これを定める。

第103条〔同前〕　この憲法施行の際現に在職する国務大臣，衆議院議員及び裁判官並びにその他の公務員で，その地位に相応する地位がこの憲法で認められてゐる者は，法律で特別の定をした場合を除いては，この憲法施行のため，当然にはその地位を失ふことはない。但し，この憲法によつて，後任者が選挙又は任命されたときは，当然その地位を失ふ。

カバー写真の解説：ミュージアムパーク丹賀（丹賀砲塔砲台跡）

　九州最東端，豊後水道に長々と延びる大分県鶴見町鶴御崎。この町に，全国的にも珍しい巨大な砲台跡を利用して作られた観光施設「ミュージアムパーク丹賀」がある。

　1921年に開催されたワシントン軍縮会議決議によって，廃棄されることになった巡洋艦「伊吹」の主砲がそのまま山の上に備え付けられた丹賀砲塔砲台。（下図参照）　実際に戦闘で使用されることはなかったが，1942年に行われた実射訓練で発射した弾丸が膣発する事故が起き多くの死傷者を出すとともに砲塔も大きく破損し終戦を待つことなく砲台としての歴史を終えた。

　それから半世紀，バブル絶頂期の地方観光事業として，廃墟化していた砲台跡はミュージアムパークとして生まれ変わる。かつての弾薬運搬用エレベーター跡の斜坑はそのまま客用エレベーターが取り付けられ，弾薬庫跡は七色に輝く多目的ホール，廊下は写真の展示室に，そして巨大な砲塔の台座跡には，地上へ上がるための螺旋階段とそれを覆うドーム建築が設置された。

【写真家　下道　基行】

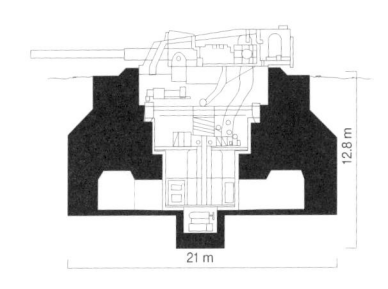

---- 執筆者紹介 ----
(五十音順)

|  |  |  |
|---|---|---|
| 水島　朝穂（みずしま　あさほ） | 早稲田大学法学部教授 | 〔編著者〕序, 結, あとがき |
| 愛敬　浩二（あいきょう　こうじ） | 名古屋大学大学院法学研究科教授 | Ⅱ—10, Ⅱ—11, Ⅲ—12 |
| 植松　健一（うえまつ　けんいち） | 島根大学法文学部助教授 | Ⅱ—4, 文献・URL案内 |
| 彼谷　環（かや　たまき） | 富山国際大学国際教養学部専任講師 | Ⅱ—7, Ⅱ—8 |
| 砂田　礼子（すなだ　れいこ） | 早稲田大学大学院政治学研究科前期博士課程修了 | Ⅱ—9 |
| 高作　正博（たかさく　まさひろ） | 琉球大学大学院法務研究科助教授 | Ⅰ—2 |
| 西原　博史（にしはら　ひろし） | 早稲田大学社会科学部教授 | Ⅱ—6 |
| 馬奈木厳太郎（まなぎ　いずたろう） | 元札幌学院大学法学部専任講師 | Ⅰ—1, Ⅰ—3, Ⅱ—5, Ⅲ—13 |

| | |
|---|---|
| 2005年5月3日 | 初版第1刷発行 |
| 2006年6月1日 | 初版第3刷発行 |

## 改憲論を診る

編著者　水島　朝穂
　　　　みずしま あさほ

発行者　岡村　勉

発行所　株式会社　法律文化社
〒603-8053　京都市北区上賀茂岩ヶ垣内町71
電話　075 (791) 7131　FAX　075 (721) 8400
URL:http://www.hou-bun.co.jp/

Ⓒ2005 Asaho Mizushima Printed in Japan
印刷：㈱太洋社／製本：藤沢製本所
装幀　白沢　正
ISBN 4-589-02834-4

澤野義一・井端正幸・出原政雄・元山健編

## 総批判　改憲論

A 5 判・214 頁・1890 円

改憲論の基底となる全体動向とその核心である9条，また統治・人権・教育の各争点まで含め憲法全般にわたり，立憲主義の観点および歴史的・思想的側面から改憲論をトータルに批判・検証する。護憲のための理論的根拠と視座を提示する。

水島朝穂編著

## 世界の「有事法制」を診る

A 5 判・256 頁・2730 円

世界9カ国における緊急事態法制の現況と問題点を批判的に検討する。誤用・濫用などの歴史的体験をふまえ，各国の運営実態を「悩ましさ」とともに描き出す。アメリカ，ドイツ，韓国のほか，軍隊を持たないコスタリカ，永世中立国スイスなどを紹介。

水島朝穂編著

## ヒロシマと憲法〔第4版〕

A 5 判・296 頁・2940 円

世界の＜ヒロシマ＞と一地方都市の＜広島＞を憲法学の視角から結びつけ，具体的問題を通じて日本国憲法の平和主義の今日的意味を再確認する。第3版発刊（1997年）以降の状況変化をふまえ全体を見直した。

仲地　博・水島朝穂編

## オキナワと憲法
―問い続けるもの―

A 5 判・252 頁・2835 円

沖縄が照射する憲法の現在とその真価は――沖縄特有の問題や事件を素材に，平和と人権という価値観に加え，平和と自治という視点から沖縄の問題を論じ，憲法を検証する。「沖縄から考える」ユニークな憲法入門書。

ポール・ロジャーズ著／岡本三夫監訳

## 暴走するアメリカの世紀
―平和学は提言する―

A 5 判・242 頁・2310 円

21世紀のいまもなぜ戦争が起こるのか。紛争を生み出す根本原因について，軍事的要因のみならず，不公平な世界システムや環境破壊なども含め，包括的に分析する。暴力を増大させる既存の安全保障を再考し，新しい安全保障パラダイムを提言する。

―― 法律文化社 ――

表示価格は定価（税込価格）です